JN270338

現代財政学

H. ツィンマーマン／K.-D. ヘンケ 著

里中恆志／篠原章／半谷俊彦／平井源治／八巻節夫 訳

文眞堂

FINANZWISSENSCHAFT
7th Edition by
Horst Zimmermann
Klaus-Dirk Henke
Copyright© 1994 by Verlag Franz Vahlen GmbH
All Rights Reserved
Japanese Translation rights is arranged with
Verlag Franz Vahlen GmbH in München
through The Asano Agency, Inc. in Tokyo.

日本語版への序

　われわれの教科書が2000年に改めて日本語で出版されることは，われわれ著者にとって大変な栄誉である．今回翻訳の対象となったこの第7版には，前版に一線を画す大きな変更が加えられている．すなわち公共財政経済の特徴について書かれた第1章と，「環境と財政」と題した最終章が追加されたのである．このうち後者は，環境問題が世界的に重要になり，財政経済的観点からも1つの独立した章を構築する必要性が認められたことによるものである．

　こうした変更はあったものの，経済政策の問題ごとに論を進めるという本書の特徴は健在である．本書では，歳出，歳入，公債，財政政策といった章立ては採用されておらず，その代わり本書の最初の図に示されているような，財政政策の目標が前面に打ち出されている．そのため，本書の構成は以下のようになっている．

　まず，公共財政の目的，主体，手段に関する考察に続き，国家比率が具体的かつ規範的な観点から分析される．次に公共財政の計画手段および執行手段としての予算が論じられ，ついで国家資金調達がその選択肢ごとに分析される．そしてさらに，国内および国際財政調整が論じられた後，所得分配，景気安定化，国民経済成長の目標が，それを達成する手段である公共支出や租税と共に考察される．

　われわれは，こうした論点の選択が，どの国の読者にとっても効果的であると信じている．本書に示されたドイツの事例や統計は，先進国の本質を探るための例として有効であり，読者は自分の国，すなわち日本と比較をすることができる．そうした研究手法は，まず理論から始めるというアングロサクソンの伝統と，制度上の諸問題を体系的に論じるというドイツの伝統の橋渡しをしてくれるであろう．

われわれは八巻節夫教授，平井源治教授，里中恆志教授，篠原章助教授，そして半谷俊彦氏の，惜しみない翻訳への努力に対し心より謝意を表する。

1999年1月

ホルスト・ツィンマーマン
クラウスディルク・ヘンケ

原書第7版への序

　この版は本格的に改訂されており，その結果，章の順序と構成が大きく変わった．まず，公共財政の特徴が第1章の，そして国家比率とその実質的，規範的な定義が第2章のテーマとされた．また財政調整の章の前に国家資金調達に関する章がくるように順番が入れ替えられた．なぜならば国家資金調達の知識は財政調整を，中でもとくに国際的財政調整を理解するための前提条件となるからである．そして最後に，経済成長政策の章に含まれていた環境保護に関する考察が，新たに第9章として独立した．

　改訂は全ての章に及んでいるが，いくつかの章では特に重要な変更がなされている．その中のひとつが財政調整の章である．この章には，ドイツ再統一と国際的財政調整に関する記述が付け加えられた．経済成長政策や経済構造政策に関する章もまた，技術革新と技術進歩を議論の中心に据えることによって大きく様変わりしている．そして景気の章では，開放経済における財政政策の意味が検討され，安定化政策上における財政政策の効果がこれまでよりも批判的に論じられている．

　いつも版が新しくなる度に行われているように，今回も表と図が最新の状態に更新された．その際，1990年と91年の間にある統計上の断絶は特に注目に値するであろう．また，これも改訂される度に行われていることであるが，推奨する参考文献についても全面的に再検討されている．

　最後に，改善案と批判的意見を寄せてくれた，ハノーファーのW.-D.ベルクホルツ経済学士，P.ルッツ経済学士，そしてマールブルクのW.ミュラー経済学士，B.ハンスユルゲンス博士に感謝の意を表する．

1994年2月

ホルスト・ツィンマーマン
クラウスディルク・ヘンケ

原書初版の序より

　財政学すなわち公共財政論を学び始める者に対して，その概要を示そうとする教科書のあり方には，基本的に2通りのコンセプトが考えられる。そのひとつは財政学上の知識を財政の領域別に体系化することである。そのようなコンセプトを選択するならば，教科書は「公共支出」，「公共収入」，「公共予算」などのような章に分けられるであろう。しかし，このような構成は，読者がすでに専門科目に精通しており，どの経済政策問題に対し公共収入や公共支出が影響を与えることができるかについての知識を持っている場合においてのみ，効果的である。そうした知識にまだ通じていない者は，幅広くしかも厳密に体系化された「公共収入」や「公共支出」の章から，そうした公共財政手段がどのように目標を達成しえるのかを直接読みとることは出来ないであろう。ゆえに本書では，財政学の研究対象が，「好況と不況における財政政策」や「所得再分配のための財政政策」というように，問題意識や政策目標に基づいて分類されている。

　財政学の研究対象に精通している者は，一見したところ，いくつかの財政学の分野が見あたらないことをいぶかしむかもしれない。しかし目次をよく見れば，本書におけるテーマの選択やその順序，そして比重が他の財政学の教科書とは異なっていることにも気がつくはずである。本書では，たとえば租税の影響に関する理論が「所得再分配のための財政政策」という章に入れられていたり，租税収入の大きさを決定する要因である租税技術や，補助金技術に関する理論が，主に「財政政策が産業構造に与える効果」に関する節で論じられている。このような構成を採用する理由は，以下の目標を達成しようとすることにある。すなわち，財政学を学ぶ者は，学習をした後には，次のことができるようにならなければならない。

・政策目標を理解できる。すなわち目標を達成するための提案を行うことが

でき，目標を達成する上で障害となるものを明らかにすることができる。
・提案された財政政策，あるいは実施中の財政政策について，批判し，判断することができる。
・問題を解決するための財政政策的戦略を作成できる。

またこのような構成を採用するのは，問題意識や政策目標に即した学習が，財政学の重要な研究領域に対する学習意欲を高めるからでもある。

さらにこうしたコンセプトは，学生諸君が授業前に準備することを容易にする。そのために，図や表，設問が数多く用意され，逆に「参考文献」の掲示は意図的に絞り込まれている。授業は財政学の基礎的な知識を取得することを目的としているが，授業前の準備が容易になることにより，教科書に記載されている基本的な事項を朗読することに費やす時間を少なくし，その代わりにより専門的な問題に取り組むことができるようになる。このことにより，入門書である本書では十分にカバーすることのできなかった，モデルによる財政理論展開や特別な租税理論についても，授業では取り扱うことが可能となるであろう。

1975年4月

ホルスト・ツィンマーマン
クラウスディルク・ヘンケ

目　　次

日本語版への序
原書第7版への序
原書初版の序より

第1章　公共財政の特徴 …………………………………………………1

A．財政活動の必要性と目的 …………………………1
 Ⅰ．財政活動の必要性 …………………………………1
 Ⅱ．財政活動の目標 ……………………………………2
  a）財政の優先的目標 ………………………………2
  b）財政の派生的目標 ………………………………5
  c）財政政策目標の歴史的推移 ……………………5
B．財政政策の担当機関と手段 ………………………7
 Ⅰ．財政政策の担当機関 ………………………………7
 Ⅱ．財政政策の手段 ……………………………………8
  a）公共支出 …………………………………………8
  b）公共収入 …………………………………………11
  c）経済政策に用いられる財政政策的手段 ………13
C．財政学の対象と本書の構成 ………………………13
  a）財政学とは何か …………………………………13
  b）本書の構成 ………………………………………14

第2章　国家比率 …………………………………………………………16

A．財政経済的国家活動の決定要因 …………………16
 Ⅰ．財政経済的国家活動の捕捉と計測 ………………16

　　　　a）契機と目標……………………………………………16
　　　　b）財政経済的な国家活動の把握　………………………18
　　　　c）指数の構成……………………………………………21
　　Ⅱ．総支出の増大　………………………………………………22
　　Ⅲ．国家支出増大の要因　…………………………………………26
　　　　a）国家活動の機能変化……………………………………26
　　　　b）臨時的転移の理論　……………………………………27
　　　　c）継続的な影響力…………………………………………28
　　Ⅳ．国家支出の将来　………………………………………………31
　B．最適国家比率の規範的決定…………………………………………32
　　Ⅰ．公共財の理論　…………………………………………………32
　　　　a）市場メカニズムの修正…………………………………32
　　　　b）財選好を所与としたときの市場メカニズムの補完　……33
　　　　c）歪んだ選好の下での市場メカニズムの変更（価値的介入）……35
　　Ⅱ．最適予算の理論　………………………………………………36
　　　　a）公共財および民間財への資源配分の不確定性……………36
　　　　b）望ましい予算の規模……………………………………38

第3章　予　算　………………………………………………………………42
　A．財政と国民：予算の政治的決定……………………………………42
　　Ⅰ．議会による予算決定　…………………………………………42
　　　　a）財政政策決定におよぼす議員の影響……………………42
　　　　b）行動基準としての集票極大化　…………………………44
　　　　c）投票過程および票取引の意味……………………………46
　　Ⅱ．財政に対する行政府の影響力の増大　…………………………49
　　Ⅲ．諸団体の影響力　………………………………………………54
　B．予算の任務と編成……………………………………………………56
　　Ⅰ．伝統的執行予算：機能，予算プロセス，原則　………………56
　　Ⅱ．予算手続き全体の改革　…………………………………………60

a）長期計画（中期財政計画）への執行予算の組み込み……………61
　　　b）行政指向の予算から成果指向の予算へ ……………………………63
　　Ⅲ．国家プログラム計画のための決定補助手段 ………………………65
　　　a）費用・便益分析…………………………………………………………65
　　　b）費用・効果分析 ………………………………………………………70

第4章　国家資金調達の選択肢 …………………………………………74

　A．公課徴収の基準：受益か支払能力か………………………………………75
　　Ⅰ．報償原則に基づく資金調達（等価原則）……………………………75
　　　a）報償的資金調達に対する賛否…………………………………………75
　　　b）報償原則による資金調達の形態 ……………………………………78
　　　c）現実の財政における報償的公課………………………………………80
　　Ⅱ．支払能力原則に基づく資金調達 ……………………………………82
　　　a）支払能力による課税の概念……………………………………………82
　　　b）支払能力の指標 ………………………………………………………83
　　　c）いわゆる犠牲原則………………………………………………………86
　　　d）租税負担の測定 ………………………………………………………89
　　Ⅲ．補論：税率論の概要 …………………………………………………93
　　　a）課税の基本概念…………………………………………………………93
　　　b）税率類型 ………………………………………………………………95
　B．課税の形態とその評価 ……………………………………………………97
　　Ⅰ．課税の接触点 …………………………………………………………97
　　　a）所得発生時の課税………………………………………………………98
　　　b）所得支出時の課税 ……………………………………………………99
　　　c）資産課税 ………………………………………………………………102
　　Ⅱ．租税体系内の各租税の組合せ ………………………………………104
　　　a）租税の選択に関する評価基準 ………………………………………104
　　　b）個々の租税項目および租税構造の評価 ……………………………106
　C．社会保障負担と等価原則・支払能力原則 ………………………………109

Ⅰ．生存保障の資金調達形態としての社会保障負担 …………109
　　Ⅱ．生存保障の形成原則と社会保障負担の判断基準 …………112
　　　　a）生存保障の形成原則および資金調達原則における
　　　　　社会保障負担 ………………………………………………112
　　　　b）生存保障における国家活動の多様な現象形態 …………116
　　　　c）社会保障負担の資金調達に関する別の判断基準 ………117
　D．収入選択肢としての公債 ……………………………………118
　　Ⅰ．公債発行の動機 ………………………………………………118
　　Ⅱ．債権者の構成と債務の種類 …………………………………120
　　Ⅲ．公債の動向と限界 ……………………………………………121
　E．収入構造の決定について ……………………………………123

第5章　財政調整 ……………………………………………………128
　A．財政調整の役割 ………………………………………………128
　B．垂直的財政調整 ………………………………………………130
　　Ⅰ．任務の配分 ……………………………………………………130
　　　　a）資源配分基準 ……………………………………………130
　　　　b）所得分配基準 ……………………………………………134
　　　　c）経済安定化基準 …………………………………………134
　　　　d）任務と支出の関係 ………………………………………135
　　Ⅱ．収入の配分 ……………………………………………………136
　　　　a）課税権の要素 ……………………………………………136
　　　　b）収入の垂直的配分 ………………………………………137
　　Ⅲ．垂直的財政調整の問題点 ……………………………………141
　C．水平的財政調整 ………………………………………………142
　　Ⅰ．水平的財政調整の根拠 ………………………………………142
　　Ⅱ．水平的収入調整の形成 ………………………………………144
　D．財政調整とドイツ統一 ………………………………………145
　　Ⅰ．ドイツ統一過程における特別立法 …………………………145

II．州間財政調整の新規則 ………………………………………145
　E．国際的財政調整 ……………………………………………………146
　　I．国際的財政調整の必要性 ………………………………………146
　　II．独立国家間の財政調整 …………………………………………147
　　　a）国境を越える財貨と所得のフローに対する課税問題 ………147
　　　b）国際組織の任務と財源 ………………………………………150
　　III．欧州連合（EU）における財政調整 …………………………151
　　　a）準連邦段階レベルとしてのEU ………………………………151
　　　b）EU内の垂直的財政調整 ………………………………………151

第6章　所得再分配のための財政政策 ……………………………158

　A．政策目標としての公平な所得分配 ………………………………158
　B．公共予算の所得分配効果 …………………………………………159
　　I．誰が租税を負担するか …………………………………………160
　　　a）適応行動の過程とその分析 …………………………………160
　　　b）租税転嫁・帰着の理論的および経験的分析 ………………166
　　II．公共支出は誰を利するか ………………………………………185
　　　a）移転支出の帰着 ………………………………………………185
　　　b）非移転的支出（変形支出）の帰着 …………………………189
　　III．予算帰着研究の成果と批判 …………………………………191
　　　a）租税収入の所得階層別帰着 …………………………………192
　　　b）公共支出の所得階層別帰着 …………………………………192
　　　c）予算の所得再分配効果 ………………………………………194
　C．所得再分配のための租税と公共支出 ……………………………198
　　I．租税政策的手段 …………………………………………………198
　　　a）所得発生課税 …………………………………………………198
　　　b）所得支出課税 …………………………………………………203
　　　c）資産課税 ………………………………………………………203
　　II．支出政策上の手段 ………………………………………………205

Ⅲ．負の所得税 …………………………………………………………207

第7章　好況と不況における財政政策 …………………………210

A．景気政策目標の設定 ……………………………………………210
　Ⅰ．財政の需要充足機能から安定化機能へ …………………………210
　Ⅱ．景気政策の目標設定とその操作化 ………………………………211
B．国民経済計算における公共財政 ………………………………212
　Ⅰ．国民経済計算における国の生産活動 ……………………………212
　Ⅱ．国民生産物測定における国家 ……………………………………213
　　a) 生産勘定 …………………………………………………………213
　　b) 分配勘定 …………………………………………………………213
　　c) 支出勘定 …………………………………………………………215
　Ⅲ．国民経済計算における国家の収入と支出 ………………………215
　Ⅳ．家計の可処分所得調査における国家 ……………………………218
C．財政政策手段と戦略的要因 ……………………………………219
　Ⅰ．目標と手段の作用関係：戦略要因 ………………………………219
　Ⅱ．公共支出と収入の所得と雇用におよぼす効果：単純な
　　　乗数モデル ………………………………………………………220
　　a) 公共支出・収入の変化の支出国民総生産に対する効果 ………221
　　b) 均衡予算の増大の効果 …………………………………………224
　　c) 乗数過程におけるその他の決定量 ……………………………228
D．国民所得への効果を考慮した予算の財政政策的投入 …………229
　Ⅰ．自動安定化効果をもつ財政政策 …………………………………229
　Ⅱ．不況対策としての裁量的財政政策 ………………………………231
　　a) 拡張的支出政策 …………………………………………………232
　　b) 拡張的租税政策 …………………………………………………233
　　c) 予算赤字の資金調達 ……………………………………………235
　Ⅲ．景気過熱対策としての裁量的財政政策 …………………………237
　　a) 支出削減 …………………………………………………………238

　　　　b）増税 …………………………………………………………239
　　　　c）予算剰余の使用 ……………………………………………239
　　Ⅳ．財政の景気効果を判定する構想 ……………………………240
　　　　a）予算コンセプト要請 ………………………………………240
　　　　b）選択的予算構想 ……………………………………………241
　　　　c）景気中立予算を応用した証言：予算尺度 ………………242
　E．財政政策と金融政策の関係 ………………………………………244
　　Ⅰ．所得効果と利子効果を考慮した財政政策の役割 …………244
　　　　a）公共支出・収入の変化が国民生産物と利子におよぼす効果 …244
　　　　b）閉鎖経済における財政政策と金融政策の調整 …………246
　　Ⅱ．外国経済を考慮した財政政策の役割 ………………………247
　　　　a）開放経済における支出と収入の効果 ……………………247
　　　　b）開放経済下での財政政策と金融政策の調整 ……………249
　　Ⅲ．スタグフレーション状態における財政政策の役割 ………252
　　　　a）安定化政策の作用関係の変化 ……………………………252
　　　　b）スタグフレーション克服のための財政政策と金融政策の
　　　　　　調整 …………………………………………………………254
　F．財政政策の有効性に対する懐疑 …………………………………255
　　Ⅰ．裁量的財政政策の投入における効果ラグ …………………255
　　Ⅱ．財政政策の「無関係性」に関するマネタリスト命題………257
　　Ⅲ．需要指向的財政政策と供給指向的財政政策の関係………258

第8章　経済成長と経済構造に与える財政政策の効果 …………261

　A．経済成長に与える財政政策の効果 ………………………………261
　　Ⅰ．経済成長の意味 ………………………………………………261
　　Ⅱ．財政政策手段による経済成長政策の評価基準 ……………263
　　Ⅲ．資本，労働，技術進歩に対する財政政策 …………………265
　　　　a）資本に対する財政政策 ……………………………………265
　　　　b）労働に対する財政政策 ……………………………………274

  c）技術進歩に対する財政政策 ……………………………278
 Ⅳ．財政政策の役割：2つの戦略 …………………………281
B．財政政策の産業構造に与える効果 ……………………………283
 Ⅰ．産業構造変化と経済成長 …………………………………283
 Ⅱ．産業構造政策としての補助金の目的と効果 ………………284
  a）補助金政策の手段としての支給条件指定 ……………284
  b）補助金の継続性とその制限 ……………………………285
 Ⅲ．産業構造政策における補助金の役割 ……………………286
 Ⅳ．地域的産業構造変化に対する財政政策の役割 ……………287
 Ⅴ．財政政策と産業構造調整 …………………………………288

第9章　環境と財政 ……………………………………………290

A．環境政策の対象・目標・形成原理 ……………………………290
 Ⅰ．公共財としての清浄な環境 ………………………………290
 Ⅱ．環境政策の目標と政策形成原理 …………………………291
B．環境政策の非財政政策的手段 …………………………………294
C．環境政策の財政政策的手段 ……………………………………297
 Ⅰ．原因者原則の適用 …………………………………………297
  a）課税による財政インセンティブ ………………………297
  b）補助金による財政インセンティブ ……………………304
 Ⅱ．共同負担原則の適用 ………………………………………305

人名索引 ………………………………………………………………308
事項索引 ………………………………………………………………309
訳者あとがき …………………………………………………………317

第1章
公共財政の特徴

A. 財政活動の必要性と目的

Ⅰ. 財政活動の必要性

　財政学は公共財政，すなわち公共収入と公共支出に関する学問である。たとえば租税の引き上げや国債の増発，補助金の撤廃，予算による景気対策，そして国民負担率の引き下げなどが政策として審議されるとき，公共財政は常に議論の中心にある。

　しかしながら，予算書に示されている莫大な量の数字と取り組むことは，あまり魅力的なことのように思われない。そこでまず，そうした数字の陰に隠されている財政活動について，その必要性と実生活との関連に目を向けてみよう。そのためには，公共収入や公共支出といった公共活動がなくなってしまった場合，経済がどのようなものになるかを考えてみるとよい。そのような状況では，市民は租税負担が無くなったことを喜ぶであろう。しかしその一方で，公的機関に従事する公務員は給料を受け取ることができなくなる。また数十億マルクにも及ぶ公共事業の発注がなくなるため，少なくとも短期的にはその請け負い会社に大量の失業がもたらされるに違いない。さらにまた，市民にも公共サービスを受けられないという不都合がもたらされる。市民は子供の教育がなくなることを危惧し，公営交通の閉鎖を嘆き，そして回収されないゴミについて苦情を訴えるようになるであろう。生活保護を受けている者はその生活水準を大幅に下げねばならず，保健衛生サービスも急激に減少してしまうことになる。

これらの例は国の公共財政活動がどのような意味を持つのかだけでなく，その必要性をも示している。たしかにこうした公共活動のうちのいくつかは，民間の経済活動によって代替することができる。たとえばゴミ処理などは民間の業者がこれを行うことができるし，近距離の公営交通については民間のバス会社がその代わりを務めることができよう。また教育にしても私立学校がその役割を担うことができる。しかしながら，民間活動はすべての公共活動を代替することができるわけではない。そうであるとするなら，公共部門には民間部門がなしえないそうした活動を行う必然性がある。そしてこのことが，国が財政活動を行うことの根拠なのである。

II. 財政活動の目標

経済政策上の目標は財政政策だけによって達成されるものではないが，経済政策上の目標が財政政策の優先的な目的であることには間違いない。R. A. マスグレイヴは，財政政策が主として担うべき経済政策上の目標を，資源配分上の目標，所得分配上の目標，経済安定上の目標に分類した。しかしまた，現在実行されている政策を分析すれば，財政政策にはその他にもいくつかの目標があることがわかる。図1．1に示されているのは，**財政政策の目標別分類**である。

a) 財政の優先的目標

公共活動の種類と規模は，秩序理論と経済体制理論において論じられるが，そこでは主に経済秩序と公共活動の関係が問題とされる。中央計画経済という極端な経済体制においては，公共の経済活動と全体の経済活動とはほぼ等しい。これに対し分権的な市場経済というもう一方の極端に位置する経済システムでは，生産者や消費者といった経済主体が自ら示す価格と需要・供給量を通じて経済のバランスが保たれるため，公共活動はその役割が若干の調整機能に限定される。

現実に公共部門の規模を決めるのは，1つには経済秩序に関する政治的判

A．財政活動の必要性と目的　3

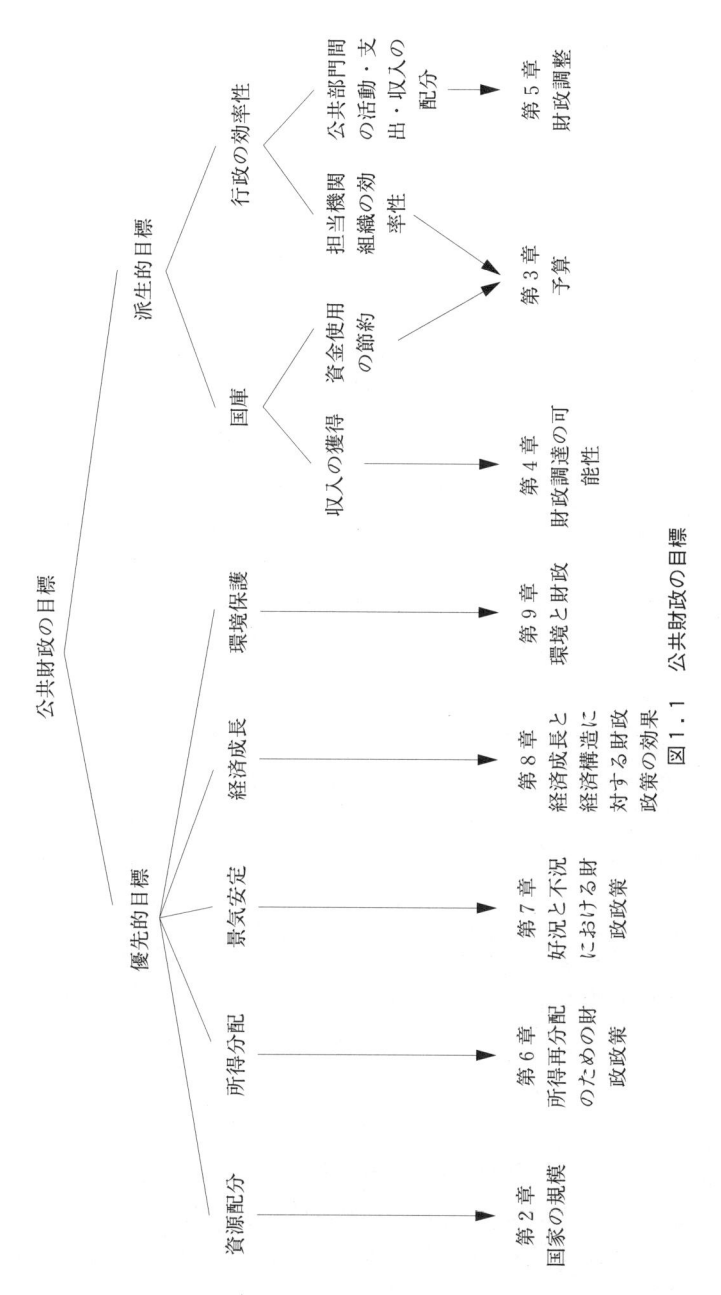

公共財政の目標
├─ 優先的目標
│   ├─ 資源配分 → 第2章 国家の規模
│   ├─ 所得分配 → 第6章 所得再分配のための財政政策
│   ├─ 景気安定 → 第7章 好況と不況における財政政策
│   ├─ 経済成長 → 第8章 経済成長と経済構造に対する財政政策の効果
│   └─ 環境保護 → 第9章 環境と財政
└─ 派生的目標
    ├─ 国庫
    │   ├─ 収入の獲得 → 第4章 財政調達の可能性
    │   └─ 資金使用の節約 → 第3章 予算
    └─ 行政の効率性
        ├─ 担当機関組織の効率性 → 第3章 予算
        └─ 公共部門間の活動・支出・収入の配分 → 第5章 財政調整

図1.1　公共財政の目標

断である。経済秩序に関する判断は，個人の自由や公平な所得分配，そして効率的な資源配分といった政策目標をどのように解釈し，これらにどのように優先順位をつけるかということに依存している。

　資源配分上の政策にはとくにこのことがあてはまる。資源配分の観点からは，財とサービスの生産への生産要素の投入がもっとも効率的に，そして市民がもっとも得をするように行われることが求められる。資源配分との関係で公共活動の必要性が生じるのは，こうした効率的な資源配分が市場では不完全にしか達成されない場合にかぎられる。

　資源配分が効率的に行われない要因としては，第1に現実の市場において競争が不完全にしか機能していないことを挙げることができる。これは個々の要素市場，財市場において一般競争均衡の条件が十分に満たされていないために生じるものであるから，この場合，公共活動には条件を整えるための一貫した競争政策が求められる。しかしながらこうした政策は，主に法律規制や行政指導などの措置を通じて行われるため，財政政策は間接的にしか関係しない。たとえば課税が競争に何らかの影響を与えている場合，これは財政学で取り扱うべき問題である。

　資源配分が効率的に行われない第2の要因は，公共財の問題である。公共財とは市場では不完全にしか供給されないか，またはまったく供給されない財のことであるが，これは効率的な資源配分の障害となる。そのため，こうした財は公共部門により供給される必要がある。公共財の供給は財政政策の範疇に含まれる。しかしながら，市場により供給されない財には空気や水といった環境財も含まれるため，同時に環境政策にも貢献する。

　所得分配の問題もまた，資源配分の問題と同様，公共部門が財政活動をする根拠のひとつである。市場においては，個々人の所得は機能的分配によって決定する。つまりある個人の所得は，その個人が所有する生産要素の量と，その市場価格とによって決まるのである。こうしたシステムにおいては，市民に最低限の所得や一定の生活水準を保障するために公共活動が必要とされる。そのために国は，移転所得や租税を通じて新しい所得状況を導くことができる。市場による分配を一次的な分配とするならば，こうした公共

活動による分配は二次的なものであり，ゆえに所得の再分配と呼ばれる。所得分配上の政策は，経済安定や経済成長のための政策と相容れない場合がある。

　経済安定（高い雇用水準，物価の安定，貿易収支の均衡など）や経済成長が市場経済によって自動的に達成されない場合にもまた，公共財政が出動する必要が認められる。しかしながら経済安定政策や経済成長政策がどのように，そしてどの程度行われるべきかという判断は，理論上の立場によって異なる。いわゆるマネタリストの見解によれば，国の財政政策活動は資源配分上と所得分配上の機能だけに限定されるべきであり，他方いわゆるケインズ的視点に立てば，公共の予算は経済安定政策で中心的な役割を担うべきものである。

b) 財政の派生的目標

　公共財政の本来の目的は，国に収入をもたらすこと，中でもとくに租税政策にあると長い間考えられてきた。その意味では，財政政策の任務は個々の公共活動が必要とする資金を調達することであり，それに対応して支出面で節約をすることである。すなわち公共財政の国庫目標は，公共収入の達成と公共支出の調整にあるのである（図1.1）。しかしながら，この公共収入を獲得するという国庫目標は，それ自身は公共活動の目標として意味を持たない。なぜなら，それは他の公共財政活動の目標を達成するために貢献するだけのものだからである。ゆえに公共財政の他の目標と国庫目標は同列に並べられるものではなく，その意味でこれは派生的目的と見なされる。

　派生的目標には，その他に行政の効率性をあげることができる。これには公的機関自身の組織を効率的に運営すること，そして予算を各省庁間や各地方自治体間で効率的に配分することが含まれる。

c) 財政政策目標の歴史的推移

　歴史的にみると，財政政策において他の目標が重要とされていたこともある。「財政」学という言葉から推察できるように，この分野では主に公共収

入が扱われてきた。公共支出は国家の目的に応じて決まるもので，これについては議論の必要がないと考えられていたのである。

　カメラリズムの時代には，国庫目標が重視され，租税に関する議論が前面に出されていたが，人口政策や所得分配政策も議論の対象とされた。たとえば，所得課税や財産課税よりも消費課税の方が優れているという，いわゆる消費税論争が起こったのもこのころである（17～18世紀）。これは財政政策の所得分配上の効果に関する議論のよい一例であろう。

　自由主義の理想からは，予算をできる限り小さくすることが求められた。そのため予算が使われるのは，民間経済の機能を維持するために必要な場合だけに限定され，課税に対しては，国民経済の構造，とくに所得構造にできるかぎり影響を与えることなく，必要最小限の収入を調達することが要求された。しかしながら19世紀になり，自由主義と社会主義が対立するようになると，再び所得分配政策に関する議論が盛んになった。財政学のなかでこのような展開を示したものは講壇社会主義のA.ワグナーであるが，彼はそれまで公共収入を得る手段としてだけ位置づけられていた租税を，社会政策上の目的にも利用することを求めた。

　20世紀の初頭から，財政政策の目標に関する議論は新しい段階に入った。予算はすでに経済活動への影響が無視できないほどの規模となっていたが，世界恐慌をきっかけに，財政政策に景気政策上の目標を組み入れる議論がなされるようになった。とくにJ.M.ケインズの示した命題は，公共財政を景気政策に用いることを決定的なものとした。彼の命題とは，一度生じた不完全雇用は必然的に完全雇用に復帰するわけではないというものと，国は自らの行動によって望ましい均衡を実現できるというものであった。かくして景気政策は財政政策の目標のひとつに数えられるようになり，同時に産業部門構成や地域構成に関する産業構造政策もこれに加えられた。

　公共財政はその後さらに，経済成長政策に利用されるようになったが，それは主に，将来性が見込まれる開発を促進することと，企業の競争力を高めることによって行われた。企業競争力を高めるための措置には，たとえば国民負担率の引き下げ，租税負担の軽減，補助金の廃止，規制の緩和などがあ

げられるが，こうした措置は同時に，雇用水準の引き上げにも貢献するものでもある。経済成長は環境破壊をもたらすため，その後，環境政策もまた公共財政のなかで重要な位置を占めるようになった。このように財政政策の目標は，経済状況の推移とともに変化してきたのである。

B. 財政政策の担当機関と手段

I. 財政政策の担当機関

財政政策を担当する機関には，第1に公共団体があげられる。多くの国ではこれらの公共団体は複数の異なるレベル（連邦レベル，州レベル，市町村レベル）に組織されており，それぞれが担う役割は，その国が中央集権的であるか地方分権的であるかによって異なる。またヨーロッパにはヨーロッパ連合という，国家レベルの上位に位置する組織も存在する。こうした機関はすべて明らかに公共活動の担い手であり，また収入と支出活動を営むので，財政政策の担当機関であると認められる。

財政政策はまた，民間部門と公共部門の中間に位置する機関によっても担当されることがある。準国庫と呼ばれるこうした機関は，①公的な役割をもっていること，②ある程度強制的に徴収する権能を伴う財源をもっていることに特徴がある。準国庫に数えられる代表的な機関には，社会保険（年金，健康保険，失業保険など）の担当機関，特定の公的任務を果たすために公共団体から資金の提供を受ける特別基金，職業別共同組合（農業協同組合，商工協同組合）などがある。

準国庫は経済政策，なかんずく財政政策の意思決定において，それを担いうる補足的な機関として考慮することができる。その意味において，準国庫は国民負担率の計算に含まれるべきである。また準国庫は，もともと特定の公共活動を流動的な議会の意志決定から独立させるためにつくられることが多いので，これをコントロールするためには独自の方法を検討しなければな

らない。

II. 財政政策の手段

この章では,公共財政をその目標と担当機関によって論じてきたが,最後にその手段について検討する。財政政策の手段とは公共収入と公共支出であり,これらは担当機関によって財政政策を実現するための戦略に利用される。

a) 公共支出

公共部門がどんな役割を担っているかは,公共支出の項目に端的にあらわれる。表1.1には,その一例としてドイツの公共支出が示されている。ここでは活動領域を基準とした分類を採用したが,これは多くの分類方法のな

表1.1　ドイツ連邦共和国[1]の公共支出[2]（活動領域別,1990年）

活動領域	100万マルク	%
防衛	57,839	5.1
公安・司法	33,247	2.9
教育	97,197	8.5
研究・開発	12,888	1.1
文化	9,061	0.8
社会保障	537,373	47.1
衛生・スポーツ・保養	48,245	4.2
住宅・地域開発[3]	41,209	3.6
経済振興[4]	45,243	4.0
交通・情報通信	32,636	2.9
その他	226,445	19.8
合計	1,141,383	100.0

[1]旧西ドイツ地域。
[2]連邦,州,地方自治体,社会保障の各公共団体,ヨーロッパ共同体への参加分などの合計
[3]地方自治体を含む。
[4]食料,農業,林業,エネルギー,給水,工業,サービス産業。
出所：Statistisches Jahrbuch 1992 für die Bundesrepublik Deutschland, Wiesbaden 1992, S.520, und eigene Berechnung.

かの1つにすぎない。どの分類方法によって公共支出を把握するかは，その目的と問題意識によって異なる。

公共支出を分類する本来の目的は，**所管別支出**を明確にすることにある。所管別支出は，支出に対して責任を持つ機関ごとに公共支出を分類するものである。そうした機関にはたとえば省庁をあげることができる。この分類は予算を表す際の主たる方法であり，予算編成の際にはどの大臣がどの予算に責任をもつかを明確にする必要があるため，絶対に欠かすことのできないものである。

本来であれば他の省庁が受け持つべき任務を別な省庁が担当することも少なくないので，公共活動の領域と所管別分類は必ずしも一致しない。そのため，公共活動の状況を把握するためには，所管別分類を修正して求める**活動領域別分類（機能別分類）**がしばしば用いられる。先の表1.1はこれにあたる。公共支出を活動領域別に分類することは，公共活動の状況を把握することに貢献するだけでなく，政策決定の場面においても有用である。活動領域別分類は，これまでに実行された公共活動に関する資料を提供することにより，どの政策プログラムにどのような優先順位がつけられるべきかという問題に示唆を与える。またこの分類は，公共活動の国民経済的効果を知るためにも役立つ。たとえば，研究開発や交通網整備に充てられた支出が，経済成長にどれだけの効果をもたらしたかなどを分析することもできる。

しかしながら，公共支出の国民経済的効果をより詳しく調べるためには，**支出項目別分類**が適当である。この分類法は活動領域別分類と並んで良く利用されているが，これが用いられるようになったきっかけは，G.コルムとA.C.ピグーによって与えられた。コルムは行政費用をその他の公共支出から区別し，さらに人的費用と物的費用とに分類した[1]。またピグーは，国民所得への効果の違いに着目し，公共支出を「移転的支出」と「非移転的支出」とに分類した[2]。

一般的な支出項目別分類では，公共支出はまず移転的支出と非移転的支出に分類される（図1.2）。**非移転的支出**，すなわち実質支出とは，要素市場や財市場における反対給付のことであり[3]，人件費と物件費（物的投資とそ

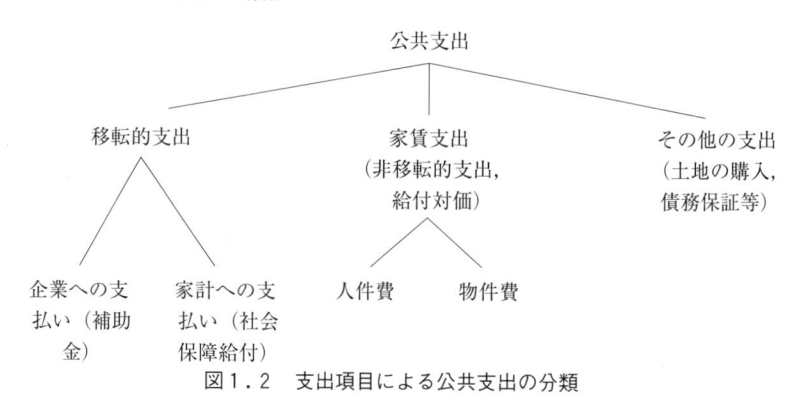

```
                              公共支出
          ┌───────────────────┼───────────────────┐
       移転的支出            実質支出            その他の支出
                          (非移転的支出,         (土地の購入,
                           給付対価)             債務保証等)
      ┌─────┴─────┐       ┌─────┴─────┐
   企業への支   家計への支   人件費      物件費
   払い(補助   払い(社会
   金)        保障給付)
```

図1.2　支出項目による公共支出の分類

の維持費など）とに分けられる。これに対し**移転的支出**とは，納税者の購買力をその受領者に振り替えることであり，新たな所得の創出をもたらさない。移転的支出はさらに，企業への支払い（補助金）と個人の家計への支払い（社会保障給付）に分類される。

　しかしながら，移転的支出を実行する際にし，その受領者に特定の財を購入することが義務づけられるような場合，移転的支出と実質支出の相違は希薄である。もっとも極端なケースでは，購入すべき財が非常に細かく指定されることが考えられるが，これは国が財を購入し，それを受領者に支給することと変わらない。この場合にはもはや，移転的支出と実質支出の区別は形式的なものにすぎない。またこの分類方法では，すべての公共支出を網羅できないことにも留意する必要がある。たとえば，公共部門による土地の購入はコルムやピグーが示したどの類型にも含まれない。土地の購入は，国民経済的に見て所得の増加をもたらさず，土地の所有者が変わることだけを意味しているのである。また国が行う債務の保証や認可もこの分類では把握されない。これらは例外的に，国が債務を肩代わりして支払ったような場合にのみ計上される。

　支出項目別分類は，景気政策について議論する際に，非常に有用なものとなる。企業と個人の家計に異なる影響を与えようとするとき，補助金と物件費（企業が受領者）を社会保障給付と人件費（個人の家計が受領者）から区

別することは重要な意味をもつ。これに対し所得分配政策や経済成長政策においては，この分類の役割は限定的である。たしかに補助金や社会保障給付に対する支出額を知ることは，所得分配政策に役立つが，実質支出が示す数字は，所得分配政策にとっても経済成長政策にとってもあまり意味のあるものではない。実質支出の額は物的投資の規模を指し示すが，物的投資は公共部門がサービスを提供するための準備にすぎない。実質支出は，企業や個人の家計による公共サービスの利用とそれがもたらす効果については，何も語らないのである。

b) 公共収入

公共収入は，第1に資金の調達を通じて公共活動に貢献するが（国庫的機能），それ以外にもさまざまな役目を果たすことが求められる（非国庫的機能）。たとえば，物価調整や雇用水準の引き上げ，消費内容に対する干渉，環境破壊の防止などがこれにあたる。表1.2には例として，ドイツの公共収入の内訳が示されている。この表から，租税以外にも多くの収入項目があることがわかるであろう。

公共収入はまず，租税とそれ以外の収入とに分けることができる。ほとん

表1.2 ドイツ連邦共和国[1]の公共収入[2]（1990年及び1991年）

項目	1990年 百万マルク	%	1991年 百万マルク	%
租税	931,535	85.6	1,064,832	85.6
手数料，公共料金	66,939	6.1	74,421	6.0
官業収入	39,325	3.6	42,225	3.4
資本整理収入	20,686	1.9	24,561	2.0
その他	30,219	2.8	34,943	2.8
収入合計	1,088,704	100.0	1,240,982	100.0
公債金（純借入金）	70,097	－	110,183	－

[1]旧西ドイツ地域。
[2]連邦，州，地方自治体，社会保障の各公共団体，ヨーロッパ共同体への参加分などの合計
出所：Statistisches Jahrbuch 1992 für die Bundesrepublik Deutschland, Wiesbaden 1992, S.519, und eigene Berechnung.

どの国でもっとも重要な収入項目である**租税**は，強制力をもっていることに特徴がある。ここで租税の強制力とはつまり，租税が納税義務者の意志に反してでも徴収されるということを意味している。さらに，納税者に反対給付を請求する権利を与えないことも，租税の特徴の1つである。たしかに公共サービスは市民に利益をもたらすが，市民はその利益を国民として受けるのであって，納税者として受け取るわけではない。ゆえに租税は，反対給付を伴わない強制公課であると定義することができる。租税はさまざまな方法で分類することができるが，経済政策上，もっともよく用いられる分類は，所得の発生に課せられるもの，所得の使用に課せられるもの，そして資産の保有に課せられるものの3つに分ける方法である。

社会保険料もまた，租税と同様，市民に強制的に課せられる。しかしながら租税と異なるのは，それが反対給付を受ける権利と対応していることである。社会保険料収入は社会保険給付のための資金として，他の公共収入から独立して扱われる。

これに対し**公債**には，租税にみられる「強制的性格」も「反対給付請求権の欠如」もない。公債は，利子を受け取ることと，将来償還されることを前提に，自由意志によって購入されるものである。ただし国は，公債に市場利子率よりも極端に高い利子をつけることによって，半ば強制的に市民に購入させることもできる。

また**手数料や分担金**は，租税と異なりその支払いを回避することができることが多い（たとえば高速道路料金）。またこれらは公共サービスへの対価として支払われるものであるので，必ず反対給付請求権を伴う。

官業収入とは，公共団体が行う営利事業や民間企業への資本参加，そして土地財産などから生じる収入のことである。つまり官業収入は，そのほとんどが公共団体が民間市場に参加することによって発生する収入であり，行政など統治に関わる業務から発生する収入はごくわずかである。

これらの収入はすべて，民間部門から公共部門に流入したものであるので，公共団体間における取引はこれに含まれていない。公共団体間における取引にはたとえば，国から地方自治体への補助金や，地方自治体間における

財政調整などがある。ゆえに，ある市町村の立場からみた公共収入の姿は，表に示されたものとは異なったものとなる。

c) 経済政策に用いられる財政政策的手段

経済政策は経済システムに関するものと景気動向に関するものに分けられる。経済システムに関する政策は，長期的にみて望ましい経済状況がもたらされるような経済制度を整えるための政策であり，景気動向に関する政策は主に，経済状況を短期的に改善させるためのものである。財政政策はその双方に貢献することができるが，前者には財政状況の改善が，後者には公共収入や公共支出を利用した景気政策が対応する。

経済政策はまた，貨幣の流通を利用するものとそれ以外のものに分けることができる。貨幣の流通を利用するものとしては金融政策と財政政策があげられ，他方，貨幣の流通を利用しないものには直接規制があげられる。直接規制にはたとえば，給与水準や価格水準のコントロール，資本流通のコントロール，カルテルに関する協定などがある。経済政策にはまた，この2つのカテゴリーの中間に位置するものも考えられる。直接的にお金の流れを利用しない金融政策や財政政策がこれにあたるが，たとえば租税の引き上げや最低準備率の変更などがこれに含まれる。

C. 財政学の対象と本書の構成

a) 財政学とは何か

この章では，財政学という学問の対象を理解するため，公共活動と財政活動を比較しながら，財政政策の目標，担当機関，手段について概観してきた。そしてそこでは，財政学の対象が公共収入と公共支出にあるということが明らかにされた。こうした公共財政に関わる問題は，広範な領域を扱う経済学からは切り離されて論じられるべきである。なぜなら，それは解決を要する多くの問題を抱えているため，学問の分業という観点から，分離した取

り扱いが目的に適っていると考えられるからである。

　財政学はさらに細かく分類することができるが，財政政策の理論はそのなかでもとくに重要な分野の1つである。財政政策を他の経済政策から区別するもっとも顕著な特徴はその手段にある。財政政策では，その影響力の大きさから，公共財政を手段として利用する。ゆえに公共収入と公共支出を政策目標に利用する方法は，財政学の重要なテーマとなるのである。

　公共財政を特徴づけるもう一つの特性は，その決定メカニズムにある。民間の経済活動が市場メカニズムのなかで決められていくのに対し，財政活動は他の公共活動と同様，政治的意思形成の支配下にある。さらに，民間の企業や個人の家計の経済計画がきわめて弾力的に実行されるのに対し，公共部門の予算は，一度決定されれば必ず実行に移さなければならない。

　ここでは財政学という学問の本質や定義については述べなかったが，それは重要なことではない。学問をするにあたってはむしろ，学問の対象が何かということ，そしてどこに重要なポイントがあるかということを知ることの方が必要なのであり，本書はすでにそれを行った。

b) 本書の構成

　本書は，財政学という学問の成果が，個々の公共財政の活動とどのような関係にあるのかがよく理解できるように構成されている。そのため財政活動の目標がそのまま本書の構成要素になっている（図1.1）。

　本書の内容は，財政政策の目標によって大きく2つに分けられている。本書の前半では，公共政策の派生的目標が3章にわたって論じられている。1つ目の章では公共部門の主たる行動・計画手段として予算が扱われ（第3章），次の章では公共活動の資金調達が公共収入との関連で論じられる（第4章）。そして3つ目の章では財政調整の問題が，公共活動，公共収入および公共支出が公共団体間でどのように配分されるべきかという論点で取り上げられる（第5章）。

　後半では公共政策の優先的目標が論じられる。著者は，その経済政策上の重要性から判断して，「公正な所得分配」（第6章），「景気安定化」（第7

章),「経済成長の促進」(第8章),「環境破壊の抑制」(第9章) の4つをテーマとして選択した。また資源配分上の基本的な問題,公共財の理論,公共部門の適正規模,公共支出の増大などについては,次章 (第2章) でこれを扱うこととする。

第1章 注
1) Colm, G., Volkswirtschaftliche Theorie der Staatsausgaben, Tübingen 1927, S. 34 ff.
2) Pigou, A. C., A Study in Public Finance, 3. Aufl., London 1951, Neudruck 1962, S. 19 ff.
3) それゆえ,非移転的支出は給付対価とも実質支出とも呼ばれる。これに対し,「財・サービスへの支出」という表現は一義的ではないので不適当である。「サービスへの支出」は,人件費についても,また民間企業からのサービスの購入にも使われる。

第2章
国 家 比 率

A. 財政経済的国家活動の決定要因

I. 財政経済的国家活動の捕捉と計測

a) 契機と目標

　近年，ドイツ連邦共和国にとどまらず，国家活動の正当性とその範囲とに対する政治的関心が再び高まっている。諸政党の政策プログラムの執行に際しては，国家比率（国民経済に対する国家の経済活動のシェア）の縮小もしくは拡大が，しばしば経済政策や社会政策の目標もしくは戦略的変数とみなされている。長期的には，アメリカで生まれた公共部門と民間部門との間の社会的不均衡という思想を背景に，国家活動の膨張が要請された。なぜならば，民間部門の富を公共的な移転や公共投資の増額に転用し，いわゆる貧困を公的に除去することが不可欠であると考えられたからであった。今日，社会的公正の具体化のために国家活動の増大が求められる一方で，国家比率の増大を前に，社会的市場経済とその目標の実現が危惧されている。それによれば，国家比率を縮小し，官僚機構を見直すと同時に個々の家計と企業のイニシアティブを強化することがより高い成長率，より高い福祉につながる道であるとされる。いずれにせよ，国家の活動をその現象形態を通じて把握することは，思想的な立場とは別に，そのかぎりでは国家の望ましい比率に関する秩序政策的・政治過程的な説明の前提となる問題である。

　国家比率に対する関心を背景に，その見直し自体が秩序政策的重要性を帯びてきている。国家活動の構造と規模の発展は，経済秩序と経済体制に関す

る文献において根本問題である。すなわち，中央管理の経済システムと市場経済的な経済システムとを本質的に区別し，民間部門が政府部門に対してどの程度の余地を残すかという問題に帰着するのである。観察する者の政治的立場により，国家は諸個人の自由な活動領域を制約する集合的権力にみえることもあれば，私的経済領域に対して望ましいバランスをとるものにもみえる。たとえば国家のトータルでの影響を測ろうとする秩序政策的見地からすると，支出あるいは収入といったマクロ的経済量を測定すれば目的は充足されるのではなく，国家の影響をできるかぎり実態に即して捉える必要があることは明らかである。国家の活動をその現象形態全体にわたって把握し，民間活動と比較して，はじめて秩序政策的な観点から経済システムの時系列変化を捉えることができる。

　国家活動に関する歴史上の議論は，財政学の古典的なテーゼのなかに見い出すことができる。それによれば「歴史的（時間的），空間的に異なった国を包括的に比較すると，進歩した文化国家の場合，一般に国家活動の膨張という事態がみられる。これは，国家ならびにその行政機構が遂行する公共的な活動全般の結果として生まれたものである[1]。」

　19世紀末，ワグナーによって示されたこの命題は，しばしば「国家活動膨張の法則」と呼ばれて引用される[2]。公共財政の領域ではここから「財政需要膨張の法則」が導き出され，同時にそれ相応の集中排除のシステムと整然としたメカニズムを備えた官僚機構としての国家の膨張も定式化された。第2の法則は第1の法則から導かれているが，このことは，ワグナーが国家活動と財政経済活動を区別していたことを意味している。すなわち，国家活動が全般的に増大すると，それに応じて公共財政もまた膨張するということである。ワグナーの法則は，現在もなお，公共支出の発展をめぐる議論というかたちで継続されている[3]。

　この法則をめぐる議論が大きな関心を呼び，無数の統計的な実証研究が行われているのは，それが歴史的なプロセスを適切に評価できるからという理由にとどまらない。むしろ，この法則を十分検討することで，国家活動の解明のための目標や仮説を設定できるからであり，観察された事実，つまり，

国家活動の増大（支出総額の増大）を，とりわけ秩序政策的な目標と関連づけることができるからである。

　国家活動の捕捉という秩序政策的な目標とならんで，景気政策，成長政策，分配政策というかたちの「過程政策」の投入についても，国家比率を捕捉する際の認識に対する関心が生じる。そこで問題となるのは経済政策担当者が利用しうる「戦略的可能性」である。この場合，支出総額全体よりも公共団体による物件費，人件費，社会保障費，補助金の支払いといった個別的な予算項目が重要視される。景気政策や成長政策の担当者が知ろうとするのは，公共部門が国民経済循環において付加価値創造，投資，消費といった局面でどの程度の規模を占めているか，さらにこうしたマクロ指標にいかなる影響を及ぼすことができるのか，といった点である。たとえば，公共機関が財貨や雇用の面でどの程度直接的に生産（資源）に影響を与えることができるのかについての知識，および補助金の投入を通じて国家が民間投資をどれくらい誘導できるのかについての情報がその事例である。また，福祉国家の負担とみなされることも多い社会保障支出の根拠と規模に対する関心もますます大きくなっている。

　国家比率を捕捉する際の秩序政策的・過程政策的関心とならんで，国家比率を捕捉できたとして，その結果を誰が利用できるのかという新たなる課題も浮上してくる。ここで，納税者としての国民の関心を引くのは租税等の負担率の動向である。これは公共支出から受ける利益と対照しうるものである。企業にとっても，国家比率の動向は大きな関心事である。たとえば，企業は他国との税負担の差違を明確にするために，国家比率に対して関心を払っている。最後に投票者も，自分自身の納税の対価として何を得るのかを正確に知りたいと願っているのである。

b）　財政経済的な国家活動の把握

　そもそも広義の国家の影響と公共支出，もしくは租税の国民総生産に占めるシェアとして表される国家比率との関係を明らかにするためには，3つの予備的問題が明らかにされなければならない。

(1) 公共財政に関する数字は国家活動をどの程度まで把握しているのか？
(2) 財政政策の担当機関をどの範囲まで考察の対象に含めるか？
(3) それぞれの公共団体や機関に対し，どの財政資金が配分されるべきか？

　公共財政経済は国家活動の一部にすぎない。このことは，国家が資源配分政策，所得分配政策，そして経済安定化政策上の任務遂行の際に用いる手段を思い浮かべれば明らかとなる。国家活動の現象形態は，国家主権に基づく給付の準備の指示から家計と企業に対する移転支払いに至るまで，実に多様である。むろん，国家の任務は，補助金や社会保障支出といった公共支出によってのみ果たされるわけではなく，国家による規則や命令（法，法令，行政行為など）にも依拠しているため，公共支出を国家活動の指標であるとする言説は説得力がない。これがとくにはっきりするのは，国家行為の現象形態ないし用具を，それらの予算がもたらす効果（予算効果）に基づいて評価したときである。法や指令は予算上，わずかに行政コストだけで成果をあげるものである。たとえば，競争政策，外交政策，共同決定法，婚姻法などの領域における計画達成と重要性は公共支出の動向からは読みとれない。これに対して，たとえば補助金，人件費，あるいは社会保障費といった「支出集約型」の国家活動の場合[4]，目標の達成は，むしろ，獲得された金額に基づいて評価される。

　しかし，補助金，人件費，公共投資などの場合，支出を伴う公共活動が把えやすいからといって，支出効果的あるいは予算効果的な国家活動は，予算効果の薄い，法令等に依拠した国家活動よりも，民間部門およびマクロ経済の動向に対してより強力な作用をおよぼすはずであると結論づけるのは誤りである。特定産品に対する禁輸措置は，多額の補助金よりも大きな利益をもたらすことであろう。労働者の疾病時における賃金の継続支払いの場合も，ほとんど経費のかからない立法措置によってこれを義務づけているのである。

　疾病時の賃金の継続支払い，環境保護立法に基づく生産者負担金などは，民間部門のコストを拡大させている。この費用は，そうでなければ納税者が直接に負担しなければならない経費だが，上述のケースでは，企業がこうし

た経費を負担することによって,納税者へ間接的に転嫁させていることになる。

　国家活動には,公共機関による支払いが非貨幣的なサービスという性格を帯びている場合もある。いわゆる変形支出(人件費・物件費)の場合にこの特徴は顕著である。公共財・サービスの提供や,学校や病院といった公共施設の供給の際にこうした支出は発生する。その種類,範囲,構造,さらに地域的な配置などが国家活動の指標となる。これには,こうした施設やサービスに対する請求権(使用権)も含まれるが,これらは公共支出の金額で評価することはできない。

　国家の活動を予算額によって測定するとすれば,公共活動担当機関の予算はことごとく把握されなければならない。「国家」ないし「公共部門」を包括するような予算上の区分を確定するのは困難を伴う。というのも,ドイツ連邦共和国には公共団体の他に準国庫と呼ばれるものが存在するからである。民間部門としての家計と企業が一方にあり,公共部門としての公共団体が他方にあるが,両者の中間には独立的に管理された予算を持つ一連の機関が存在している。こうした機関の一部は民間部門に近く,他は公共部門に近いため,国家比率の測定は困難なものとなっている。公共部門と民間部門とのあいだに準国庫が存在する以上,その増加は公共部門に算入されて,結局公共部門の膨張を意味することになる。この関連でとりわけ重要なのは,社会保険制度である。さらに,財政経済の担当機関に何を含むべきかという問題をクリアしたとしても,なお国家比率の測定に際しては資金の流れを把握するという点で,以下のような諸問題が残されている。

(1) この場合の困難については,補助金支出と租税優遇措置が好例である。これらは,産業政策的目標を実現するために選択的に用いられる政策手段である。補助金は予算規模に影響を与え,結果として国家比率にも計測可能な影響を与えるが,租税優遇措置は歳入を縮小するだけでなく,相対的に予算規模をも縮小する作用がある。

(2) 国家は,行政指令や法的規制を通じて国民に無償の給付(サービス給付形式での現物給付)を請求し,それによって支出を削減することが可能

である。さらに，この「隠れた公共需要」には，とくに兵役義務，陪審員としての活動，税額査定と申告の際の納税者の協力なども含まれる。
(3) 病院，道路，庁舎などの公共資産が提供するサービスの給付も把握されていない。こうした資産は，その増減のみが収支として会計に算入されるだけである。
(4) さらに，税収総額に変化のない税制改革（税収中立的な税制改革）のように，歳入・歳出の構造だけを変え，国家比率を変化させない諸改革にも注目する必要がある。
(5) 国家の活動は，国民総生産に占める税収の比率（**租税負担率**）によって評価されるが，このマクロ指標が直ちに経済全体に占める国家比率を表すものではない。その他の収入，すなわち社会保障負担，料金・手数料，事業収入あるいは公債金収入も，税収と同じく合算される必要がある。

c) 指数の構成

所与の時点で国家比率を捉え，時間の推移とともに国家比率が膨張するというテーゼを検証するためには，基準が必要である。たとえば支出総額を時系列的に観察すると，公共団体の総支出は絶対的増加を示しており，その数字を通貨価値の下落分を加味して再計算しても問題ないようにみえる。しかしながらこの方法はさまざまな理由からあまり意味がない。というのも，観察された期間に人口が大きく変動しているので，「国家の増大」について意味のある解釈をしようとしても，ほとんど不可能だからである。ただしこの難点は，国家支出を人口数に関連させ，相対的な増加を導き出すことで排除することができる。東独地域の連邦共和国への併合は，歴史的にみると一回限りの事態ではなく，公共支出の把握に際して，統計数値の特殊性と歴史上の断絶という結果もうみだしたのである（表2．2）。

国家比率には，一般国家比率と個別国家比率とがある。前者はあらゆる公共支出を国民総生産の比率としてみたものであり，後者は，たとえば公務員への給与支払い，家計への援助費，保健衛生支出，教育費などのような個々

の資金の流れを国民総生産の比率としてみたものである。また,真比率と仮比率とがある。真比率は,支出または税収を分子に取り,分母にはその構成要素を完全に算入したものである。これに対して仮比率は,分子の一部を分母に算入しないものである。周知の国家比率である「公共支出の対GNP比」はその一例である。なぜなら,移転支出額は分子に含まれているが,付加価値を生まないので,分母の国民総生産額に算入されていないからである。

II. 総支出の増大

国民総生産との比率でみた公共支出の長期的動向は,市場経済タイプの先進国についてみると,ワグナーの命題を実証するものとなってきた(表2.1)。異なる計算方式が採用されていることもあって増加率は一様ではないものの,国家活動の一般的な増加傾向は否定しようもない事実である。こうした動向は,たとえば第一次世界大戦後および第二次世界大戦後から1950年代まではっきりと確認できる。もちろん,1989年の時点でこの動向を確認できるのはあまりにも自明のことだが,ベルギー,デンマーク,スウェーデンなどでは国家比率がほぼ2倍にまで膨らんでいる。ドイツ帝国あるいはドイツ連邦共和国についてみても,表2.2と図2.1で示したとおり,第一次世界大戦を起点に第二次世界大戦まで国家活動は明らかに増大している。第二次世界大戦以降も,この増加傾向はなお継続している。

国家比率の短・中期的分析はその長期的観察とは区別して考えなければならない。表の2.2から,国民総生産に占める公共支出の百分率が,1950年から1991年まで上昇していることがわかる。国家比率は財政統計によると27.7％から34.7％までしか上昇していないのに対して,社会保障を含む国民経済計算の数値でみると,同時期に31.1％から49.9％へと急増している。その違いの要因は年金保険,健康保険などの社会保険の動向にある。

こうした国家支出の名目的規模が変化したとしても,その実質的規模が同様の変化を示すとはかぎらない。これについては,国家が公共サービスの準備のために求める財の価格は,民間の求める財の価格より高めに推移し,生

A. 財政経済的国家活動の決定要因　23

表2.1　国家比率の長期的増加

国名	期間	国家比率の増加	国家比率（1989[9]）
アメリカ	1913-1957	6.0%→26.0%	36.1%
イギリス	1920-1950	26.0%→39.0%	41.2%
カナダ	1929-1954	15.0%→27.4%	44.6%
ドイツ	1913-1954	15.7%→41.0%	45.3%
デンマーク	1870/79-1947/50	8.4%→23.3%	59.4%
ノルウェー	1938-1950/53	17.9%→32.6%	54.6%
スイス	1938-1952	19.1%→21.2%	30.2%
ベルギー	1912-1956	7.3%→22.2%	55.7%
スウェーデン	1938/39-1950	21.0%→31.3%	59.9%

[1] 政府支出Government Expenditure：国民総生産Gross National Product
[2] 公共支出Öffentliche Ausgaben：国民総生産Bruttosozialprodukt
[3] 帝国（連邦），州および市町村の支出：国民所得
[4] 国民1人あたりの税負担：国民総生産：各年平均
[5] 国民1人あたりの税負担：社会純生産：各年平均
[6] 公共支出：国民所得
[7] 中央行政府の経常経費Dépenses courantes du pouvoir：国民収入revenue national
[8] 公共予算：国内で処分された財・サービスの総額
[9] 一部東独地域も含む。したがって東西分裂時については一定の条件を付した上での比較となる。
出所：Timm, H., Das Gesetz der wachsenden Staatsausgaben, in: Finanzarchiv, NF Bd. 21, 1961, S. 244f. 1989年についてはFinanzbericht 1993, Bonn 1992, 5.311.

産性も民間財とは異なる変化を示している可能性があると思われる[5]。つまり，公共部門による調達は，民間部門によるそれを上回る物価の上昇と生産性の低下を引き起こすということである。これはとくに，人件費や建設費について当てはまり，結果として国家の名目的支出の規模が増大する背景となっている。

　国家支出の名目的規模を解釈するにあたって，さらに景気の影響も考慮しなければならない。国民総生産が緩慢な上昇もしくは後退を示しているときも，景気政策的な理由から国家の支出規模は増加する。好況時になると確かに国家の支出規模はそれなりに後退するが，長期的には一定の規模にとどまりうる。

　総支出の動向を詳細に分析するためには構造的変化も検討しなければならない。構造的変化の標識としては，支出の態様（たとえば投資や消費），国

24 第2章 国家比率

図 2.1 国民所得に占める国家支出と税収 (1821-1972)

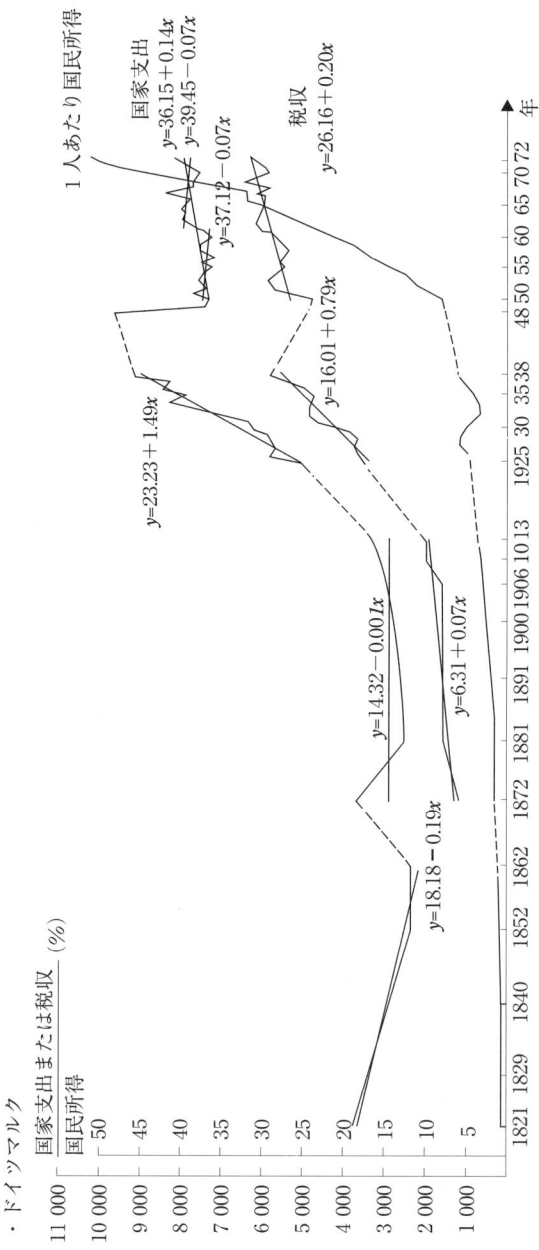

出所：Recktenwald, H.C., Umfang und Struktur der öffentlichen Ausgaben in säkulärer Entwicklung, in : Handbuch der Finanzwissenschaft, 1. Bd. 3. Aufl, Tübingen 1977. S. 721.回帰方程式の x はその時々の趨勢要因を示す。

A. 財政経済的国家活動の決定要因　25

表2.2　ドイツにおける一般国家比率の動向（1950-91）

年度	国民総生産 百万DM (1)	財政統計（社会保障を除く）		国民経済計算（社会保障を含む）	
		支出[1] 百万DM (2)	国家比率(%) (3)	支出[2] 百万DM (4)	国家比率(%) (5)
1950	98.6[4]	27.3	27.7	30.7	31.1
1955	180.5[4]	50.4	27.9	54.7	30.3
1960	303.0	63.3[5]	-	99.7[5]	-
1965	458.2	139.3	30.4	170.2	37.1
1970	675.7	196.3	29.1	264.1	39.1
1975	1027.7	360.5	35.1	509.1	49.5
1980	1477.4	509.2	34.5	721.9	48.9
1985	1834.5	604.4	32.9	875.3	47.7
1986	1936.1	628.6	32.5	912.2	47.1
1987	2003.0	651.3	32.5	949.6	47.4
1988	2108.0	671.5	31.9	991.1	47.0
1989[3]	2245.2	701.5	31.2	1017.4	45.3
1990[3]	2425.5	816.6	33.7	1114.8	46.0
1991[3,6]	2615.2	-	-	1277.8	48.9
1991[3,7]	2803.3	974.0	34.7	1398.0	49.9

[1] 公共財政の支出（1950年の連邦領土はザールラントとベルリンを含まない。1955年の領土はザールラントを含まない）。
1950-1960：連邦，負担調整基金，ドイツ公共労働株式会社，州，市町村を含む。
1965-1991：連邦，負担調整基金，欧州復興計画特別資産，EU負担，州，市町村を含む。
[2] 国民経済計算に基づく国家部門の支出（経常支出，資産移転，粗投資）。
国家部門は公共団体と社会保障を含む。
[3] 暫定値。
[4] ザールラントとベルリンを除いた連邦領土。
[5] 暫定年次（4月1日～12月31日）
[6] 旧東独地域を除く。
[7] 旧東独地域を含む。
出所：Statistischen Jahrbücher, Daten der Volkswirtschaftlichen Gesamtrechnungenおよび Finanzberichtに基づき筆者自身が計算。

家の任務(たとえば環境や防衛),連邦,州,市町村といった公共機関の種別や公共財政のその他の担い手(たとえば社会保障)などがあり,これらの検討を通じて,構造的な展開に着目した国家支出の説明が可能となる。

III. 国家支出増大の要因

a) 国家活動の機能変化

19世紀の半ば,自由主義国家は夜警国家として嘲笑の対象だった。「強盗と破壊活動からの防御が国家の機能のすべてである」(F.ラッサール)。この公式化は議論の余地ある極論だが,古典的自由主義における国家の基本政策が,競争,自由貿易,営利事業,私有財産を保護する枠組みの確立と保障にかぎられていたという事実を否定するものではない。予定調和の世界を乱さない,つまり国家による生産活動への干渉を極力小さなものとし,司法と国防のみをその主要な任務とする小さな政府が古典的自由主義のエッセンスであった。A.スミスの理念に基づいた自由主義的公理があまりにも強力であったため,この素朴な夜警国家論がスミスが考えていた国家の役割と必ずしも一致していないということは見過ごされてしまった。

国家は「価格メカニズムないし市場メカニズムを可能なかぎり侵してはならない」という原理に対して,スミスはいくつかの例外を認めていたのである。国土防衛や個人の保護の他に,そもそも民間部門によっては供給されない,あるいは望ましい規模で供給されないサービスの生産と維持を,スミスは国家の任務と考えていたのである。歴史の経過とともに,国家は明らかに機能集積を続け,つねに新しい任務を与えられてきた。社会政策,競争政策,安定化政策などの分野における国家の介入はこうした任務の広がりに応えてきた結果であり,それはまた保険,教育,エネルギー,交通,社会資本,さらに最近では環境保護などの分野に及んでいる[6]。

公共支出の増大は,国家の任務の増加とともに進行してきたが,このような動向は,ワグナーが予言したとおり,「秩序国家から福祉国家への移行」という事態として説明される。ワグナーは,国家の活動を「法・権力目標」

と「文化・福祉目標」[7]とに分け，まず第1に法・権力目標（法律，警察，軍隊，外交など）に新しい課題を見い出した。「国内的・国際的分業の大幅な進展」，「自由競争システム」，「人口・人口密度の増大」の結果，コミュニケーションおよび法的諸関係もますます複雑化している。こうした摩擦の激化によって，法目標を実現するための国家による抑制的・予防的活動が増えたのである。第2の目標である文化・福祉目標は，保健，社会福祉，学校教育などを国家によって新たに供給されるべきサービス分野としたものである。ワグナーはこの分野で国家活動が相対的に大きな拡大を示したことを確認できるとし，「進歩した文化的民族による国家，とくに近代国家は，法・権力目標だけを専一的に実現するという意味での一面的な法治国家ではなくなり，文化および福祉目標の領域へのサービスが持続的に増大し，その内容も豊富で多様になってきたという意味で，ますます文化国家または福祉国家になりつつある」[8]と述べた。

第2の活動領域に属する任務の実現は，法機能・権力機能の実現よりも支出集約的であり，より強く予算や支出に反映する。支出集約型の福祉国家への移行というワグナーの予測がかなりの程度的中したとすれば，この発展はイデオロギーによる遅延を克服した結果であるかもしれない。「イデオロギー・ラグ」（H.ティム）はしばしば経費膨張の説明に使われるが，この概念は，とくに前世紀後半の，あらゆる国家活動の拡大を不快であるとみなすイデオロギーを特徴づけるものである。すなわち最小の国家予算という自由主義の公準が，本来ならばもっと早かった支出膨張の開始を長い間引き延ばしてきたのである[9]。

b) 臨時的転移の理論

こうした事態を解明する手がかりは，総支出の長期的趨勢を説明するために総支出ないし個々の支出項目の長期的動向をもたらした要因を検討するアプローチに見いだされる。A.T.ピーコックとJ.ワイズマンはイギリスにおける公共支出の動向を分析し，その国民総生産に対する比率が1890年の9％から1955年には37％に上昇したことを確認した[10]。その上で彼らは，他国に

おいてもみられるこうした増大が絶え間なく進行したのではなく，戦時において急上昇したということをも示した。戦争によっていったん増大した国家支出は，戦後においても戦前の水準には戻ることはなかったのである。

これがいわゆる財政社会学的な性格をもつ「転移効果」であるが，この効果を一般化するのは難しい。というのも，両大戦に参戦したドイツの場合も第二次世界大戦の時期については，必ずしも妥当しないし，スウェーデンやスイスなど戦争に参加しなかった国の支出膨張を説明できないからである。これらのケースについては，戦争のような国際関係とは別の要因を追求する必要がある。

c） 継続的な影響力
1．公共財需要の所得弾力性

民間所得の連続的増加は公共支出の動向を規定する要素のひとつとみなされる。つまり，所得の増加ないし国民の生活水準の上昇は，公共支出を増大させると主張されるのである。民間部門に比べて公共部門の成長が相対的に高いのは，公共財に対する**需要の所得弾力性**が私的財のそれに比べて高いという特徴によって説明できる。

これと関連して，時間の経過とともに需要が累積的に発生するという理論がある。これはA.H.マズローが主張したもので，追加的欲求の充足は所得の上昇によって可能となるという考え方である[11]。「欲求のヒエラルキー」の出発点は「生理的欲求」で，これはかなりの程度民間部門で充足される。それに続くのは「安全の欲求」であり，伝統的な治安と防衛の公共活動に結びついている。さらにこの欲求階層の上部に位置するのは「帰属」と「愛」，そして「自己実現」の欲求であり，近年の支出動向を説明する際の一助となっている。社会的サービスの拡張，教育システムの多様化，意思形成過程への市民の積極的参加などはこの欲求から生ずる需要に基づくものである。

公共財・公共サービスに対する需要は，所得に制約されて時間的に遅れて生ずる。H.ティムが「**自然的ラグ**」と呼んだこの事態は「**システム誘発型ラグ**」によってさらに強められる[12]。資本主義におけるシステム誘発型ラグ

は，いっそうの利潤を求めてまず投資が増え，その後になってはじめて所得全体が増大するというプロセスを経て発生する。

こうしたラグを伴う公共給付への需要増は，所得の上昇に遅れて生ずる需要増という一般的な傾向と歩調を合わせて進行する。第3次産業あるいはサービス産業の重要性が相対的に増してくるように，国家給付の増大に際しても同じような傾向が読みとれるのである。こうした公共需要の多くは，俗に「旅行ブーム」とか「健康ブーム」と言われるような民間財に対する需要と結びつけられる。これに対応して，たとえば交通サービスの改善あるいは病院建設といった公的給付が発生してくるのである。

2．高度技術を応用した生産および技術進歩

民間所得の上昇を継続的に維持するためには，高度な技術を応用した生産が必要であり，多くの公共活動がこれを前提条件としている。たとえば工業化の初期には，最低限の教育さえあれば十分だったが，先進国では経済の成長とともにより充実した教育制度が求められるようになっている。公共的な性格を持つ生産のための前提条件は，情報通信や交通といった分野に見られる。

技術進歩もまた国家支出増大の恒常的な要因とみなすことができる。たとえば，鉄道建設，自動車生産，航空機製造から近年では宇宙開発や核エネルギー開発などは技術進歩を反映したものである。こうした分野で国家の介入が必要なのは，技術に関する知識の実用化が市場メカニズムを通じては進まないことがあるからである。またたとえば自動車産業であれば，民間部門で技術を実用化することができたとしても，それに伴って道路交通網の建設が求められるからであった。これらの例証から，国家支出増大につながる個々の要因をそれぞれ明確に切り離すことはできないし，その数量化も不可能であるということが明白である。技術進歩が大量生産と完成度の高い自動車の製造を可能にしたが，他方，自動車市場の拡大は国民所得の上昇や公共的な道路建設が行われて初めて実現したのである。

3．人口密度の影響

A．ブレヒトの説明によれば[13]，彼のいわゆる「支出と人口集中の平行的増

大の法則」は，人口の空間的集中を説明変数として強調したものである。この法則によれば，市町村の住民1人あたりの支出は，地域の面積と人口密度の増加に伴って上昇する。これは，とりわけ財政調整計画と地域政策にとってきわめて重要な指摘である。地域の人口密度の増加が，実質的に追加的な公共負担をもたらしているとすれば，ブレヒトの主張は正しいことになる。ただし，地域的な人口集中の度合いがこの地域の国民生産増加の度合いを超えることが条件となる。しかしながら，ブレヒトの法則は，今日まで十分に説得力をもつまでにはいたっていない。

4．公共サービス給付の低生産性

公共サービス部門の「生産性の低さ」も国家支出増大の説明に用いられることが多い。技術的な制約によって，公共サービス給付の分野における生産性の改善は，きわめて緩慢にしか進まないか，あるいはまったく行われない（たとえば人材集約型の教育，福祉，病院などのサービス）。その結果，賃金動向をみるとサービス給付のコストは，比例以上の増加を示している。公共サービス部門における，こうしたボーモル的な「費用疾患」は，直接にはほとんど克服されないので，技術革新を誘発するような刺激を与えることで相殺される必要がある。

5．政治社会学的要素

国家支出の規模に対して作用する決定因子として，さらに，政治社会学的要因がある。もっとも，この要因は必ずしも個別的な支出項目にあてはまるとは限らない。たとえばほとんど必要性のない支出の削減を妨げるような，いわゆる行政部門の「惰性」がその一例である。こうした惰性は，ひとたび承認された支出項目を，その性格も規模も問題にすることなく将来の予算案に組み込むといった現象として生ずる。各官庁の評価基準がその予算の規模にあるとみなされているからである。こうした傾向は，官僚制にとどまらず，再選をめざす議員たちが集まる議会にも見られ，結果として経費膨張をいっそう促進している。

また，国民の財政支出増大に対するコスト意識の欠如，いわゆる「**財政錯覚**」も1つの要因である。つまり，国民は国家に対してサービス給付を要求

するが，そのコスト負担について配慮しないという事態である。財政錯覚は，有権者が望むようなサービス給付を公約し，その財源に触れないといったかたちで，政治家が再選の道具に利用することができる。財政錯覚を利用するだけで，国家支出は増大するという仮説を立てることも可能である。その反面，財政錯覚は国家支出の規模増大の限界をも示している。つまり，国民が，自分が受ける追加的利益よりも追加的負担のほうが大きいと判断した場合には，国家比率を縮小しようとする政治家に投票するからである。

Ⅳ．国家支出の将来

上述のような国家活動の拡大が今後も継続するか否か，すなわち拡大の要因が将来にわたって作用するのか否かという問いに対しては，明確な答えはみつからない。歴史的な支出の動向から直線的に将来を予測することは単純すぎるし，表2．2および最近のドイツの現実をみると，議論の余地は多いと思われる。将来見通しについては，たとえば人口の増加率とその構造，所得の動向，技術進歩，政権を担当する政党，家計および企業の租税・社会保障負担，国際的な軍事支出の動向，ドイツ統一に関わる義務のあり方などの独立変数に関する予測が必要であろう。また，教育，医療など個々の支出に対する予測も立てておく必要がある。

とりわけ重要なのは，人口数の動向に対する予測である。人口全体は長期的には減少傾向にあるが，問題はそれだけではなく，年齢構成の大きな変化すなわち高齢化が激しく進行することにある（表2．3）。

人口統計学的な動向は，公共団体および社会保障基金の収支にも影響を与える。とりわけ，市町村における社会資本の整備，法定年金や医療保険の負担と受給，さらに社会保険関連の資金収支などに関連して，公共団体はこうした予測を利用する。予測は将来の支出動向を知るために有益であるだけでなく，いかなる分野で節約し，どのように資金調達上の問題を解決するのかについても一助となるのである。決定的な問題は，支出増加的に作用する高齢化傾向と支出節約的な人口の減少傾向とを比較することである。

表2.3　ドイツ連邦共和国の人口構成
　　　　非生産年齢人口（20歳未満ないし60歳以上）／生産年齢人口（20歳以上～60歳未満）

	1990	2000	2010	2030
若年人口比率（20歳未満）	37.4	38.8	34.1	35.8
老年人口比率（60歳以上）	35.2	42.8	46.6	72.7
非生産年齢人口合計	72.6	81.6	80.7	108.5
参考：人口（単位：百万人）	(79.8)	(81.1)	(78.9)	(69.9)

出所：Sommer B., Entwicklung der Bevölkerung bis 2030. Ergebnis der siebten koordinierten Bevölkerungsvorausberechnung, in : Wirtschaft und Statistik, Heft 4, 1992, S. 220.（旧東独地域も含む）

　最後に，国家支出の将来動向は，国家による資金調達の可能性を決定するために，税収予測や他の収入項目の動向と比較検討されなければならない。

B. 最適国家比率の規範的決定

Ⅰ．公共財の理論

　調整された民間市場経済部門と公共部門とが並存する介入主義的な経済システムの存在を前提とすると，いかなる活動が民間で行われ，いかなる活動が公共的に行われるべきかが問われることになる。この問いに答えようとする公共財の理論は，しばしば市場の失敗の理論と呼ばれる。これはかつてドイツで生まれた萌芽をR.A.マスグレイヴが発展させたものだが，可能なかぎり大きな民間部門を確保するという目標から出発している。したがって，そこで追究されているのは，ある仕事を公共的に実行する可能性の基準ではなく，その必要性の基準である。

　a）市場メカニズムの修正
　市場経済による生産に生産要素の最適配分を実現させる諸条件の分析は，

価格メカニズムが部分的にあるいはまったく働かないような事例の存在を明らかにしている。こうした市場の失敗こそ公共機関が市場に介入する根拠となるのである。

　国家による秩序政策的な介入は，競争条件が不完全なために独占ないし寡占が発生する場合や市場への自由な参入が保証されないといった場合に，さまざまな政策手段を使って遂行される。**自然独占**のケースでは規制的介入が行われるが，これは電話，電力，ガス，水道といった分野での望ましい供給水準の達成を目標としている。場合によっては公営化という手段もとられる。

　いわゆる**外部効果**（外部費用および外部利益）[14]　の存在もまた，公共的な活動に根拠を与えている。民間経済主体の経済計算では，こうした外部効果は費用にも利益にも組み入れられないが，国民経済的に最適な資源配分を阻害するものとして，公共的な介入を通じた調整が必要と考えられている。外部費用を発生させた経済活動に対しては負担を求め，外部利益を生み出す経済活動に対しては補助金を出すといったかたちで政策が実施されることが多い（表2.4）。

b) 財選好を所与としたときの市場メカニズムの補完

　これまで触れてきたケースでは，公的な介入は民間の経済活動に対して望ましい支援を与えるものと，望ましくない効果を取り除くものとがあった。公的な介入は市場の不完全性を調整する機能を果たしているのである。さらに，公的な介入には，市場経済が完全には機能しない場合に必要とされるケースもある。

表2.4　外部効果に対する公共活動

民間活動の外部効果 \ 公共活動の契機	発生者	受容者
外部費用	負担	補償
外部利益（効用）	優遇措置	負担

所与の選好の下で供給される財ないしサービスが以下のような特徴を備えている場合，市場メカニズムが機能しない可能性がある。

第1の（供給サイドからみた）特徴は，市場による財の配分の際に生産者が消費者の支払いを受け取れる可能性がないというものである。生産者が自分の財を欲しいという消費者を見い出しても，消費者の側では誰もそれに対する価格，あるいは少なくともコストに見合うほどの価格を支払おうとしないとすれば，この財は供給されないことになる。これは，いわゆる排除原則，すなわちある財の消費を特定の人に限定するという可能性が否定されたケースである。

排除原則が生産技術的な理由から適用できなければ，その財は，市場メカニズムによって供給されることはない。この場合，生産者は，私有権が存在しないために，消費者または受益者に対する請求をいちいち区別できない，つまり生産コストを回収できないのである。以上の根拠から，こうした財の望ましい供給については，市場の配分原理にとって代わる別のメカニズムが求められることになる。

第2の（需要サイドからみた）特徴は，特定の財がある個人によって消費されても，他者の消費可能性が減少しない場合に，市場の配分メカニズムが機能しにくいというものである。たとえば国防，灯台，一定の制約下の高速道路，ラジオ放送の聴取などといったサービスは，多くの消費者がお互いに邪魔しあうことなく同時に享受することができる。これを**非競合的消費**と呼ぶ。非競合的消費とは，ある財やサービスの供給に際して，追加的な消費が追加的なコストを発生させないケースである。

サミュエルソンとマスグレイヴは，財の分類にあたって，消費の競合性を決定的な特徴であるとした。非競合的に消費される財は，ほとんどの場合公共財（あるいは集合財）[15]であり，競合的に消費される財は民間財であると結論した。しかし，そうだとしてもなお，ある財が私的に供給されるべきなのか，公的に供給されるべきなのかについての答えがでたわけではない。この点について決め手となるのが排除原則の適用である。上述のように，排除原則を欠いていれば民間の供給者は現れないからである。

これら2つの特徴を基準に，財・サービスを分類したものが表2.5である。この表で注目すべき点は，純粋な公共財と純粋な民間財という両極の間に，両方の性格を兼ね備えた混合財が位置づけられていることであるが，現実の世界では，むしろ純粋な公共財や純粋な民間財のほうが例外的であって，大部分は混合財とみてよいだろう。

c）歪んだ選好の下での市場メカニズムの変更（価値的介入）

これまでの議論は，国民は対象となっている財を欲していて，こうした財に対する個人の需要は価格の高低に基づいているという前提で進められてきた。必要とあらば，彼らは戦略的理由からこうした財に対する選好を表明しないことも可能であった。しかしながら古くからの国家理論にも，その後の民主主義的議論においても，つねに姿を現す別のタイプの欲求がある。こうした欲求の充足は政治家や議会の側からは望ましいと判断されるが，国民の側ではそれが有益であると気づくまでに時間を要することが多い。

たとえば，就学義務がはじめて導入されたとき，国民の多くは子供たちが社会に出るのが遅れるという理由からこれを支持しなかった。現在ではこう

表2.5　民間財・混合財・公共財

競合性＼排除原則	適用可能	適用不可能
1．消費競合的な財	民間財	
	自動車	混雑した市内通路の利用
2．部分的に消費競合的な財	混合財	
	予防接種を受けた人にとっての予防接種	予防接種を受けなかった人にとっての予防接種の予防作用
3．消費非競合的な財	公共財	
	混雑のない高速道路の利用	灯台の利用

した就学義務の必要性はまったくあたりまえのこととして受け入れられている。就学義務をさらに上級の学校まで拡大し，通学を強要すれば，これを必要であると決定したものが，消費者主権に対して介入したことになる。なぜならば，意思決定者は個人の選好スケールを歪んだものとみなしたからである。就学義務以外の例としては，医療保険および年金保険への加入義務や劇場に対する補助金などがあげられる。

　国家によるこうした需要充足は，しばしばマスグレイヴの言葉を借りて「価値的」と表現される。これは奨励を目的に行われる国家介入という特徴を表している。公共財と価値財のもっとも大きな違いは，個人の選好の歪みをどう扱うか，という点にある。国家はその価値的介入を通じて個人の選好の歪みを修正しようとするのである。公共財は，既存の選好を発見し，これを集約しようとするものだが，価値財は，個人の選好を補整あるいは修正の上充足するものなのである。

　しかしながら，以上のような公共財の理論が現実的妥当性を有しているか否かについては議論の余地が多い[16]。個人の選好に基づいて公共財と価値財とを区別することは困難であり，公共財に対する個人の選好を正確に捉えることができなければ，その需給をコントロールすることもできないからである。さらに国家活動はおしなべて価値的な性格をもつという指摘も，間違いではないのである。

　結局のところ，公共財の理論は，公共財と民間財とを明確に区別するための規範的な基準を示しえないし，国家の任務とは何であるかについて明示的な答えを出すこともできないのである。ただし，この理論は民間部門と国家活動のどちらがある任務の実行に適しているのかについて，一定の手がかりを与えている。

II. 最適予算の理論

a) 公共財および民間財への資源配分の不確定性

　国民経済上の資源をさまざまな使用目的に配分する場合，公共財と私的財

との割合の決定についても，公共的に供給される財の構成の決定（任務領域・表1.1）についても，民間財の供給の際に市場で機能するような自動的なメカニズムは働かない。そのため，別の方法でその決定を行わなければならない。こうした意思決定の基準となる規範は，個人の選好を両部門への配分決定にできるだけ純粋な形で反映させることである。

個人の選好を正確に考察するために，彼は自分の意志に反した，つまり自分にとってその「租税価格」に値しない負担は負わないと考えることにする。すると予算の規模は国民の意思にゆだねられることになる。市場における需給関係から類推して考えると，国家はサービスの提供者であり，価格を定める。国民は，公共サービスの「限界効用」が価格を上回れば，そのサービスを購入する。国家がすべての，あるいはほとんどのサービスを対価と引き替えに供給するのであれば，自発的な資金拠出方式は個人の選択の自由を保証することになる。

公共財の理論によれば，そのような解釈は原則として排除原則を適用できる財の公共的な供給についてのみ受け入れられることになる。排除原則が適用できない場合，自発的な資金拠出方式は技術的に不可能となる。つまり，フリーライダーを許してしまうような事態が生じるのである。すべての個人が公共財と民間財に同一の選好を持っているとしても，だれもそれを表明しないので，公共部門と民間部門とのあいだの生産力の最適な配分に関する問題は解決の糸口をみつけることができないだろう。

この問題は，あらゆる国民は国家の望ましい規模について同じイメージをもつと仮定すれば，もっとシンプルとなる。消費者選好に基づいて最適な効用を与える公共財と私的財の組み合わせを考えてみる。すべての個人が同じ選好をもつとすれば，ただひとつの社会的無差別曲線I_1が描かれ，接点T_1において最適状態が実現する（図2.2）。国家の役割に対して国民が異なったイメージを描いている場合，公共財をより強く選好する人の無差別曲線はI_3となり，逆に私的財をより選好する人の無差別曲線はI_2となる。しかしこのケースでも，選好が明示され，所得分配の状態が満足すべきものであり，さらにあらゆる情報が与えられるとしても，経済主体が互いに交渉しな

ければ，私的財と公共財の唯一の最適配分状態は生まれない。これが示すのは，公共財と民間財の組み合わせについて異なる選好を持つたった2人の個人のあいだであっても，パレート最適な解は得られないということであり，これはP.A.サミュエルソンによって証明されている[17]。サミュエルソンによれば，公共財の供給は，その特徴である非競合性ゆえに民間財とは異なる手法で行われなければならず，最適な予算は，交渉なくして決定することができない。

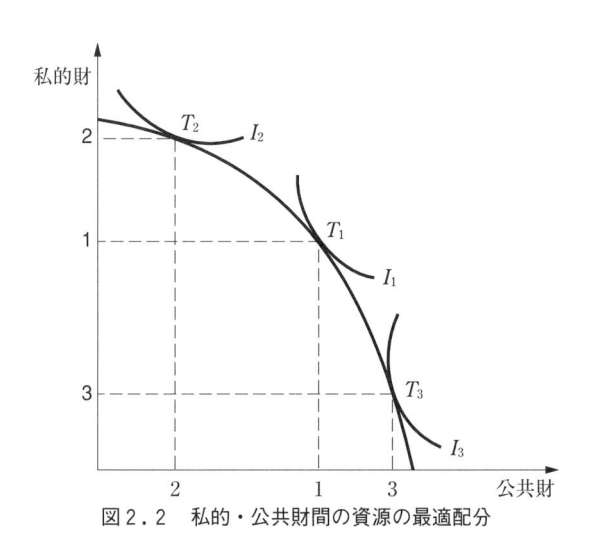

図2.2　私的・公共財間の資源の最適配分

b) 望ましい予算の規模

個々の国民の選好をもとに直接的に予算を導き出そうとする個人主義的思想は，理論的にも現実的にも応用できるものではないので，放棄せざるをえない。しかしながら，個人や集団の選好の違いを検討しなくとも，予算全体の望ましい規模，したがって国家比率を問うことは可能である。そのためには，公共支出によって国民にもたらされる利益と国民の収入を減ずることでもたらされる不利益とを総合的に比較考量すればよい。厚生経済学の理論では，支出の最後の1単位によって追加される社会的効用と，これと引き替え

B. 最適国家比率の規範的決定   39

に国家に引き渡される租税によってもたらされる効用喪失が等しくなる予算額において，経済的厚生は極大となる。予算規模の上限は，国家のためにその所得の一部を断念する納税者の意欲によって決定されるのである。

こうした関係をグラフに描いたものが図2．3である[18]。横軸には予算規模，縦軸の原点より上には追加的支出によって生まれるプラスの限界効用，原点より下には追加的租税によって生まれるマイナスの限界効用をとる。追加的支出の限界効用と追加的租税の限界効用は，予算規模の増大にしたがって低減するため，限界効用曲線aa（追加的支出）とee（追加的租税）は右下がりの曲線となる。純限界効用曲線nnは両曲線の差として描かれている。これによって，最適な予算規模はOMとなる。Mにおいて純限界効用がゼロに等しくなるからである。

しかしながら，aa曲線およびee曲線は経験的に測定できないので，「国家支出による限界的な効用増大と租税による限界的な効用喪失を等しくする」ような厚生経済学的予算原理は財政政策に応用されていない。とはいえ，規模の大きな国家が，その規模を一段と拡大しようとすると，強い政治的抵抗にぶつかるといった事態をここから説明することはできそうである。いずれにせよ，最適予算規模の理論は，公共財の供給とその資金調達に関する経済主体間の合意をめぐる議論，つまり財政政策的な意思形成過程を含まざるを

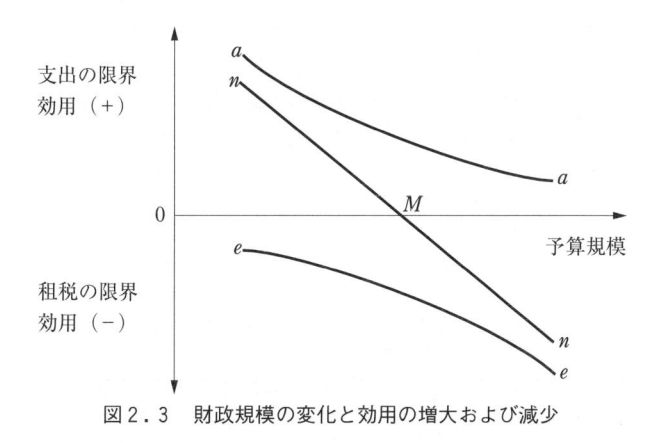

図2．3　財政規模の変化と効用の増大および減少

えないのである。

第2章 注
1) Wagner, A., Grundlegung der politischen Oekonomie, 3. Aufl., 1. Theil, Leipzig 1892, S. 893.
2) より正確にはつぎのとおり。「公共的な諸活動，とりわけ国家による諸活動の成長的膨張の（国民経済的）法則」ebenda, S. 895.
3) Wagner,A., Das Gesetz der zunehmenden Staatstätigkeit, abgedruckt in : Recktenwald, H. C., Hrsg., Finanztheorie, Köln-Berlin 1970, S. 241ff.
4) Zimmermann, H., Die Ausgabenintensität der öffentlichen Aufgabenerfüllung, in : Finanzarchiv, NF Bd. 32, 1973/74, S. 1ff.
5) 1966年から1971年まで民間需要の物価水準は15％強であったが，公共需要についてはほぼ30％だった。Geschäftsbericht der Deutschen Bundesbank für das Jahr 1971, S. 81f.を参照。
6) 現代の国家が行使する機能をA.スミスが国家固有のものとみなした機能と比較してみると，新しい国家任務の増加はまったく明白である。その意味で現代国家が遂行している多くの任務の場合，民間経済が技術的理由から引き受けないか，または政策的に望ましい規模で担えないような機能が主として取り扱われているといえる。
7) Wagner, A., Grundlegung der politischen Oekonomie, 3 Aufl., 1.Theil, a. a. O., S. 885ff.を参照。
8) Ebenda, S. 888.
9) Timm, H., Das Gesetz der wachsenden Staatsausgaben, S. 236.
10) Peacock, A.T., und Wiseman, J., The Growth of Public Expenditure in the United Kingdom, 2. Aufl., Princeton 1967, S. 42.
11) Maslow, A. H., Motivation und Persönlichkeit, Reinbek 1981, S. 62ff.（小口忠彦監訳『人間性の心理学』産業能率短期大学出版部，1971年，89ページ以下）。その時々における最新の需要はたしかにそれ以前から存在しており，ある程度充足されているが，しかし過去の需要の一層の充足をさらに促進するのである。
12) Tim, H., Das Gesetz der wachsenden Staatsausgaben, a. a. O., S. 235ff.
13) Brecht, A., Internationaler Vergleich der öffentlichen Ausgaben, Leipzig und Berlin, 1932, S. 6.
14) ドイツ語ではマイナスおよびプラスのexterne Effekte, externe Kosten externe Erträgeという表現も使われるし，また英語の表現も使われる。英語ではexternal costs（diseconomies）およびexternal benefits（economies），あるいはspillover costsやspillover benefitsなどともいわれる。
15) Sohmen, E., Allokationstheorie und Wirtschaftspolitik, 2. Aufl., Tübingen 1992, S. 23 und 286.
16) Schmidt, K., Kollektivbedrfnisse und Staatstätigkeit, in : Haller, H., u. a., Hrsg.,

Theorie und Praxis des finanzpolitischen Interventionalismus. F. Neumark zum 70. Geburtstag, Tübingen 1976, S. 3を参照。
17) Samuelson, P. A., Diagrammatic Exposition of a Theory of Public Expenditure, in: Review of Economics and Statistics, Bd. 37, 1955, S. 350ff., deutsch in : Recktenwald, H. C., Hrsg., Finanztheorie, S. 146ff.
18) Musgrave, R. A., Finanztheorie, 2. Aufl., Tübingen 1969, S. 87（大阪大学財政研究会訳『財政理論』有斐閣，1961年，170ページ）参照。

第3章
予　算

　予算は財政経済活動にかかわる政治的決定の中心部に位置する。それは一定期間のあらゆる公的収支に関する，多数で体系的な集計を包摂し，公共団体の政治プログラムを財政資金面から表現したものである。したがって，予算を編成し，審議し，決定し，コントロールする最適な方式が重大になる。予算計画が「国家の運命の帳簿」（K.ハイニッヒ）と言われるのも理由のないことではない。議会における予算審議は時の政府の基本政策を討議する機会として利用されることが多い。

　予算の根底にそのような政治的意義があるとするならば，民主主義国家制度のもとではどのようにして，誰によって予算が決定されるのかという問題に関心を払わねばならない。

A. 財政と国民：予算の政治的決定

Ｉ. 議会による予算決定

a) 財政政策決定におよぼす議員の影響

　民主主義のなかで，どのようにしたら国家活動を国民の選好に合せていくことができるか，またどのように合わせていくべきかという問題は，より一般的問題からすれば副次的な問題とされる。前章では，投票資格のある市民が個々の公共財に直接投票し，それによって自分の選好を顕示する直接民主主義のケースが厚生理論的に議論された。有権者の戦略的行動は申し出た数

量とそれを供給するための資金調達が同時に，すなわち「**自発的費用負担**」モデルのかたちで，投票にかけられることによってのみ解消できる。しかしこのシステムは多くの財について，消費の非競合性と市場の失敗があるために，適用は非常に狭い範囲にかぎられる。

別のシステムは**間接民主主義**すなわち代議制または議会制民主主義である。これには2種類が考えられる。第1は，選出された代議士が指令に拘束された実行者として選挙民の意思を実行するものである。すなわち彼らの活動は命令的な委任に従うのである。第2は，議員が当選しても，任期中に選挙民の委託に直接縛られることがないものである。後者のケースでは，代議士は自己の良心のみに基づくから，選挙民の委託に制約されることはなく，西側諸国の憲法ではこれが普通になっている。たとえばスイスのように，しばしば行われる国民投票は直接民主主義の要素として排除されるわけではなく，以下の考察もそれが中心である。その場合，国民の代表者は選挙民の要望をそのままのかたちで立法過程に持ち込めるとはかぎらない。したがって，政策決定の成立における決定担当者の役割を論ずることが重要になる。

政策意思形成の全体の過程のなかで，財政に関する審議と議決は特別な地位を占める。基本法のなかにもこのための章が設けられ，支出と租税の配分に関する規定のほかに，予算案の成立，執行および管理に関する規定が含まれている。

けれども，国家の比重が高まり，公共の任務が増大したことによって，予算はもはや議会だけで編成することが不可能となり，それどころか個別項目をそれぞれ審議することすらできなくなった。それゆえ，予算制度はその他の立法分野に比べて，単独の決定担当者としての個々の議員という理念が非現実的観念になるという事情が強く表れるようになった。公共財政経済の範囲および個々の予算の大きさと多さのために，議会が予算政策上または財政政策上の決定を下し，それを予算化することはもはや不可能である。

そのかぎりで，議会はこの分野での意思形成の場であるという機能をかなり喪失してしまった。これに代わって，あらゆる重要な決定を事前に討議し，そして議会が大枠のところを議論し，全体的に責任をもって採決しなけ

ればならないというように，あらかじめ編成しておくところの公式・非公式の審議委員会がつくられてきた。この点で特筆すべきものの一方は院内会派の作業部会である。それぞれの専門家はここで問題解決と提案を行い，そして非公式な党議の強制力を行使してその会派の構成員の投票行動を左右する。他方，これとの関連で議会から各種専門委員会へ機能の移行が見られるが，連邦レベルの予算編成でもっとも重要なのは連邦議会の予算委員会である。この委員会は，定期的に開催される予算審議の内容を事前に準備する任務を有する。そのため，予算案は本会議での予算の第一読会の後に委員会へ付託される。この委員会には各政党からそれぞれの専門家が派遣され[1]，彼らはすべての予算項目を詳細にわたって検討し，その結果修正された案を連邦議会の第二・第三読会に送り戻す。ここでも個々の議員は決定的な役割を果たすわけではない。なぜなら委員会で彼らの同僚がすでに予算をその党派に都合よく変更する可能性を使い尽くしているからである。

　委員会および院内会派とならんで政党それ自体も（財政）政策的意思形成の担い手である。基本法21条に基づいて「国民の政策的意思の形成に協力する」政党は，立法手続きすなわち予算決定の公式プロセスには関与しない。しかし，代議士が所属する院内会派およびその政党の地方・地域または地域連合協議会は意思形成の担当機関に数えられる。議会の委員会と政党の専門別協議会との間には，専門家である議員が両方の会で活躍するのがふつうであるから，密接な関係が存在する。

b）行動基準としての集票極大化

　政党と議員の意思形成過程に対する分析は「政治の経済理論」の重点を形成する。それは経済学的手法を用いて，なかでも法律とくに予算の決定を明らかにしようと試みている[2]。発端は，最終的には選挙民自身が政治的目標ならびに任務，支出および収入を決定するということ，そして政権を争う政党がそのプログラムを選挙民の選好に合わせるというところから出発する。その際，他の分野の経済理論と同様に，経験的に確実で重要な仮定に依拠するのが容易な方法と思われる。すなわち，政党に所属する政治家はその利益

A. 財政と国民：予算の政治的決定　45

を最大化しようとするという仮定と，立法とくにあらゆる予算決定をこの目的の実現の手段として利用するという仮定である。政治家の第1の関心は再選されることであるから，得票の最大化が測定可能で定量化可能な目的変数として使われる。このような考察は投票極大化の理論へつながったが，その起源はJ.シュンペーターの観察にみられる。「・・・議会活動の社会的意味あるいは社会的機能は疑いなく法律をつくること，そしてまた一部は，行政措置を講じることである。しかし民主主義政治がいかにしてこの社会目的に奉仕するかを理解するためには，生産が利潤追求の副作用にすぎないというのと同じ意味あいで，社会的機能が権力と公職をめぐって争う闘争から出発し，これまでの事態がそうであったように，それは付随的にしか遂行されないということを自ら明らかにしなければならない[3]。」

　だからA.ダウンズによって展開された得票極大化理論も，アメリカの経験に強く特徴づけられており，政党に組織化された政治家の行動は虚構の社会的福祉機能に合致してではなく，権力と収入を追求する政治家の職業上の利害から決定が下されるという仮定を基礎にしている。「民主主義における政党は，政策を得票獲得の手段としてのみ利用する。かれらは事前に構想されていた政治プログラムを実現したり，あるいは特定の利益グループに奉仕するために，政権の担当を求めるわけではない。逆に政務の担当を可能なものにするために，プログラムを構想したり，利益集団に奉仕したりするのである。社会的機能は・・・彼らの私的動機の副産物として遂行される。私的動機の特徴は欲望，金銭，権力，官職執行上の威信を獲得しようとするところにある[4]。」

　得票最大化政策が予算政策に移し替えられるとつぎのように定義される。「歳出は，国家から最後に支出された貨幣単位によって獲得される得票数が，国家財源のために個々人から持ち出される最後の貨幣単位によって失われるところの喪失票数に一致するまで，増加する[5]。」

　このような表現を借りれば，前章の図2.3の縦軸には（投票者の視点からの）限界効用に代わって，今度は，実施された追加の歳出プログラムをとおして獲得される（政治家の視点からみた）限界得票数かあるいは，必要な

財源調達プログラムが跳ね返って結果的に減少するところの限界失票数がくることになる。

この関係から「民主主義における国家予算は小さすぎる[6]」ということ，そして図2．3の点Mは，それがすべての関係者について情報が完全である場合よりも，もっと座標の原点に近くなるという命題がたてられた。その理由はつぎのとおりである。投票者は租税負担を十分に意識するが，歳出を通じてもたらされる利益の方は過小に評価する。というのは，歳出はその消費の非競合性ゆえに同時に多くの市民に役立つため，個々の市民にとっては評価が難しいからである。そのため政治家は，そうしたケースではできる限り予算規模を小さく抑えようと試みるのである。

しかしながら，負担が過小に評価されるような**財政錯覚**が生じる場合，たとえば消費税（消費税は所得税よりも負担の意識が低い）や公債（公債は負担の将来への先送りを意味する）によって資金調達が行われる場合は逆に，財政錯覚が生じないケースに比べて予算は大きくなる可能性がある。

政治の経済理論のなかで政治家が拠りどころとする行動原理は政策措置の実施時点でなんらかの影響力を発揮するが，その根拠の一つは，選挙期間に先だって増加する社会政策的な法的措置の発表である。それゆえ集票極大化理論は「選挙みやげの理論」とも呼ばれる。

c）投票過程および票取引の意味

国家の給付を民間市場の財貨と同じように供給できると仮定するならば，個人の需要が国家活動の範囲と構造を決定することになろう。しかし，公共財の場合には「自発的負担」をとおしたそのような解は，理論的に知られている公共給付の特徴からして，存在しえない。それゆえどのような種類の給付をどれくらい国家的に準備すべきかについては，別の票決方法によって決定されねばならない。

今日の民主制社会では，集合的決定について，投票者の互いに異なる選好にもかかわらず決定を可能にする手段として多数決が受け入れられている。これは予算の場合にもあてはまり，多くのその他の法律と同様に，単純多数

決で決定される。しかし，この方法に対しては根本的な異論が存在している。そのような多数決システムでは決定権を持つ人々が少ないか，決定を要する選択肢が少ないときには，一義的な多数決は存在しないか，あるいはその存在が偶然に限られるというケースを生じる可能性がある。こうした事態はいわゆる投票のパラドックスとして知られている。

この問題の存在は K.J.アロウの著作によって知られるようになった[7]。そのなかで彼は，多数決をベースにしても社会厚生関数の導出は不可能なこと（いわゆる不可能性定理），すなわち民主主義においても論理的に矛盾した（予算の）政治的決定が起こりうることを証明したのである。

投票のパラドックスを明らかにするためにつぎの状態を仮定する。3人の投票者（x, y, z）たとえば連邦下院議員がいて，集合的選択が行われる3つの予算選択肢があるとしよう。この目的のために3人の投票者のそれぞれが各自の順位づけを明らかにしているとすると，この個人的順位づけから社会的順位が導出されることになる。まず，つぎのポジティブなケースを考える

選択肢の順位づけ

投票者x：　　　$A>B>C$
投票者y：　　　$B>C>A$
投票者z：　　　$C>B>A$

集合的選好順位はそれぞれの2つの選択肢の組み合せから決定される。

A―Bの比較：Bが2：1で優位，すなわちBはAよりも2倍選好される

B―Cの比較：Bが2：1で優位，すなわちBはCよりも2倍選好される

A―Cの比較：Cが2：1で優位，すなわちCはAよりも2倍選好される。

この投票過程から順位B, C, Aの多数決による選好が明らかになる。それは投票過程の変更（B対C，C対A，A対B）によっても影響をうけることはない。しかしつぎのような投票結果のときには，第2のネガティブなケースが

発生する。

選択肢の順位づけ

投票者x： 　　　$A>B>C$
投票者y： 　　　$B>C>A$
投票者z： 　　　$C>A>B$

最初のケースと同様にして：

A―Bの比較：Bが2：1で優位
B―Cの比較：Bが2：1で優位
A―Cの比較：Cが2：1で優位，

すなわち一義的な集合的選好順位の導出は不可能である。というのは，それぞれの選択肢がいずれの場合も他の2つよりも同じ強さで選好されるからである。それゆえ多数決投票の制度はこの場合うまく機能しない。投票のパラドックスは多数決制度においては与えられた選好に対して一義的な決定にいたる保証はないという証明である。一定の選択肢の選択は個々の投票の順番に依存するので，後者のような状況のもとでは，結果は恣意的なものである。予算の選択肢や個々の支出計画のような複雑な事態を決定する場合，単純なひとつの次元にある事象（たとえば10もしくは100もしくは500の航空機の発注）については，容易にそのような状況が発生するであろう。

　この投票のジレンマからの打開策として，それぞれの意思決定者または各議員に，選択肢に対する選好の程度を表すことを可能にするような提案がなされた。この目的に沿った各人の点数投票のシステムは，一定点数のうち選好にしたがって個々の選択肢に配分される点数を自由裁量に任せようとするものである。この行動が技術的にも行政的にもかなりの費用を要するだろうということを別にすれば，ここでアローのケースがおきる可能性があるのは，すべての選択肢が同一の総合点数で一致するときだけになる。

　たとえば前にあげたケース1の場合で3人が50ポイントづつ与えられ，そして3つの選択対象の予算についての結果がつぎのようになったとする。

　この例では，73点というもっとも高い総点数を得た予算Aが選択される。結果はそれゆえ，先のケース1とは違ったものになる。にもかかわらず，順

	予算選択肢			
	予算A	予算B	予算C	総点数
X氏	47	2	1	50
Y氏	14	20	16	50
Z氏	12	17	21	50
総点数	73	39	38	150

位づけすなわち優先度の配分（Yは予算CよりもBを選び，予算AよりもCを選ぶ等々）は同じである。その理由はX氏が予算Aを集中的に優遇し，ほぼすべての点数を与え，他方Y氏とZ氏の選好が大きく分散したことにある[8]。

現実の予算政策の説明のためには，連立の形成ないしは**票取引戦略（ログローリング）**の分析をねらった説明の方を本質的に一層重要とすべきだろう。議会のあるグループ（たとえば農業家）は自己に都合のよい計画では多数票を取れないとしよう。彼らはこのプログラムについて条件付きで受け入れてくれる他のグループ（たとえば年金生活者）に取り入り，彼らに賛同を依頼することができる。すると反対給付として，後者が望むプログラムを支持し，それによって自分のグループを支持してくれるという展望が与えられる。このいわゆるログローリング（結託）はしばしば多数決制度の袋小路から脱出するための唯一の逃げ道となっている。

II．財政に対する行政府の影響力の増大

執行機関（政府）が法案を作成することは，代議制民主主義における代議士の議決にとっても，直接民主主義の国民投票の場合と同様に必要である。そうでなければ，予算は必要な細目規定の総まとめに失敗するだろう。ドイツの連邦レベルでは，支出と収入が均衡した政府予算案の編成は連邦大蔵省によって行われ，すくなくとも所管大臣はこれに協力しなければならないことになっている。そうでなければ議会の委員会に対しきわめて大きな要求額が提出されることになるだろう。

しかし，行政府のこの役割は予算編成のより高い客観的公平性という意味

では積極的に評価されるが，憲法上の視点からはある疑念に突き当たる。というのは議会の機能が縮小して，残りは政府提案を後から追認するだけということになるからである。この批判はとくに錯綜した予算政策と租税政策の分野にあてはまる。こうした傾向の原因は個々の代議士が，物的，時間的に過大な要求を持ち出すばかりでなく，行政府自体の関心が影響力の強化とそれにともなう権力拡大を狙っているからである。

　この力の移動を見ると，まず権力分割では行政部門の機能だけが印象づけられる。行政はその活動のなかで，予算の原案に影響を与えるような決定を準備するときに，固有の利益を大きく発展させることができる。そして M. ウェーバーが書いたように「現代国家では，実際の支配権は・・・必然的にも，不可避的にも官僚の掌中にある[9]」。政治的に中立な行政という観念は持ちこたえることができなかった。その結果官僚制度の利害と彼らの予算に及ぼす作用がビューロクラシーの経済理論のなかで表出することになる。公共団体の行政において，国家支出の大きさと構成およびその資金調達に影響を及ぼすような指導的な官吏と職員がいわゆる官僚である。この理論は広い範囲でよく妥当する以下の仮定を想定している。

―官僚は政治家，議会，国民に比べて優れた専門知識と情報の優位性を有する。とくに彼らは公共給付の入札にさいし，コストを知ることができる。
―官僚はその知識を有するがために，増大する決裁の余地を固有の目的に利用し，そして公的給付の準備のプロセスにおいて独立の要因として作用する。

　つぎの官僚行動に関するモデルは，2つの仮定を基礎にしている。

　1つは，官僚は自分の担当する行政の予算規模を最大化することに関心をもつことである。行政における威信と彼の所得の高さは，獲得した予算規模に応じて決められるばかりでなく，非貨幣的な所得要素たとえば公用車とか類似の快適性のようなものにも依存する。そのうえ高額の予算は彼を政治的に支えるところの人々の願望を満たすことを容易にし，自分自身の昇進の機会をも改善する。

　もう1つは，官僚にとって彼が管理する予算額と，望ましい公共財供給を

コスト最小で生産するのに必要な支出額との間の差額をできるだけ大きくすることが好ましいということである。予算とコスト最小支出額とのこの差額をここで**予算余剰（裁量予算）**と名付けることにすると，それは官僚に公共財の生産以外の目的のために資金を調達する余地を開くことになる。

図3.1では，縦軸に予算余剰，すなわち政治家あるいは選挙民によって認められた予算規模Bと公共財供給の最小可能費用Kとの差額，横軸には公共財の供給量がとられている。無差別曲線の形状から官僚の種々な選好が理解される。

予算余剰の獲得とそれを裁量的に利用する余地を指向する官僚は曲線i_3で表される。点B_3における接線の傾斜はこの官僚が予算余剰を高めるためにはかなり大量の公共財を犠牲にする用意があることを示している。それに対して曲線i_1の形状は公共財供給の評価が高い場合に典型的であり，最大産出ないし予算最大化への願望を描き出している。無差別曲線i_2では両者の中間的行動仮説があらわれている[10]。

官僚の行動は仮定された選好に応じて今度は図3.2で比較できる。図の中央部には，供給量が増加する場合の最小費用曲線$K(x)_{min}$が描かれている。この曲線は平均費用と限界費用の逓増を基礎にしている。同図のもう1つは予算生産関数$B(x)$である。それは生産量の増加に合わせて，政治家ないし有権者が支払ってもよいとする準備額をあらわしている。この曲線$B(x)$は公共

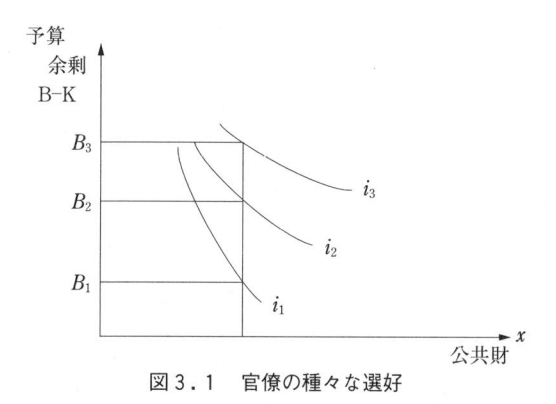

図3.1　官僚の種々な選好

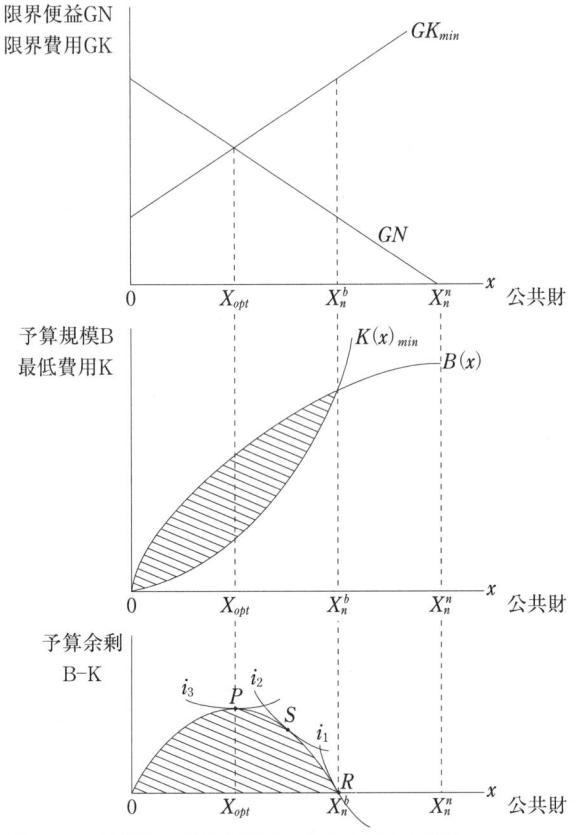

図3.2 公共財の数量と費用に関する官僚の行動
　　　　官僚の利害が種々異なるとき

財の供給が増加するとき，比例以下の割合で増加する。というのは政治家（および投票者）にとって限界的生産の便益と，それにともなう予算資金の支払い意欲が低下すると仮定されるからである。2つの曲線のもとになっている限界的な考察は図3.2の上の部分に描かれている。ここでX_{opt}上の限界費用GKと限界便益GNの交点は公共財のパレート最適量である。

　仮定された曲線の形状からX_n^bまでは「承認可能な」予算額$B(x)$が最小費用$K(x)_{min}$を超えており，予算最大化をねらう官僚はコストが何とか埋め合わせ

A. 財政と国民：予算の政治的決定　53

られるこの点まで生産を拡大する。予算余剰をできるだけ大きくしたいとする官僚の立場は同図の下の部分で読みとれる。ここで曲線OPRは$B(x)$と$K(x)_{min}$の差額，すなわち予算余剰である。これに関心をもつ官僚は極端な場合，最高Pそれゆえ公共財数量X_{opt}を実現しようと試みるであろう。

　個々の官僚にとって最適量がどこであるかは，最終的には無差別曲線の形状に依存する（図3．1を参照）。公共財の生産を高く評価する官僚は，極端では垂直な無差別曲線を持つが，X_n^0において最大になるところのその効用水準の引き上げを水平方向に実行する。予算余剰を最大化する官僚は，極端には水平に延びる形状の無差別曲線によって特徴づけられるが，$(B-K)$曲線の最大化を目指し，そして最適値としてのX_{opt}において垂直方向に最も有利な無差別曲線に到達する。その中間に「混合的な」最適点があり，それは図3．2の下の部分の実例では点S（i_2に一致する選好）で与えられる。

　点X_{opt}とX_n^0によって特徴づけられる解決はさまざまな性格を有している。点Pは限界便益と限界費用とが等しいのだから，社会的最適産出量X_{opt}に一致している。しかしこの場合，公共財は可能な最小費用ではなく，政治家の支払意欲に応じて供給される。この状態は$B(x)>K(x)_{min}$であるから，全体的として技術的にもそれゆえ配分上でも，非効率的である。官僚は$B-K$の差額から，選好に応じて自分の便益を引き出すことができる。これに対し，点Rの状態はX_n^0が最小費用で生産されているから，技術的には効率的であるが，限界条件に従った最適生産量よりも大きくなる（$GK_{min}>GN$）。今や官僚は相対的に高すぎる予算額からその利益を引き出すことになる。

　官僚制モデルを背景にすると，予算の規模と構成に及ぼす官僚の影響は明白であるが，個々の場合に彼らがどのようにその利益を貫徹するかという問題が残る。さらに，官僚は予算要求に関しては，原則として再選を目指す政治家とは異なった行動をするということが指摘される。また，絶対必要な額以上の資金を自由に使おうとする議会の意欲が，本当に必要な経費を不明瞭にし，法外な支出を要求することによって押し進められる可能性もある。最後に，官僚制は，選択肢を提示するのではなく，彼らに都合のよい解決のみを提案する傾向があるだろう。

予算案の複雑性が執行部門とその官僚主義に対しきわめて有利に作用するが，それだからといって行政がその縮小に無条件に関心をもつわけではない。官僚は，部外者にとって内部の行政過程を管理・追跡することを非常に難しくし，そして議会においても事実上，行政の方針に応じた決定を行わせるようなメカニズムを発展させる。その際，行政官僚は自己の判断を貫き通すためにいろいろな戦術を使う。その例としては，特定の予算項目の望ましい額を達成するために，予想される削減を計算に入れて，予算要求を意識的に過大に見積もっておくことがあげられる。

　また，アメリカの政府システムで日常的に行われる，いわゆる「パッケージ投票」つまり1つの議案に2つまたはそれ以上のプログラムを抱き合わせる方式（政策パッケージ）についても，ここで触れておくべきだろう。これによると，広い利害層がこのパッケージに関心を寄せることによって，より高い賛成率を得ることができる[11]。それは前述のログローリングに関係している。というのも，議会における多くのグループのさまざまな利害をここで先取りすることによって，通常ならば2回の投票が必要とされるところを，「パッケージ」に対する1回の投票だけで済ませることができるのである。

　こういった戦略を用いて成立する予算は，そのほとんどが行政府の影響と提案に特徴づけられているので，まさに「行政府予算」と呼ぶことができる。これが前述の官僚主義固有の利害といっしょになって強化される。それゆえ，批判力のある議会を欠くがために，行政に現在の予算項目を一定の伸び率で継続計上することを許してしまい，しかも達成される成果をまじめに正当化することもないとなれば（**予算増分主義**），予算政策は単調な日常的作業になってしまう危険に曝されることになる。

Ⅲ．諸団体の影響力

　議員，有権者，および官僚は法律によって予算決定のプロセスに関与するので，その分析が意思形成の解明のために必要であることは明らかである。また基本法には，労働条件および経済条件の維持および改善に向けて，協定

A. 財政と国民：予算の政治的決定　55

等を結ぶ基本的権利が規定されている。それゆえ，財政政策的意思形成プロセスを現実的に説明しようとするならば，たとえば労使あるいは職業別連盟のような利益団体を分析しなければならない。団体が意思形成にどのような影響を及ぼすかという一般的な問題は，政治学の分野に属し，どのような条件下でどのような目的で利益グループが形成されてくるのか等の課題にかかわってきたが，これに対しここでの関心は財政経済的国家活動へ及ぼす団体活動の固有の効果が存在するか否かという点にある。

　団体はその加盟員に対し正当性を証明しなければならない。団体活動の存在理由からして，その団体が少なくとも加盟員に対して，一方で個人ではうまく調達できないような給付を実現し，他方でたとえば賃上げの場合のように「フリー・ライダー」的態度では流入してこないような給付を実現してやることが必要とされる[12]。

　こうした考えに関連して，個々の国家活動はどの程度団体活動が原因で生じてくるかという問題を設定できる。K. シュミットは国家給付全体を「集団に無関係なもの」と「集団に関係するもの」に区別したが，「集団関係」では「団体関連給付」が目立っている。それらは「政治的にうまく主張が通った特殊利益の成果」である[13]。彼は，団体や政党に選好されるところの集団関係の国家給付が，国民全体を利する一般的国家給付を犠牲にしながら増大するであろうと想定している。この場合，利益が貨幣的なものでなく，それゆえ予算上の効果をもたなくても，かえってそれは特定集団を有利にするような規則制定活動のかたちをとることもありうるだろう。

　予算の政治的決定は投票者および代議士，行政部門および諸団体に関するそれぞれの独立した分析だけでは理解できないということが指摘されるべきである。研究調査の対象とされる立役者は他にもいろいろな方法でたがいに関連し合っており，そしてこの非公式な意思形成は財政政策上の決定を見る上で重要な構成要素にもなっている。

B. 予算の任務と編成

I. 伝統的執行予算：機能，予算プロセス，原則

　予算についての先の解説は，一定期間の公共収入と公共支出がそこにまとめられていること，そして予算が財政政策の意思形成の中心に位置することだけを述べたにすぎない。一国の議会制度や政府機構にかかわりなく，予算が編成される目的は，(1)来期の収入と支出に見通しをつけ，両者が均衡するかどうかを確認し（**財政管理機能**），(2)予算総額または個々の資金フローを経済政策や社会政策の目的に投入できるようにし（**経済政策および社会政策機能**），そして最後に(3)個々の行政機関に予定された支出とそれに必要な収入を配分する（**行政誘導機能**）ことにある。(4)議会制度のもとでは，さらに議決のために説得力のあるかたちで予算を議会へ提出する行政府の任務が加わる（**議会機能**）。

(1) 予算の財政機能についてはすでに国庫目標との関連で言及したところであるが，それは財政支出需要とその充足手段との一致を実現することにある（**充足機能**）。収入と支出を予算の計画と執行の過程でその都度一致させることは現実には難しい。なぜなら，一つには不慮の支出が発生するためと，もう一つには収入動向の予測に必ず限界があるからである。とくに，租税収入の動向は多くの計量不可能な要因に左右される。一般的には経済全体の発展そして個々には課税標準（所得，消費等）の予測の困難がしばしば租税収入の見積もりを困難にしている。

(2) 経済政策および社会政策機能は，財政がたとえば所得再分配，景気安定化，経済成長の確保および環境破壊の防止といった目標の達成に役立っていれば満たされる。

(3) 所管別予算は下位部局の細目計画とともに，行政府内部で財政に関係する活動を統制するよう作用する（**行政管理機能**）。個々の行政組織は予

算案の可決によって，どれだけの資金額をどの目的に使うべきかを知ることになる。限定性の予算原則には支出の範囲と種類に関する多くの個別規定が含まれている。それには3つの形がある。

量的限定性：支出は予算案で与えられた範囲でのみ実行を許される。現行予算において現在の支出項目に追加的な経費（「予算超過支出」）が必要になったり，あるいは新規の支出項目を付け加えねばならない（「予算外支出」）場合は，大蔵大臣の同意を得なければならない。

質的（予算物件）限定性：この要請によると，支出は計画された個別目的（各部署の定員，建設計画など）に対してのみ行使すべきである。例外は予算案にはっきり明示されねばならない。

時間的限定性：予算は同時に支出行為の時期も規定する。支出は定められた期間においてのみ行使できる。したがって，その執行は予算期間に拘束される。支出未済額を年度末に失効させないためには，それを翌会計年度に「繰越明許」として明示しなければならない。支出の「繰越し」と同様，時間的限定性の原則の例外として，将来の予算資金の「先取り」も可能である。たとえば民間請負業者と長期請負契約を結ぶ場合のように，現在の会計期間において将来の予算の負担となる支出額が承認されるときには，特別の「債務負担授権」を提案しておかねばならない。

(4) 議会機能とは，政府が法的拘束力をもつ財政政策の活動計画を議決のために議会へ提出しなければならないことである。議会の議決用に規定された予算の形式はよく知られている通りのものである。まずはじめに形式規定に必要なことは，編成に際し議会審議に証言力をもつ分類が定期的に行われることである。予算は立法府による行政府の「方向づけ」のためのものであるから，主として行政府内部の責任分野別に分類される必要がある。このような「**管轄主義**」に基づく予算の代表的な単位は各省であるが，省組織になっていない連邦大統領府やその他の機関も入る。所管別分類は予算期間の終了後に予算の予定外の狂いに対する責任の立証が容易である（**管理機能**）。議会が財政コントロールの結果を受

け取り，可決するのは，いわゆる予算過程の最後の活動となるのがふつうである。

　予算過程とは議会制度における法律で規定された予算のプロセスであり，連邦予算については3つの段階に区別できる。

① **予算の編成**　　大蔵省は各省から（各省はさらに内部の部局から）それぞれ個別の要求を受ける。そして大蔵省はそれらをひとつの予算案に編成し州および市町村との調整の後に内閣に提出する。内閣は行政府の中枢機関としてこの案を審議し，そして立法府つまり連邦議会と連邦参議院の第一読会へ法律案としてこれを送付する。

② **議会の審議と可決**　　議会における第一読会の後，予算案は連邦議会の予算委員会へ送られ，そこでより詳細に審議される。場合によっては，連邦参議院の見解や連邦政府の反対表明が添えられることもある。それは引き続き第二読会および第三読会で議論され，そして可決される。厳密には連邦議会はごくわずかのページ数の連邦予算法のみを議決の対象にしている。集中的に討論される添付の連邦予算計画書には所定の附属資料を含んでいる。

③ **執行，管理，および責任解除**　　予算は可決によって執行（実施）の段階に入る。所管省庁がそれを執行している間，主要な記録書類の「同時進行的管理」が行われる。会計年度の終了後，収支決算書がまとめられ，予算案の「見積額」が執行中に生じた「実績額」と比較される。最後に，連邦会計検査院が財政管理の中央機関として経過期間に関する検査報告書を作成し，それを連邦議会に提出する。そこで議会による会計監査が行われ，最終的に法律上必要な責任解除がなされる。

　1994年のケースについてみると，さまざまな予算の作業過程にはつぎの任務が含まれている。すなわち1992年度予算の決算に基づく責任解除，1993年度予算の決算（会計計算書の作成），予算計画に基づいた1994年度予算の執行，1995年度予算の編成（予算計画案の作成）である。

　予算はその法律的な性格とそこからくる執行義務のために，家計や企業の経済計画とは異なる。政府および官庁は議会が決定した予算法に拘束されて

いるのである。しかし，行政府は予算法に規定する金額よりも少なく支出できるということまで排除するわけではない。政府の意図を盛り込めるような予算を議会に提出し，議会が決定した形式で予算を執行することを保証するために，**予算原則**が開発されてきた。それは，予算の承認と監視という議会の権限を侵そうとする行政府の試みと再三戦わねばならなかった長い議会の伝統から生まれたものである。予算原則は法的に規定されるが，ドイツ連邦共和国の場合はさらに広く基本法（第110条以下）で定められてきた。基本法に起草された予算原則とその他連邦にかかわる予算原則は1969年の連邦予算規則にまとめられた。

予算原則はこのまま，それ自体で完全なものとして扱われるわけではない。というのは，そうした原則が設けられるきっかけとなった問題のいくつかは，別に会計規則の立場から点検を受けるからである。ここでは，予算の議会機能のうちとくに重要な原則だけを説明しておきたい。予算が議会機能を果たせるのは，来るべき期間について個々の所轄官庁がどれだけの資金の承認を得るかを前もって確定する場合だけである。つまり，**事前決定の予算原則**が満たされねばならないのである。この原則によると，予算案をその効力が発する会計年度の開始前に提案し，議決しておくことが要請される。この公準は予算の計画性という性格から生まれたものである。現実には，この原則に対する数多くの例外がみられる。たとえば連邦共和国の創立以来，連邦予算はしばしば期限に遅れて議決されてきた。したがって，予算決定（提案と可決）が期限に間に合わない場合，行政府がそれに依拠して対処できるような暫定の予算法をあらかじめ用意しなければならなかった。

予算の議会機能と不可分に関連するのは**公開性の原則**であるが，それは公共財政運営の管理を容易にするものである。予算過程のすべての段階は公開性という光に照らされねばならない。それによって財政経済的国家活動の隠蔽は妨げられることになろう。しかし，この原則は国家の安全上の理由から機密保持の要求が生じた場合，および政府首脳に自由に使える最小限の資金を与えようとする意図の場合は限界に突き当る。少なくとも議会または会計検査庁から選任された人々が，公に監視できないこうした項目の資金使用

を検査することが議会制民主主義の前提条件である。

議会による承認と監視は収入と支出の一覧的および体系的分類によって行われるが，それは資金の出所と使途をはっきりさせる個々の予算項目の明示を伴わなければならない。この要請は**予算の明確性の原則**に準ずるものである。

II．予算手続き全体の改革

これまでは公共予算の具体的な編成と取り扱いについて見てきたが，そこでの問題は各省の要求をまとめ，議会が審議し，そして行政が実行するところの中央官庁の年間予算であった。しかしこの予算過程は実務上，多くの欠陥があることが判明している。それを取り除くため別の計画技術が提案され，その一部はすでに実現している。とくに従来の予算技術には3つの不完全性があり，それがさらに提案を補充するきっかけになっている。

(1) 執行予算の短期性と国家財政の長期計画の必要性との衝突が中期財政計画の制度につながった。

(2) 予算の議会機能および政策機能を強化したいとする願望，すなわち望ましい目標を考慮して選択的計画を手がかりに最高の立場から国家の決定を行いたいとする願望は，プログラム予算（PPBS）またはゼロ・ベース・バジェッティング・システム（ZBBS）を導入して，旧来の予算計画を放棄しようという提案につながった。

(3) 目標が与えられているときに最適な行動選択肢を見いだすこと，すなわち公共資金の使用に一層の高い合理性を達成したいとする意図と，よりよい決定補助手段を求めたいとする要望とが費用・便益分析とその応用技術の利用をもたらした。費用・便益分析の方は従来の伝統的予算手続きにも適用可能なのに対し，PPBSとZBBSの方は予算手続きの変更が必要になる。

a) 長期計画（中期財政計画）への執行予算の組み込み

中期財政計画は執行予算を補足するもので，とくに緊急の改革課題である。議会機能と行政方向指示機能からみると，執行予算の期間を短く押さえておくことが望ましいように思われるが，1969年の財政改革以来，**予算の単年度性**すなわち予算の年々の決定は，もはや不可避的なものとして定められているわけではない。しかし，法律で2年以上にわたることも可能とする執行予算が組まれたとしたら，それは実際の収入見積もりを現在方式よりも一層困難なものにし，さらに行政府が長い予算期間の最後の年になってから「古くなった」勘定に関係した追加の要求を出してくる，という問題がでてくるだろう。

中期財政計画は予算の財政管理機能の遂行にあたって，早い時期からすなわち法案の可決前に，継続的な費用を明示するとともに，法律で義務づけられた平均率を上回りそうな支出増加を指摘するのに役立っている。単年度予算に固執する考え方では，現在の財政政策的措置が後の会計年度の財政動向へ与える効果を正確に評価できない。こうした弊害は，過去の活動に起因する継続的な負担が実際に感じられるようになる後の会計年度になって明らかになる。たとえば，年金法が社会的支出の増加につながり，水泳プールのように以前に行われた投資が現在の維持費に結びつく場合がそのケースである。これらの支出は削減できない場合が多く，その資金調達は将来時点において緊要だと判断されるような経費を犠牲にして行われる。そのかぎりで，長期的な計画期間を設ければ，財政管理上の優先順位の決定とこれに関する必要な議論も容易になるだろう。

計画された経費を集計することと同時に，期待すべき歳入の見積りも行われねばならない。歳入見積りでは租税が格段に大きな項目である。しかし，租税見積りは短期でさえかなり現実の動向から乖離する可能性があるから，多年度の計数は事前に概算のかたちで作成できるにすぎない。

予算の経済政策的機能を達成するためには，公共セクターが次年度の国民経済にどのような影響を及ぼすのかを知ることが大切である。予算の予測は経済政策担当者に財政がいかなる効果を引き起こすかについての手がかりを

与えてくれる。政策担当者は，景気の下降時にはどのようなプロジェクトが選択可能であるかを中期財政計画から推測できるだけでなく，さらに社会資本のような長期的国家活動および公共部門の動向についても知ることができるのである。租税収入は経済全体の動向に依存しており，また数多くの支出も，たとえば失業手当のような支出もそれによって決まってくる。それゆえ，中期財政計画と経済政策の立案を相互に密接に関連させることは有意義である。

最後に，中期財政計画は各所轄官庁の重複計画を避けるのに役立つことによって，また公共活動計画の優先順位を公表することによって，予算の議会機能を果たすことになる。そのような予見的財政計画がなければ，将来の実現可能性の限界もしばしば見えなくなるであろう。

ドイツ連邦共和国の計画期間は正式には5年間である。しかし最初の1年は現行会計年度と重なり，2年目の数字も翌年度の予算案と一致するので（図3.3），従来の枠を越えた財政計画を論ずることができるのは残りの3年間についてのみとなる[14]。

大蔵大臣は各省庁の年度予算の申請と翌年以降の個別要求をまとめて財政計画を作成し，それに収入見積りを対比させたうえで，省庁と協同して第1次調整を行う。予算閣議および（州と市町村の財政計画の協議に関する）財政計画委員会での詳細な討論の後，内閣原案が決定される。それは予算案とともに議会に提出されるが，予算案のように審議扱いになるのではなく，たんに参考にされるにすぎない。

財政計画 1994 ↓ 一致 ↓ 1994年 現行予算	財政計画 1995 ↓ 一致 ↓ 1995年 予算案	財政計画 1996	財政計画 1997	財政計画 1998

図3.3　中期財政計画と執行予算（1994年末の状態）

中期財政計画だけで,予算実務のすべての欠陥が除去されるわけではない。たとえば,財政政策の実務は財政計画自体を毎年修正している。経済全体の状況,とくに短期の景気政策の情勢が従前の計画ベースを変えてしまうようなときは,そうした長期計画の書き換え修正は免れがたい。これに対し,財政計画を予算上の都合に合わせて短期的に調整するときの修正は疑わしい。その場合,財政計画が予算に合わせられることになり,事実が要請するように予算を財政計画に適合させることにはならないからである。

b) 行政指向の予算から成果指向の予算へ

伝統的な予算編成が個々の行政から出てくるという事実は,各大臣が自分のところへ来た,その省庁の需要額を申告するようにとの要請をその省庁の下位部局へ回すことのなかに現れている。たしかに各省内部では大蔵大臣に提出する前に個々の要求の調整を行っており,また大蔵省および内閣も同様にもう一度各省の要求を相互に調整している。しかし,このような調整過程は,予算が結局は政治的に直接責任のない下位の部局が判断した個別要求額の寄せ集めで構成されるという事実を変えることにはならない。

特定の公共収入が特定の支出目的に予定されている場合,行動選択肢の数は始めから限定される。予算計画の策定に際し,予算内部の優先順位の決定における「国家目的の同等性」を保証するために,目的拘束の禁止(ノン・アフェクタシオンの予算原則)が予算法に規定されている。しかし,現実の財政政策にはこの原則に対する多くの「違反」がある。たとえば,石油税収の一部は市町村交通財源調達法によって,道路建設のために支出するよう目的を拘束されている。また特別財産を設けることもこの違反例とみなすことができる。

現在の通常の予算手続きにおいて個別要求の基礎になっているのは,下位行政部局でその活動の優先度にしたがって行われる事前の決定である。そのため,個々の計画立案はそれぞれの専門担当官に割り当てられ,彼らは自己の配属された部局の観点から最善の解を見いだそうとする。この部分解はすぐその上の機関によってより高い解に集約される。このような過程を続ける

ことによって，最後に連邦あるいは州の大臣または任務全体に権限をもつ市町村職員が内部案をつくるのである。これは必要とあれば若干の修正を加えて立法府に提出される。このような手順は，個々の決定機関が「インプット」（例：人的手段，物的手段など）の思考に慣らされてしまうものだとしばしば批判されてきた。というのは，「予算要求」の過程で毎年申告しなければならないのはインプットの数量だからである。それに代わって公的機関は，予算の枠内で申請官庁が供給しようとしている「アウトプット」の具体的数値を申請するよう指示されるべきだろう。この場合だと，議論の中心は，そのときそのときの政策領域での「アウトプット」，すなわち提供さるべき給付のかたちで具体化をめざすところの目標ということになる。政府行動の合理性が高いのは，新しい予算システムのなかで，予算要求の根拠が充足さるべき成果から強く理由づけされる場合と，その予算額で成果を実現するための重要な選択肢が決定に際して提示される場合とである。

　歴史的には1961年に，予算手続きを原則的に変更し民間経済でよく知られている決定手続きを取り入れようとするいくつかの試みがアメリカ合衆国で企てられた。プランニング・プログラミング・バジェッティング・システム（PPBS）がその最初である。それは次の3つの段階に区別される。

(1) プランニング：目標決定，つまり個々の省庁の目標の数量化。
(2) プログラミング：選択肢を考慮した，設定目標の実現方法の分析（中期プロジェクト計画）。最善のプログラム選択肢は費用・便益分析を用いて選ばれる。
(3) バジェッティング：実行すべきプログラムの予算要求への置換（短期執行予算計画）。

　このシステムは，いくつかの省で手始めに試みられたけれども，一般に実施されたわけではなく，1971年には放棄された。PPBSにおいても，一度正当と認められた予算決定が，諸条件が変わっても，それ以降の会計年度へ吟味もされずに受け継がれていくという点を免れるわけではないので，予算の立案がいつも「零ポイント」から出発するゼロ・ベース予算制度（ZBBS）が試みられた。この考え方によると，新旧の活動がともに予算に盛り込む前

に同じ程度に批判的に見直されるのである。こうした意図はいわゆる「サンセット立法」，すなわちその有効期間が最初から時間的に限定されるような，たとえば補助金配分に関する法律の考え方にも一致している。

伝統的な予算編成は，原則として今期の予算の任務と支出に対して，そしてそこから出てくる問題に対しても検討を加えることなく来期の予算に引き継いでいくものだと批判されるが，こうした非難はしばしば嘆かれるところの財政硬直化につながる。公共部門は，企業全般の利益とか個別部門の利益貢献度というような貨幣的成果尺度を内部に欠いているために，効率的な予算編成はとくに難しい。

III. 国家プログラム計画のための決定補助手段

a) 費用・便益分析

すでに30年代に，数多い公共プロジェクトの選択肢のなかからどうすれば最善のものが見つけだせるかについて考察されていた。その考え方は，極大利潤を達成するためにさまざまな投資の方法を比較検討する企業のそれに似ている。それゆえ，民間経済にあてはまる投資基準を公共投資とくに投資計画にも適用する試みが企てられるのである。

最大の純利益をうむ選択肢を選ぶためには，それぞれの選択肢がもたらす利益と損失を比較考量することが必要になる。ここで利益は便益，損失は費用である。費用と便益を比較するために，しばしば企業経営の投資計算で使われる資本価値法が利用される。それによると，投資の時点で割り引いた収益が，全期間中の同じ方法で割り引いた総費用をもっとも大きく上回る場合の投資が有利となるのである。したがって，収益の流列の現在価値と，費用の流列の現在価値の差額が投資の資本価値になる。このような戦略を選択すれば，決定補助手段を導入しない場合よりも一層効率的な公共セクターの資金使用が達成されるはずである。

現実には，この費用・便益分析の応用の可能性と限界を規定するつぎの3つの問題点がある。すなわち，どのような費用と便益が分析の基礎になるの

か，いかにして費用と便益を評価するのか，およびどのような利子率が現時点での割引率として用いられるのかという問題である。

　私的投資と違って，公共支出の費用と便益は非常に幅広く把握される。この場合，重要な役割を演ずるのは前提となる目標システムである。集票極大化理論の評価システムでは，プロジェクトによって失われる有権者の票が費用，そして獲得される票が便益とみなされるであろう。しばしば，経済全体の厚生が目標として使われることもある。この場合，プロジェクトによってもたらされるGNPの増大がオペレーショナルな尺度として用いられる。

　コストと便益は先ず，プロジェクトの目標に関連する直接と間接の費用および便益に分けることができる。地下鉄建設の場合，利用者の時間の節約あるいは都市内部における駐車場需要の減少は確実に計画の中心になる。これに対して，自動車排気ガスの減少は間接的便益に数えられるべきだが，長い間決定要因に入れられてこなかった。その限りで費用の面では，製造費用および建設費用が直接費用に入る。一方間接的費用は，地下鉄建設の例では，しばしば長い建設期間のあいだ都市内における小売りおよび卸売りの売上額が減少することによって生じてくる。

　無形の費用と便益も，あまり数量化に適さないが，費用・便益分析の構成要素としてしばしば取り上げられる。地下鉄建設の場合，建設によって期待される都心部の魅力がその例である。それらはまさしくプロジェクト目標であり，それゆえ直接的便益の構成要素になるはずである。しかし，その把握は困難であり，ましてや貨幣的に正しい評価はできない。他方，大都市近郊のショッピングセンターの魅力の相対的な落ち込みがこれに対応する。この種の費用および便益は，それらが主観的な観念だけを表象したものである場合はとくに，数量化が原則的に不可能だからといって，戦略に関する決定を行う際にそれらを無視してよいというわけではない。むしろ費用・便益分析の場合は，それが政策決定プロセスに入り込むために，たとえ口頭であってもなるべく正確に伝えられるべきである[15]。

　1つのプロジェクトあるいは同種プロジェクトのいくつかの選択肢について，費用と便益を比較可能にするためには，それらの評価が必要になる。そ

の際，それはまず第一に貨幣額の大きさで求められるが，費用・便益分析はこの次元に限定されるものが多い。費用の面では，少なくとも建設費用と維持費を市場価格で測ることができるのに対し，便益面での評価はたいてい問題になる。もし費用の節約ができるということになれば，たとえば地下鉄の建設による時間の節約はそれが余暇時間に算入されるかぎりで，自由時間1時間あたりの「価値」を決定する必要があるが，それを貨幣的カテゴリーに表現することはまだ容易である。便益と費用のカテゴリーが貨幣的評価になじまないもの，あるいは一般に数量化できないものにも，本来の意味での無形の便益と費用があるが，それらはなお口頭のかたちで表現されたり，または政治的に評価されなければならない。

費用・便益分析の難しい問題には評価のほかに，投資の耐用年数の全期間にわたって生ずる費用と便益とを，投資実行の時点で割り引くところの利子率の選択がある。この**割引率**は「**社会的時間選好率**」を反映すべきである。それはある財の消費に対し，さまざまな時点で社会ないし関係団体がどれくらいの相対的重要性を置くかを示すものでなければならない。

そのような利子率を求める場合，企業経営の投資計算から類推して，民間投資の市場利子率，したがってその推定利子率を選択するとか，あるいは長期国債の利子率もしくはすべての利子率の平均値をとることなどがすぐに念頭に浮かぶ。これらの利子選択肢に対しては，たとえば，資本市場で調達されるプロジェクトの資金はごく一部にすぎないという異論が出される。割引率の問題は，たいてい妥協の産物としての「**国民経済的機会費用率**」で一時的に間に合わせておくことが多い。それは，プロジェクトの資金調達に動員される納税者が自分の時間選好とみなす利子に「相当する」一種の仮説的な資本市場利子率であると理解できる。この利子率ならば，彼らはプロジェクトの資金調達に相当する金額を自発的に提供するであろう。しかしここで，経験的にそれを調査するという困難な問題が生ずる。市場または個人の評価に基づくこれらの利子率はすべて何らかの欠点があるか，実行できないものであるし，さらに個々人の時間選好はいずれにせよ分散があるので，この割引率は政治的に決定しなければならないのがふつうである。

そのように見るならば，選択された割引率は「社会的時間選好率」に一致し，そして社会が特定の時点でどの程度まで現在の私的消費よりも将来の公共消費をより高く評価するかを示すものとなるだろう。

表3．1は都市部地下・郊外地上型の地下鉄の建設に関する決定準備のための費用・便益分析を単純化したかたちで表したものである。便益と費用を対照させるかたちで，プロジェクトの主目的に関係する直接的便益と費用とについてのみ，数値が示されている。その調査はこのタイプのプロジェクトに特殊なものであって，建設プロジェクトならば他の場合も同様に成りたつだろうが，しかし医療関係計画の準備調査やあるいは新しい教育施設の場合には，とくに便益の面でまったく違ってくる。数値は間接費用と間接便益のいくつかの例を含めて，1969年にハノーバーの地下鉄建設のために用意した研究から引用されたものである。多くの費用・便益分析にとって望ましい全体枠の形成を可能にするような，いろいろな種類の費用と便益が追加されている。間接的な費用と便益の例としては大気汚染の緩和，都心部への高い魅力ないし郊外魅力の相対的低下が言及されている。

魅力の変化のようなものは，実際には数量化できず，それゆえ無形である。しかし可能なかぎりで数量化すべきである（たとえば，汚染物質の減少量として）。交通政策の場合，直接的便益もときにはそのほとんどが無形ということもありうる。一例は近隣保養地域を妨害しないように平野部でもトンネルにもぐる連邦鉄道の急行線路である。誘発された土地価格の変化は金銭的な便益または費用の例とされるが，これは近似的な評価もできる。

便益および費用の一覧表は，すべての項目を数量化したり，貨幣で表示することができないとしても，できるだけ完全であるべきである。便益ないし費用の現在価値を計算するために6.5％の割引率が選ばれたが，これは連邦交通省も1969年に使用したものである。プロジェクトの耐用年数は事業開始年から始まる50年と決められた。それによると純便益は測定できるかぎりで2億8750万マルクある。これは1.76の便益・費用比率に相当する[16]。

表3.1　費用・便益分析の例（地下鉄，ハノーバー，1969年）

	百万マルク
A．便益	
地下鉄完成後の直接便益	
1．転換しない交通の便益	575.2
1.1.旧市街電車利用者の時間の節約	198.7
1.2.転換しない個人交通の節約	376.5
1.2.1.時間の節約	(313.3)
1.2.2.自動車管理費の節約	(63.2)
2．転換した交通の便益	62.9
2.1.時間の獲得	25.6
2.2.自動車管理費の節約	37.3
3．新交通の便益	10.5
4．駐車場スペースの節約	18.1
間接便益（しばしば貨幣評価が不可能）	
例えば，都心部大気汚染の減少（汚染物質キログラム単位）	
都心部魅力の相対的増加	?
測定可能便益の現在価値の合計	666.7
（＝便益流列の現金価値，1969年時点）	
B．費用	
直接費用	
追加の経常費用	7.6
建設費用	371.6
間接費用（しばしば貨幣評価が不可能）	
例えば，郊外の魅力の相対的低下	?
測定可能便益の現在価値の合計	379.2
（＝便益流列の現金価値，1969年時点）	
C．純便益（測定可能な限りでの）＝投資の資本価値（A－B）	287.5
便益・費用比率（A：B）：1.76	
内部利率：10.1％	
D．金銭的便益ないし費用	
例えば停車場の地価の上昇と，自動車交通から現在悪化し	
ている場所の地価の下落	
E．参考：割引率 6.5％	
プロジェクトの想定耐用年数50年	

b) 費用・効果分析

　支出プログラムの間の選択に関する決定は費用・便益分析だけで準備されるわけではない。有利性を探求するさまざまな措置は，ますます重視されるようになってきた**費用・効果分析**の成果にも依拠している。この場合，貨幣単位で表示される便益の評価は行われず，それに代わって金銭以外の目標達成指数が用いられる。一方で，費用・便益分析からみて目標達成の便益を数量化することが著しく困難だとされている任務にこれが用いられる。他方で，その方法が適用されるケースは，追求される目標が確定しており，そしてその達成に最良の方法だけを見つけ出すという場合に限定される。すなわち，それは選択的な措置あるいは行動の差別的費用効果を調査することにほかならない。

　たとえば，保健政策の目標が疾病予防の強化によって国民の平均寿命を延ばすことであり，もっとも効果的な手段だけを求めるとすると，費用面だけを比較することが望ましい。そして目標達成が同一水準ならば，それらの比較に基づき費用ないし支出の面でもっとも有利な方法を選択すべしということになる。保健政策の現今の例をみると，たとえば患者の治療やリハビリテーションに対する保健支出のような選択的用途と比較したときの予防強化に関する保健給付の経済性が問題になる。たとえば，達成すべき目標として寿命の1年延長ということで一致をみれば，資源をどのように使用配分したときに寿命延長を費用面で有利に実現できるかという問題に取り組めることになる。

　このような計算を行うためにはまず第一に，費用を質的に評価するための枠組みと，保健予防の強化による**目標貢献度**が必要になる。保健衛生状態の改善というかたちでの目標貢献度と，予防衛生プログラム費用にくらべた費用軽減とが予防衛生の効果（目標達成度）と効率（目標達成への最小費用）を根拠づけるものとして関係する。目標貢献度の場合，高い平均寿命が問題になるほかに，疾病の回避，早期発病の予防，あるいは疾病リスクの低下だけでも問題になる。予防衛生プログラムの費用軽減の場合，支出機関が異なると，まったく異なる支出項目に関係する可能性がある（治療費，年金支払

い，賃金前払い等）。最後に，目標指数が与えられ，費用節約額が算出されると，さまざまな費用効果を得るために，予防衛生プログラムないし使用可能選択肢の必要費用を調査することになる。

目標指数，費用要因および節約要因の数量化は，目標のレベルではふつう，寿命の伸びの年数に限定するが，節約額と予防衛生プログラムの直接費を差し引きするという問題を引き起こす。強化された予防衛生の間接的費用（たとえば寿命が延びた期間の一層の高額の支出）や，寿命が延びたことによる一層の便益（たとえば人的資本の増加による経済的，社会心理的価値）は，定量分析では原則として除外されたままである。考慮に入れられる便益および費用は異なる時点で生じるのだから，それらは費用・便益分析の場合と同じように一定の時点に割り引かねばならない。図3.4から，費用・効果分析の目標値としての平均寿命延長1年あたり費用の調査方法を推測することができる。政策措置費用と疾病リスクの減少が対照されるが，そこには発病リスクの減少からくる費用の節約と平均寿命の伸びからくる利益という

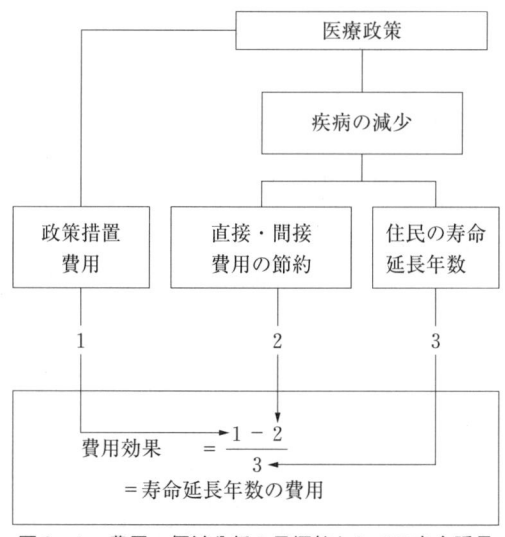

医療政策
↓
疾病の減少
↓
政策措置費用 ／ 直接・間接費用の節約 ／ 住民の寿命延長年数
1　　　2　　　3

$$\text{費用効果} = \frac{1-2}{3} = \text{寿命延長年数の費用}$$

図3.4　費用・便益分析の目標値としての寿命延長年数の費用

2つの効果がある。費用効果比率のプラスの値は資源消耗の大きさを示し，マイナスの値はその措置自体が採算に合うことを示している[17]。

現在までの経験的研究によると，予防衛生の費用抑制的効果はどの選択事例の領域でも証明されていない。予防衛生目的と救急目的との間の保健支出の比較では，1年間の健康な生活に必要な純額は，たがいにかなりの程度かけ離れている。心臓集中治療棟の人命救助処置あるいは救急車の投入は，高血圧処置よりもかなり安価である。予防衛生プログラムは費用低減化の手段ではない。それは病気を防止したりまた遅らせたりし，そのかぎりで効果的ではあるが，それだからといって支出を低減させるわけではない。

費用・便益分析の例として交通経済あるいは水利経済の分野の投資，そして費用・効果分析が議論されるときは保健制度の分野の投資が常に引用されるのは理由あってのことである。個々の方法の進歩は，他の任務分野についてもそうだが，長期的には公共財政経済の経過をよりよく判断し，そして効率的に形成していくことを可能にするだろう。

第3章 注

1) 予算委員会は連邦議会の他の委員会と同じように，その議席が総議席配分に応じて構成されるので，本会議の勢力分布の反映となる。
2) たとえばつぎを見よ。Frey, B. S., Ökonomische Theorie der Politik, in : Handwörterbuch der Wirtschaftswissenschaft, 5. Bd., Stuttgart u. a. O. 1980, S. 658ff.
3) Schumpeter, J., Kapitalismus, Sozialismus und Demokratie, 2. Aufl., Bern 1950, S. 448（中山一郎，東畑精一訳『資本主義，社会主義，民主主義〔英語第3版〕』東洋経済新報社，1951年，510ページ）.
4) Downs, A., Eine ökonomische Theorie des politischen Handelns in einer Demokratie, in : Recktenwald, H.C., Hrsg., Finanzpolitik, Köln-Berlin 1969, S. 51.
5) Downs, A., Ökonomische Theorie der Demokratie, Tübingen 1968, S 51（古田精司監訳『民主主義の経済理論〔英語版〕』成文堂，1980年，53ページ）.
6) Downs, A., Warum das staatliche Budget in der Demokratie zu klein ist, in : Frey, B.S. und Meißner, W., Hrsg. Zwei Ansätze der Politischen Ökonomie. Marxismus und ökonomische Theorie der Politik, Frankfurt/M. S. 107.
7) Arrow, K. J., Social Choice and Individual Values, 2. Aufl., New Haven-London 1963（長名寛明訳『社会的選択と個人的評価』日本経済新聞社，1977年).
8) 望ましくない結果を避ける戦略についてはつぎを参照せよ。Musgrave, R. A.,

Finanztheorie, 2. Aufl., Tubingen 1969, S. 107ff（大阪大学財政研究会訳『財政理論〔英語版〕』有斐閣，1961年，170ページ以下）.
9) Weber, M., Parlament und Regierung im neugeordneten Deutschland (1918), in : Winkelmann, J., Hrsg., Max Weber-Gesammelte Politische Schriften, 3. Aufl., Tübingen 1971, S. 320.
10) この図と記述についてはつぎを参照。Koppel, U., Ökonomische Theorie der Bürokratie, Freiburg 1979.
11) 参照。Bernholz, P., und Breyer, F., Grundlagen der Politischen Ökonomie, 2. Aufl., Tübingen 1984, S. 337ff.
12) 参照。Olson, M., Logik des kollektiven Handelns, 2. Aufl., Tübingen 1985, S. 8ff（依田博，森脇俊雅訳『集合行為論〔英語版〕』ミネルヴァ書房，1983年，6ページ以下）.
13) Schmidt, K., Entwicklungstendenzen der öffentlichen Ausgaben im demokratischen Gruppenstaat, in : Finanzarchiv, NF Bd. 25, 1966, S. 233.
14) 財政計画は毎年書き換えられて発表される。それは毎年公刊される『連邦政府財政報告』および連邦大蔵省の特別冊子によって容易にみることができる。そのうちの連邦分の具体的数値については，Finanzbericht 1994, Bonn 1993, S. 11ff. をみよ。また3つのレベルの全公共団体の財政計画に関する全体像についてはebenda, S. 264ff. をみよ。
15) たとえば地価や賃金率の上昇または下落のような民間経済主体の間の（金銭的便益と費用の）再分配となるだけの現象は，それが直ちに全体的福祉の向上を意味するのではないから，分配分析に任せておくことができる。この点についてはつぎを参照。Musgrave, R. A., Musgrave, P. B., Kullmer, L., Die öffentkiche Finanzen in Theorie und Praxis, Bd. 1, 5. Aufl., Tübingen 1990, S. 177ff.
16) 実際の事例についてはつぎをみよ。Maennig, W., Kosten-Nutzen-Analyse Olympischer Spiele in Deutschland, in : List Forum für Wirtschafts-und Finanzpolitik, Bd. 17, 1991, S. 336ff.
17) 詳しくはつぎをみよ。Adam, H. und Henke, K.-D., Gewonnene Lebenserwartung durch Prävention. Eine Modellanalyse der Cholesterinreduktion durch medikamentöse Therapie, in : Ott, A. E. u.a., Hrsg., Jahrbücher für Nationalökonomie und Statistik, Bd. 208/6, Stuttgart-New York 1991, S. 596-606.

第4章
国家資金調達の選択肢

　国家はその活動の執行に必要な手段をさまざまな方法で獲得することができる。以前には財貨および労働用益財やサービスといった現物給付が大きな比重を占めていたが，こうした現物給付は現在では名誉職的な活動（陪審員，選挙補助員など）やサービス給付（たとえば兵役義務）などにかぎられている。現在では貨幣公課が一般化しているが，それは資金の徴収や支出の仕事を簡素化した。国家（社会保障基金を含むあらゆる公共団体の総体）は今日，主として租税と租税類似公課から収入を獲得しており，1991年には公共収入全体の85%を占めるまでになっている。この他に，営利収入，手数料，負担金，公債発行，積立金取り崩しなどの収入もある（表1.2）。

　公共収入の規模および構成，さらに個々の収入の形態については，公共財政の担当機関が，財政政策の目標を基準として意思決定を行う（第1章を参照）。財政政策の目標が経済政策の目標と一致する場合，その収入形態に与える影響は第6章から第9章までにおいて論じられる。本章において論ずるのは国庫的目標である。すなわち収入調達に関する原理的な選択肢と接触点が問題とされるのである（A，BIおよびⅡ，C，D）。さらに財政政策の優先目標とそこから導かれる判断基準との関係において，財政法に照らした合目的な収入構成に対する問題が議論される（BⅢおよびC）。

A. 公課徴収の基準：受益か支払能力か

I. 報償原則に基づく資金調達（等価原則）

a) 報償的資金調達に対する賛否

　公共支出の負担をどのように国民に配分すべきかを考えるとき，まず問われるべきであるのは，公共支出が誰の利益になるのか，そしてその負担は受益と対応すべきであるか否かという点である。市場を通じた資源配分は，受益に応じて支払うという原理に基づいて行われている。公共機関は，市場の失敗を修正したり補完したりする場合にのみ市場経済に介入するが，それがこの等価原理からの逸脱を許されるのは，他の目標が公共収入調達の方法に対立する場合である。

　したがって，その任務が技術的に**報償的資金調達**に適しており，しかもこの種の財源徴収方式が目標達成に照らして政策的に望ましいと思われる場合にかぎり，対価の徴収あるいは報償的な公課の徴収によって公共支出は賄われている。**利益説**と呼ばれるこの**等価原則**は，国家による公課の査定基準として利用される。報償による負担の大きさは，国民が国家サービスをどの程度受け取るかに対応する。

　ただし，実際の収入を獲得する際に報償性に適合した手段を利用する可能性はかなり限定されている。ドイツについてみると，1991年には手数料など**報償的公課**と営利事業活動からの収入は，公共収入（公債発行は除く）の10％に満たなかった。そのため，租税を財源とする公共支出については，資金調達の対象に関係しない公課原則が求められねばならない。これが支払能力原則である。

　報償原理に基づいた資金調達は，公平という見地から追求されるべきだろう。特定の個人や集団の手元に入る個別利益が証明できる場合[1]，市場経済システムにおいては，まずサービス購入者が完全に費用を負担する市場を通

じてサービスが供給されなければならない。個人や集団に財を公的に供給する場合も，受益と負担とを考慮し，需要の増加を避けるために，費用をカバーする価格形成が求められる。報償的資金調達には再分配政策的な論拠もある。公共財・サービスの無料利用が，美術館，劇場，図書館などの利用者を想定すればわかるように，高所得者を平均以上に優遇しているからである。

したがって，たとえば分配政策的な根拠から個別利益を意図的に認めるケースを除けば，個別利益は一種の不当な特権の賦与を意味する。こうした特権化は国家のなすべきことではなく，優遇された人々に対するそれ相応の公課によって埋め合わせられるべきものであった。この公課は受益または国家に発生するコストに結びついていたのである。

報償原則に基づく資金調達を選択する動機は租税抵抗の回避にもある。国民の租税抵抗，すなわち租税回避や非合法の脱税，あるいは財政政策的意思形成に対する影響力の行使によって租税負担を避けようとする試みは，課税全体と個々の租税の徴税額にとって，正確な量的把握はできないまでも，ある種の上限を与えるものである[2]。租税抵抗に対するアプローチが進むにしたがって，報償原則を適用して望ましい支出規模を確保する傾向が以前より強くなっているが，これは政策的に適切であるといえよう。

資金調達という直接的な課題とは別に，国家は報償性を需要抑制の用具としても利用できる。公共サービスのなかには，その供給の規模を拡大できない，あるいはできても極端に大きな追加的経費を伴うものがある。たとえば，大都市の中心部にある駐車スペースは狭くても，これ以上拡張できないケースである。このようなサービス分野では，対価徴収によって既存の供給を上回る需要の発生を抑えることができるであろう。この種の行動がもたらす効果の前提となるのは需要の価格弾力性である。

このような価格による操作と量的配分の違いは，都心部での駐車場規制のあり方によって例証できる。駐車場の利用が需要者の順番（および許される駐車時間）によって決まるのであれば，駐車利用権は駐車時間表示盤によって時間的・量的に配分される。これに対して，必要の度合いに応じて駐車スペースを配分する駐車料金システムを導入すれば，緊急性のある需要と緊急

A. 公課徴収の基準：受益か支払能力か　77

性の乏しい需要とを区別することができるだろう。この緊急性は支払い意欲となって表れる。そうすれば，公共の近距離交通機関を楽に利用できる人は駐車場を諦め，公共交通機関の便が悪い人が駐車場をより多く利用し，より高い料金を進んで支払うことになるだろう。

　水や電力の公的供給の分野でも，報償原則に基づく需要規制が一定の役割を果たしている。たとえば，これらの財の無料供給は浪費につながると前提すれば，この場合，価格の需要弾力性に応じた対価の設定によって過剰な利用が避けられるのである。

　原則として，あらゆる国家支出の財源は租税によって調達できるといえるが，反対に，すべての国家任務は報償的であるとはいえない。報償原則に基づく資金調達方式の適用可能性に限界を与えるのは，技術的な理由と政策上の意思決定である。個々の公共サービスの報償的資金調達の絶対的な上限は，公共財の理論で周知の標識からすでに明らかである。この理論によれば，多くの国家サービス，たとえば防衛，治安などは排除原則の適用不可能性および非競合的消費によって特徴づけられる。その結果，公共財の存在に関するかぎり，市場経済的な価格の支払いという意味の等価理論的な説明は問題外となる。

　この論拠は報償原則の技術的限界を示すものだが，他方，ある国家任務が報償的に資金調達できるとしても，そもそもその対価を徴収するのも，費用を賄う程度の金額を徴収するのも，政策的な観点から望ましくないことがある。なぜなら，報償的資金調達の際に生まれる需要よりもっと大きな国家サービス需要が望ましいからである。これについては，資源配分目標ならびに所得分配目標が論拠を示している。

　多くの公共サービスは，できるだけ多くの国民によって利用されることが資源配分上の論拠から望ましいとされている。とくに，これに妥当するのは，それを利用しないことが大きな外部費用を生み，個人間に配分されるにせよ，集合財的要素を強く示すような公共給付である。たとえば，伝染病に対する予防接種を受けない者は，自分自身はもとより予防接種を受けなかった他の市民をも危険にさらすことになる。このケースでは，費用充足的な対

価は要求されず，必要な場合には予防接種に対する需要を喚起するために広報活動が行われる。それどころか，きわめて高い外部不経済（疫病の流行）が予想されれば，（部分的な）報償原則に基づく資金調達の可能性を利用してでも，公共サービスの使用が強制されることさえありうる。

よく引用されるもう一つの事例は，公営の近距離交通機関である。ここでは，需要誘導の議論によってゼロ運賃（運賃を無料にすること）が根拠づけられている。これは，自家用車の抑制が，公営の旅客輸送機関にとって望ましく，運賃の引き下げが十分に追加的需要を誘発するというロジックである。このような政策は，いうまでもなく公営交通事業の収入不足を招き，結果として一般財源から補填しなければならないことになる。

供給された財・サービスが，非常に多くの市民によって，その購買力に関わりなく利用される場合，報償原則は分配政策的観点からいうと望ましくない。

以上のような報償原則に対する賛否の議論は，この公課原則を利用するか否か，あるいはどの程度まで利用するのかを決定する際の正確な基準とはなりえない。市場経済的で分権的な経済システムの枠組みのなかでは，報償的サービス給付の財源は原則として手数料や負担金を使って調達することもできるだろう。こうした配分政策的な基本的方向性とともに，さらに個々の事例に十分配慮し，目標設定の根拠をよく検討したうえで，意思決定を行うことも可能である。これと同時に限界も明らかになるが，この限界のゆえに国家支出の資金調達に関する第2の公課原則が必要となるのである。

b）報償原則による資金調達の形態

資金調達に関する意思決定を等価原則に準拠して行うとき，公課を具体的に形成する場面では多くの選択肢が考えられる。まず念頭に浮かぶのは市場経済による民間財の価格形成プロセスを公共サービスの供給へ移し換えようとする試み，すなわち公共サービスの規模と構成を政治的意思形成プロセスではなく，個々人の需要を通じて決定しようとするアイデアである。民間経済の価格メカニズムを公共サービスの公課に応用するこのアイデアは一見し

たところ魅力的にみえるが，しかしその具体化には克服しがたい困難がつきまとう。社会保障支出の場合，「市場的等価」（H.ハラー）が適用できないことは明らかである。なぜなら，等価原則による社会保障支出の形成が，市民が自分のために望ましいとする社会保障について，その需要額をすべて自己負担することを意味するからである。市場的等価は個別的に供給される公共財については意味がある。しかし民間でも生産できる財の場合，市場経済のなかで公共収入を形成する市場的等価の重要性は，国家は市場を補完するのみであって代替できるものではないという理由から，小さいとみるべきである。

これに対して，「費用的等価」（ハラー）の適用可能性はより豊かである。その主要な論拠は，国家は個人や集団が享受する個別利益の費用を彼らに負担させるべきである，という点にある。この場合，公共サービスの費用と公課の徴収額との等価が追求され，国家は報償性を通じて費用の充足を達成しようとするのである。

分配政策的な根拠から，たとえば受益者の所得額を利用するなど，報償を社会的に階層づけることによって充足費用に対する請求を軽減することも可能である。この種の差別価格は，享受したサービスの費用より高い価格を支払う人々から低い対価を払う人々への再分配効果をおよぼすことになる。サービス対価の支払いは利用費用の金額までは反対給付の受益に一致するが，それを超える支払額はそのサービスに対する個別消費税と似たものとなる。それゆえ，前述の報償政策を正当化することには疑問が残る。ここでとくに指摘されるのは，安価な社会政策的サービスの供給の結果生ずる費用の未充足分が，費用充足以上の価格を支払う意欲のある人々ではなく，一般の負担となるにちがいないことである。

そこで，計算の可能な公共サービスの「標準的受益者」が費用充足分のサービス対価を納めることがひとつの解決策になるものと考えられる。他方，「社会的に弱い」受益者はサービス対価の軽減を保障されるか，またはそれをすべて免除される。その際の減収分は租税や公債発行という形で一般的に賄われねばならないであろう。

費用的等価の特殊な形態は，地域や州しだいでまちまちに形成される租税のなかにみられる。地域的な公共サービスの格差は，それぞれの地域における負担の違いとして現れるはずだからである。ある市町村が他の自治体よりも充実した社会資本を提供するならば，その市町村はより高い市町村税を要求する権利をもつであろう。このような「地方の費用等価」（ハラー）は，ドイツ連邦共和国全域における「生活水準の統一性の維持」が，市町村間の生活水準のはなはだしい格差を受け入れられないとすれば，その限界に突き当たる。

c）現実の財政における報償的公課

以上のような考え方にしたがって，等価原則の実際の適用分野を眺めてみると，いわゆる市場的あるいは費用的等価の明白な事例を見い出すことはけっして簡単ではない。報償類似型収入の実態はもっと複雑な様相を呈している。理論的につくられた区別が現実面では識別できないことも多い。

営利収入は市場的等価という特徴がもっとも明白な収入項目とみなされる。それを「公共機関がその高権を利用せずに，国民経済の付加価値生産に参加して獲得する収入」[3]と広く定義するならば，その価格形成は市場または費用の規模に基づいて行われる。営利収入は市場経済活動のプロセスで生ずるものである。たとえば，営利経済的原理にしたがって事業を営む公企業は，資本が公的に所有されている点が私的所有の状態にある企業と区別されるだけである。市場経済的交換現象の事例は公共部門の資産分野（公有の土地や建物などの賃貸）にもみられる。他方，公営供給事業（ガス，水道および電気）の価格がしばしば政治的意思形成プロセスのなかで高権的に決定され，つねに「市場的に」形成されるわけではない，という点も確認しておく必要がある。

営利収入，手数料および分担金の境界は流動的である。とくに市町村にとって重要な手数料と分担金の場合，公共機関が，そのサービスの利用および公的措置から生ずる個別利益の見返りに徴収する対価が問題となる。その徴収は，排除原則が少なくとも限定的に適用できることを前提としている。報

償原則を適用されるこれらふたつの公課の違いは，手数料が一市民のみを対象とする国家の行為について徴収されるのに対して，分担金が，しばしば特定の受益者集団へのサービスと引き替えに支払われる割当金という特徴を示しているところにある。

手数料はその「強制的性格」またはそれによって賄われる公共サービスの特質にしたがって，「価格類似型の**使用手数料**」(例：道路・橋梁通行料，屋台出店手数料，塵芥処理料，授業料) と「租税類似型の**行政手数料**」(例：通知業務や公務に対する手数料，裁判手数料，土地登記料) に区別できる[4]。

使用手数料が価格に似ていることはゴミ処理料や高速道路通行料の事例から明らかである。というのは，これらの手数料が公共サービスの利用に関して，その利用者が自由に判断する余地を残しているからである。しかし多くの行政サービスの場合，「需要」するか否か，またどの程度そうするのかに関して自由に裁量する余地が与えられていない。戸籍局での登録や土地台帳への登録などは，国民がまったく回避できないサービスである。市民は「手数料を納めなさい」という警告を拒むことができない。このような給付に対して手数料が請求されるならば，それはもはや，市民が価格に基づいて自分の需要を調整できるという意味での価格的性格をもたない。それゆえ，この公課の多くは需要非弾力的な財に対する租税に近いものとなる。さらにこの場合，価格タイプの手数料との違いは，費用の計算が非常に難しく，大雑把にしか行えない点にある。このことは登録の「費用」の事例からみて明らかである。

分担金は市民に対する自由度の小さいサービスの対価である。その問題は，いわゆる沿線住民分担金の例によってうまく説明できる。これは，道路の沿線に住む人々が排水網の建設，街灯の設置などに対して支払わねばならないものである。手数料と違ってこの場合は，高額な投資についての割当金といった性格を有している。これらの投資から得られる受益は，道路に対する建物の長さ，土地面積などの規準を手がかりに測られる。こうした投資が，民間のイニシアティブのもとで行われることは少ないだろう。排水網の場合，費用を分担しない利用者が発生する可能性は，その人に接続口を与え

ないことによって排除することができる。これに対し，堤防は支払いを拒否する共同利用者（「フリー・ライダー」）を排除できない典型的事例である。なぜなら，堤防の保護がいかなる場合にも彼らに利益を与えるからである。この場合，公共活動は分担金方式の強制的割当金によって，大多数の人々から正しいと認められた任務を遂行することができるのである。

報償的性格をもちながら強制性をいっそう明確に示すものとして，公共サービスの個別的利用と直接関係なく徴収される公課の事例がある。道路建設の資金に充当される石油税がそのような「**特殊税あるいは等価税**」の一例である。このような資金調達の背景にある考え方は，燃料消費，したがって納税は道路の利用と相関関係にあるというものである。この課税は自動車の利用を控えるか，または全然利用しなければ回避することができる。社会保障負担も報償的性格を備えた公課との関連で取り上げることができるだろう（Cを参照）。

II．支払能力原則に基づく資金調達

a）支払能力による課税の概念

公共サービスの受益に応じて公課を形成する可能性について展望してきたが，その結果，この方法はすべての公共サービスに適用できるわけではないことが明らかとなった。ある種の公共サービスは排除性の欠如や社会政策的配慮という理由から，報償性に基づいた資金調達の方法が問題にならないので，公共支出の性質とは関係ない資金調達原則を見い出さねばならない。

必要な収入の調達方法を探し求める際にまず思いつくのは，財政需要を各人均等の割当税によってすべての市民に分担させる単純な方式である。しかし，この人頭税が所得分配に対して悪い影響をおよぼすことはすぐわかる。なぜなら，高額所得者も所得の低い人と同額の租税を支払えばよいからである。人頭税を徹底的に適用すると，社会的給付の受領者も他の人々と同じ金額を徴収され，資金調達に平均以上に寄与することになるであろう。それゆえ，人頭税は一般的に「不公平」とみなされるのである。

現実には，公正とみなされる租税は個々の市民の経済的および社会的状況の格差を配慮すべきである，ということが前提になる。つまり，同一水準の人々は等しく扱われ（水平的公正），水準の違う人々には不均等に負担させるものである（垂直的公正）。それでは一体，たとえば所得税の税率カーブを決定する基準は何であろうか。

ひとつの提案は，被課税者（納税義務者）の個別的支払能力に基づいて租税を算定することである。国家の収入獲得が課税対象者の何らかの形の支払能力に向けられるべきだとすれば，「支払能力」とは何かが最初の問題となる。国家収入は貨幣でなければならず，納税義務者にとって支払手段の減少を意味するから，結局は，金銭的支払能力，すなわち国家に公課を支払う能力しか考えられない。

この支払能力を個人の可処分所得と同一視することがまず念頭に浮かんでくる。その場合，所得の獲得自体が目的とみなされるのではなく，むしろ所得によって実現できる欲求充足の程度が個々の市民に所得を稼ぎださせる誘因となっていることを配慮しなければならない。所得によって欲求を充足するその可能性に給付能力が示されると仮定するならば，租税が個人の「欲求充足可能性」（効用）の大きさを削減する方向に働くことは容易に想像がつく。もちろん，欲求充足可能性の大きさが何らかのかたちで所得と事実上相関関係にある場合にのみ，効用の削減（犠牲）が所得の削減によって引き起こされることになる。支配的な見解によると，所得と欲求充足可能性は密接に関連しているが，しかし平行関係にあるわけではない。むしろ，所得の増大につれて所得一単位あたりの欲求充足可能性あるいは効用は減少するのが一般的である。

b）支払能力の指標

支払能力による課税の場合，効用創出財の事例として所得が中心となっている。しかし，所得だけが欲求充足の可能性または効用を表わす唯一の形態ではない。歴史的にみると，財産とくに土地がかなり早い時期から支払能力の指標として使われていた。簡単に把握できるというその長所は，租税制度

が十分に整備されていない時代にとくに重要であった。当然，そのような制度は免税特権階級（教会，貴族）が多くいたので今日の公正観を満足させるものではなかったであろう。**財産課税**は非常にわずかな住民層しか捕捉せず，その国庫収入は各人の納税額を引き上げても，国家活動の増大の資金を賄うのに十分ではなくなってきた。他方，歴史の変遷につれて市民はますます多くの所得を獲得しはじめた。そして最終的に，**所得課税**を考案するように税務行政が改革されてきたのである。

以上の理由により，所得が金銭的支払能力の指標として，それゆえ課税対象となる数量としてしだいに中心的存在になった。しかも，所得は反復性のある支払能力である。なぜなら，所得はその稼得者に対し，欲求を拡大させる可能性を期間を通じて新たに与えるからであり，そのかぎりにおいて，財・サービスに対する処分能力の規模を決定する要因とみなされるからである。同時に，所得は租税技術化するのが難しい経済量のひとつでもある。

いわゆる所得課税の**源泉理論**の主張者が提唱しているように[5]，一定の源泉から規則的に流入する金銭収入（および市場的価値のある現物給付，たとえば現物給与や社宅など）のみを考慮するならば，そのような所得概念は支払能力課税のベースとして非常に狭いものとなろう。このような「源泉」には，たとえば雇用関係または賃貸し契約などは含まれるが，投機的業務や相続などは含まれない。

特定の収入を除外してしまうこのような不平等な取扱いは，いわゆる**純資産増加説**の所得定義によって避けることができる。**G.v.シャンツ**に端を発するこの見解によると，一定の期間に「純資産」として流入するすべてのものが所得に含まれることになる。これに属するものは「すべての純収益および利得，貨幣価値のある第三者からの給付，贈与，相続，遺産，宝くじの賞金，保険資本と保険年金，すべての種類の市況利益」である。これに対して「純資産増加」を計算するために，「負債の利子と資産の損失」は差し引かねばならない[6]。シャンツのリストは拡張的に解釈され，現在では納税者の経済的給付能力との関連で重要な他の種類の所得が示されている。たとえば農家の**自家消費**，**現物所得**，**資産所得**，持ち家住宅の使用権，共同家計あるい

は主婦の家事労働による実質所得の増大がその事例である。さらに、清潔な環境における生活や、費用のかかる私立大学ではなくほぼ無料の公立大学に子供を通学させる可能性など、社会資本の利用を広義の所得概念に含めるべきか否かも問われるかもしれない。また、余暇の利用の算入も議論されている。こういった所得概念の場合、遅かれ早かれ、所得の構成要素の多くを租税実務において考慮できなくなってしまう捕捉上および評価上の難点が生ずる。

　課税上の支払能力を十分に捕捉できないケースは時間的な考察を加える際にも生じてくる。たとえば養老保険の受給がそれである。課税上の支払能力を所得税の基本理念にてらして把握しようとすると、養老保険の受給と事前の払い込みも考慮しなければならない。確認される必要があるのは、養老保険に対する支払総額は生涯を通じてただ一度だけ課税所得に算入されるという点である（一致原則）[7]。そのため、どの時点で課税が行われるかを決定しなければならない。つまり、払い込みに課税し受給を免税とするのか（**事前課税措置**）、あるいはその反対にするのか（**事後課税措置**）を選ぶことになる。両者を混合した手続きも選ぶことができるが、その場合は、課税上の脱漏が生ずる危険性または所得の構成要素が二重課税される危険性が残る。

　また、数人の家族で1人だけが所得を稼ぎ出している場合、その所得を複数の人間に分配することからもう一つの問題がうまれる。この扶養義務に対する租税政策上の措置がいわゆる**家族負担調整**である。立法者は、所得のない妻や子供を養っている世帯主に同額の所得をもつ独身者と同じ租税負担を課すことを不公平とみている。なぜなら、その世帯主に彼の所得の全額に相当する欲求充足の可能性があるとは考えられないからである。

　支払能力課税によるその解決策は、「総所得を扶養家族に分割し、そして各人の配分所得に基づいて計算される税額に人数を乗じた額が家計全体の租税として決定されること」[8] に見い出せる。このいわゆる**N分N乗方式**の場合、家計の総所得を子供も含む被扶養者の人数で割り、それから各個人の租税負担を算出するのである。いわゆる2分2乗方式は子供の所得支出を配慮しないことになるが、ドイツでは、その点を別種の児童優遇措置によって補

完している。なお，比例税ではこの分割方式による租税負担の軽減が実現せず，その意義は所得の上昇とともに相対的に租税負担が増大する累進課税のみに存在する（税率論に関する補論を参照）。

家族負担調整や課税所得の定義の問題など，所得税の実施につきまとうこうした難点にもかかわらず，支払能力の決定に際しておもに所得という指標を用いることの合目的性については，広く合意されている。そして，効用を生み出す課税対象（資産，所得，消費，貯蓄など）のなかから，課税の実施に際して財政政策目標をもっともうまく実現できるものが選び出されなければならない。

c) いわゆる犠牲原則

以下の考察は①課税される人の欲求充足の可能性（効用）の大きさが既知であり，②各人のこの効用曲線の形状も既知であり，しかも個人間で比較できる，という2つの仮定から出発する。個々の曲線が判明すれば，各個人に合わせた租税政策が実行できるであろう。つまり，租税に伴う**効用喪失感**に応じて個々の負担を決めるのである。図4.1では単純化のために，算術平均値の形で平均曲線Ⅲが描かれている。個人の曲線が互いに接近していればいるほど，その「単位曲線」の正当性はますます高まる。

以下では，個人の効用曲線の平均的形状の仮定を認め，図示された効用曲線Ⅲから出発すると，支払能力課税の課題は横軸上の線分，つまり欲求充足の可能性の程度を決定する金額を徴収することである。それは「公正」とみなされる縦軸上の効用削減分から導かれる。そこで，平均的に同じような効用関数をもつ2人の人間が異なった量の財を消費するという現実に近いケースから考察する。彼らの位置は横軸上の点Aと効用dおよび点Bと効用eによって示されるとしよう。その場合，縦軸の効用をどの程度まで削減すべきなのかが主要な問題となる。この点について3通りの考え方があるが，それらはいわゆる犠牲説の3形態とも呼ばれている。そこでは需要充足の可能性のそれぞれ異なる削減（犠牲）が求められるのである。

まず第1は，すべての個人に等しい絶対的効用喪失を課すことが望ましい

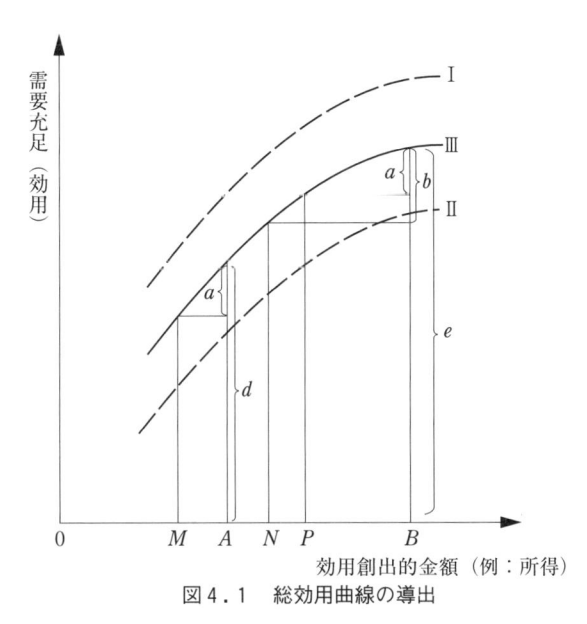

A. 公課徴収の基準：受益か支払能力か　87

図 4.1　総効用曲線の導出

とするものである（均等絶対犠牲説）。それゆえ，2人の効用はともに a だけ減少し，金額は A が M に，B が P に移動する。今や OM と OP が 2 人に残された財貨の量であり，それは等しい効用削減に対応している。すなわち犠牲説のこの形態によると，個人 A の数量 OA に対する「租税額」MA が個人 B の数量 OB に対する「租税額」PB に相当するのである。この場合，均等絶対効用喪失の原則が人頭税と一致しないことは明らかである。なぜなら，この 2 人が異なった税額を納めることになるからである。図 4.1 からも各租税額（横軸上の点に対応する削減すべき横の線分）が読み取れる。

　第 2 は，すべての個人に等しい相対的効用喪失を課すことが望ましいとするものである（均等相対犠牲または均等比例犠牲説）。たとえば誰も効用水準が $(d-a)$ の水準より低下してはならないという理由により，OA の数量を消費する個人 A が a だけ削減されることから出発すれば，この人が経験する相対的削減は $a:d$ である。数量 OB を消費する人を平等に取り扱うためには，彼の効用 e は $a:d$ の比率で同じように削減されねばならない（$a:d=$

$b:e$ または $b=a\cdot e/d$)。それゆえこの場合，より高い効用をもつBは前のケース（BP）よりももっと多く（BN）を支払うはずである。2人の課税を比較してみると，効用が相対的に等しく取り去られたにもかかわらず，課税数量が相対的に等しく削減されていないことは明らかである（$AM/AO \neq BN/BO$）。ただし，両者の効用水準の相対的関係は課税後においても依然として変わっていない。

第3は，すべての個人を等しい効用水準にすることが望ましいとするものである（均等限界犠牲説）。それによると，効用の剥奪は最高額の効用創出指標を消費する個人から始まり，そして必要な租税収入に達するまで続けられるのである。税収総額がPBでよいとすれば，それは全部Bの位置にいる個人が負担することになる。租税収入が最初の人だけでは十分でない場合，税収額の要求がMBであるとするならば，まず最初の個人Bが線分BAに相当する金額を支払い，そしてAMの金額は両者で半分ずつ支払われるのである。

以上の3つの犠牲説の叙述では，公平な課税についての議論がなかった。(1)個々の（または平均的）効用曲線が与えられ，(2)その効用を課税によってどのように低下させるのかについてほぼ合意が成立しているならば，「犠牲説」は必要な租税の配分額を算定するための技術にすぎないことになる。第1の条件はかなり技術的なものであり，第2の条件は政策決定の問題である。なぜなら，3つの犠牲説の1つを選択することにより一定の公正規範が採り入れられ，それに基づいてより正確な税率表の選択が行えるからである。

均等相対犠牲は自明のものとして公準化され，支払能力による課税と同一視されることが多い[9]。この場合，被課税者間の需要充足の可能性の相対的関係は課税前後において等しく保たれる。それゆえ犠牲説のこの形態では，市場で成立した財と所得の分配状態が出発点のベースとして承認されている。高い所得への重課と低い所得への軽課が前述の関係を変化させるならば，さらに一歩踏み込んだこうした干渉は所得再分配的であると解釈することができる。このような支払能力の特別な定義は「支払能力による課税」と「所得再分配」の目的のための課税との分離を認めるものである。それによ

れば，高所得に対するより高い課税が均等相対犠牲の程度を上回って行われ，それゆえ需要充足可能性が平均化する場合，再配分が生ずることになる。所得税の累進度が与えられている場合，効用曲線が均等相対犠牲の達成に必要な累進度を決定し，そして残りの累進部分が再分配に寄与するのである。

さらに，予算の再分配機能と資金調達機能を制度的に分離する考え方もある[10]。その場合，たとえば比例犠牲による支払能力課税からの収入は非移転的経費のために使用され，そして再分配的に作用する収入，とくに租税の一部は再分配効果をもつ移転的支払いとして支出されることになるだろう。しかしながら，現実にはある1つの課税が資金調達目標と再分配目標を同時に達成している。政策担当者も一般に累進税をこの2つの機能に分離して考えてはいない。租税政策の実務においても累進税が「支払能力」によるのか，それとも「再分配」のためなのかは決定できない。それゆえ，前述の課税をめぐる議論の帰結は，高所得の比例以上の負担がすべて必ずしも需要充足の比例以上の減少を意味したり，所得再分配に通じたりするとはかぎらないのである。

d) 租税負担の測定
1．犠牲説と税率

上述の犠牲説の説明により，支払能力に基づく租税負担配分の結果は，犠牲説の3形態のうちどれを選ぶのかという政策決定に左右されることが明らかになった。ひとつの犠牲説の決定によりまず効用削減の方法が決まるので，所得が効用指数としての説得力をもつと認められる場合に，この決定がたとえば所得税の税率に対してどのような結果をもたらすのか，という問題が生ずる。

(1) 均等限界犠牲の原則のもとにおいてのみ，所得税率に関する明白な結論がうまれる。つまり，所得は「必要な収入に達するまで，最高所得から順次削り取られていく[11]」のである。もちろん，政策的評価の観点から，このような税率とその背後にある犠牲説が強力すぎる平均化効果と

成長抑制作用をもつゆえに，問題にされることはないと仮定される。
(2) 均等絶対犠牲も一般的公正観念を満足させるものではないようである。重要な領域で限界効用が一定不変であれば，それは所得が増大しても等しい租税絶対額を求めること（人頭税）になり，それゆえ**逆進税**につながる。ただし，限界効用が所得の伸びと共に低下するならば，累進・比例・逆進の選択は，限界効用の所得弾力性がそれよりも絶対値でみて大きいか，それとも小さいかに依存する。
(3) 均等比例犠牲のケースでは，限界効用が逓減するとしても，税率について明言することは難しい。しかしこのケースについては，必然的に累進税率になるという見解が一般に支配的である。もちろん，**比例税率や逆進税率**という異なった結果に導く効用曲線も考えられる。結局，それを決定するのは限界効用曲線の水準と形状，初期の所得分配，および必要な税収額である。

均等比例犠牲説のもとでも限界効用の逓減が逆進税率になりうることが，1889年の**A.J.コーエン・スチュアート**の説明した事例によって計算で示される[12]。その推論はきわめて簡単化すると，つぎの仮定に基づいている。①所得の効用関数はすべての納税義務者について同一である。②それぞれの所得階層内の限界効用はコンスタントである。③納税義務者は最後のそれゆえ緊要度のもっとも小さい所得部分から自分の租税債務を支払う。

表4．1から，基礎となる総所得の大きさ（I），仮定されている限界効用の推移（II）それゆえ総効用の推移（III）が読み取れる。総効用の10%が政策的に望ましい均等相対犠牲であると仮定されている（IV）。効用喪失（IV）からそれぞれの租税債務を算出するために，再び効用指数（II）を使わねばならない。つまり，租税債務は効用喪失と限界効用の割り算から計算されるのである。所得と租税債務の関係から平均税率も確認することができる（VI）。10%の比例的犠牲が納税義務者から望ましいとみなされるならば，最初は累進税率だが，2番目の所得階層以後において**逆進税率**が必要となることは明らかである。

犠牲説に基づく課税の枠組みのなかで，厚生経済学的論拠から総犠牲の最

A. 公課徴収の基準：受益か支払能力か　*91*

表4.1　追加所得の限界効用が逓減する場合の逆進的所得税率

納税者	総所得 DM	追加所得の 効用指数	総効用 指数	10%の効用 喪失 (比例犠牲)	租税債務 DM	平均税率 %
	I	II	III	IV	V Ⅳ：Ⅱ	VI V：I
A	1000	1	1000	100	100	10
B	2000	0.8	1800	180	225	11.25
C	3000	0.77	2570	257	333.8	11.126
D	4000	0.764	3334	333.4	436.4	10.91
E	5000	0.756	4090	409	541	10.82
F	6000	0.75	4840	484	645.3	10.76

小化が要請されるならば，犠牲説の3形態のうち均等限界犠牲説が最善の選択となる。つまり，ここで明らかになるのは，均等絶対犠牲説に基づく課税の総犠牲のほうが，均等相対犠牲説に基づく課税のそれよりも大きく，そしてこの2形態の課税による効用喪失が，均等限界犠牲の原理に基づいた課税よりも大きいことである。

2．支払能力原則の租税政策上の意義

支払能力による課税という構想を実践する際の難点は，欲求充足可能性（効用）の指数選択についてはそれほど大きくない。租税政策はこの構想に従わない場合でも，被課税者に負担を課すための正しい指標を把握する問題に直面するのである。一般的な政策的見解によると，できるかぎり包括的な形の所得が，つまりその発生においてであれまたはその消費的支出において（この場合貯蓄部分は捕捉されない）であれ，人税のもっとも重要な対象を形成するので，このことが「所得」を指数とするための決定的要因とみなされるのである。

しかしこのような決定を基礎においても，所得の上昇につれてその**限界効用は逓減する**という仮定のなかに，なお支払能力原則の弱点がある。この仮定は，とくにそれが個々の財を消費する際に減少する限界効用によって根拠づけられる場合（ゴッセンの第1法則）には妥当ではない。すなわち，所得によってさまざまな財を需要できるので，ひとつの個別的需要充足の限界効

用の逓減と所得がうみだす効用との間には根本的な違いが存在するのである。たとえば，所得の増大とそれに結びつく社会的階層の変化によって，以前の欲求より無条件に緊急度が小さくなるとはかぎらないような需要が追加的に発生することもありうるし，またケチで有名な金持ちの人間が1マルクの喪失に対し，彼の所得の何分の1しか稼げない人と同じような痛みを感ずるかもしれない。このような個々人の効用の形状と「単位曲線」の関係がどのようなものであるかという根本的問題は，効用の測定が個人間で比較可能であるならば，答えることができる。しかし現在までのところ，満足できる方法で効用を測ろうとする試みはすべて失敗している。それゆえ，所得の限界効用がその増大につれて一般的に逓減するという確かな証拠も，経験的に確認した効用曲線の形状も存在しないのである。

　もちろん，多くの人々が「所得が増大する場合の追加所得の効用」に関する「ふつうの市民」の観念を想像できるので，アンケート調査によって調べれば，その観念を図4.1のような曲線で描くことができるかもしれない。そのためには，回答者の意見から，月収 500DM，1,000DMなどの所得受領者がたとえば10DMの金額をどの程度に評価しているのかを確認しなければならないであろう。

　アンケート調査によって，この金額の効用が所得の上昇とともに連続的に減少すると思われていることが明らかにされれば，そこからつぎの2つの結論が得られるであろう。

(1) たとえ個々人の「効用」が測定できないとしても，前述の効用による考察には意義がある。「質問対象」の曲線は同時に平均的性格をもつ。なぜなら，質問を受けた人の効用ではなく，むしろ「ふつうのケース」について彼らの観念が質問されているからである。この場合，「犠牲説」は，そのような効用曲線のもとで比例所得税，累進所得税または1人当り均等の所得税が選択されるならば，何が「考えられ」ているのかを説明することになる。

(2) 均等相対効用犠牲に対する要求は多かれ少なかれ累進所得税に通ずるのがふつうである。そのことは，今日一般的な累進所得税の徴収が効用曲

線の形状に関する観念と一致する傾向にあることを意味する。

総じていうと，租税負担の測定に関して，まず課税の基礎となりうる「質問された」効用曲線，次に税率を決定する政治的意思決定プロセスという2つの問題を指摘することができる。効用曲線の測定可能性に関しては，経験的な社会調査法の可能性が検討されなければならない。第2の問題については，租税政策的の行動パラメーターを考慮した政治的意思形成プロセスの詳細な分析が必要となるであろう（第3章を参照）。

III. 補論：税率論の概要

a) 課税の基本概念

これまでの議論では，課税が一般的な意味で語られたにすぎなかったが，折りにふれて，租税の詳細な取扱いが租税技術の知識を必要とすることも明らかにされた。所得税だけが多くの税率形態をとりうる。収入体系が唯一の租税で成立することはないので，種々の租税の共存ということからまた別の租税技術上の問題が発生しうる。それゆえ，とくに租税はここで議論された国庫目標や後述される再分配目標のほかに景気政策や成長政策の目標にも役立ちうるので，なおさら租税技術の基本問題，とくに税率論や税率類型論の基礎概念に習熟する必要がある。

(1) 租税の支払いの原因となる貨幣あるいは財貨の流れおよびその残高は税源と呼ばれる。

(2) ある個人が受け取る所得，あるいは彼が所有する資産は昔から租税支払能力の指標とみなされている。さらに自動車の保有，土地所有権の移動，消費などに対しても，それが公正観に対して配慮せずに収入を獲得する性格のものであっても，課税が可能である。「具体的な事例として課税が対象とするモノ，カネ，経済行為および法的・経済的取引」は**課税対象または租税客体**と呼ばれる[13]。

(3) 租税を構成するには租税客体の確定だけではまだ十分でない。「自動車の保有」はたかだか定額税（自動車1台当り年間100DM）を満たす程

度のものである。そこで，税額査定の基礎になる数量または価格の大きさを決定することが必要である。たとえば「自動車の保有」が課税対象となる場合，エンジンの排気量，馬力数，重量などが課税標準としてあげられる。

これに対し「土地市場における所有権の移動」を対象にした土地取得税の場合，当該土地の購入価格が基礎になる。租税客体の選択が租税の種類と規模に関する原則論の対象であるのに対し，使用可能な課税標準は，「租税思想を実行に移す」租税法が有効であるための欠くことのできない技術的前提条件である[14]。

(4) 租税を徴収するためには，**納税義務者**を確定しなければならない。国家が法律上の租税支払い義務を課している人々は**租税債務者**（納税義務者，租税主体）と呼ばれ，国家（**租税債権者**）はこれによって租税の支払いを法的に拘束できることになる。

(5) **転嫁**の可能性のゆえに租税債務者は**担税者**と必ずしも同一ではない（第6章参照）。担税者とは税を最終的に支払う人である。ただし，立法者は納税予定者を担税者とみなす。

(6) さらに，租税債務の具体的な大きさを決めねばならない。こうした租税負担の大きさはいわゆる税率によって定まる。税率は，一定の大きさの課税標準に対しどれくらいの**税額**（租税債務）を支払うかを確定するものである。さらに，たとえばDMまたはキログラムのような**課税単位**（課税標準の単位）ごとに，一定の課税期間に支払うべき税額が決定される。

これについてはつぎの2つの計算方法がある。すなわち，租税債務を課税単位に対して絶対額で計算する**定額税率法**（例：コーヒー1kgあたり2DM）と租税債務を課税単位に対して比率で計算する**定率税率法**（例：資産評価の1％）である。

(7) 租税負担について何らかの叙述をするために，とくにそれが再分配をめぐる議論に必要とされる場合，それぞれの課税標準に対して，平均税率すなわち課税標準の大きさXに対する税額Tの比率をだすことができる。

この比率T/X（平均税率）は，たとえば排気量のような数量で表わされた課税標準にも関連づけられるし（1,000cc：150DMの税，$T/X=0.15$）（従量税），また価格で示された課税標準にも関係づけられる（課税所得20,000DM＝4,000DMの租税，$T/X=0.2$）（従価税）。後者の価額の場合のみ，分子と分母が同じ次元で表示されているから，比率それゆえ「パーセント負担」という考え方は意味をもつ。したがって，従価税の場合のみ定率税率は適用可能である。

(8) 多くの税率において，この平均税率は課税標準の大きさごとに一律ではない。100,000DMの課税所得に対し所得税負担が50,000DMであれば，T/Xは0.5または50％となる。101,000DMの課税所得に対し所得税負担が50,600DMであれば，T/Xは0.501または50.1％となる。平均税率が所得の増大につれて上昇するような場合，被課税者はたとえば1,000DMの追加所得についてどれくらいの所得税を納めるのか，という問題が彼らの関心となる。それが600DMであるとすれば，1,000DMに対する**限界税率**は$\triangle T / \triangle X$で60％となる。そこで，101,000DMの所得に対し所得税が51,000DMで，増税分が1,000DMに上昇すれば，限界税率は100％になるであろう。それゆえ，自分の限界税率を知っている納税者にとって，彼の平均税率が50％から50.5％へわずかに上昇するだけで，追加所得を稼ぎ出すことはもはや割りに合わなくなってしまうことになる。

b) **税率類型**

(1)平均税率は同時に周知のタイプである比例税率と累進税率（逆進税率）の区別にも役立つ。課税標準Xのすべての水準に対し同じ平均税率T/Xが成立していれば，それが**比例税率**である（図4．2）。このような租税の事例として砂糖税があげられる。なぜなら，生産量に関係なく，1kgあたり一定の金額が租税として支払われるからである。比例税の場合，平均税率と限界税率は等しい。

平均税率T/Xが課税標準の増大とともに上昇すれば，それは**累進税率**であり，低下すれば逆進税率である。その変化は直線的，逓減的および逓増的の

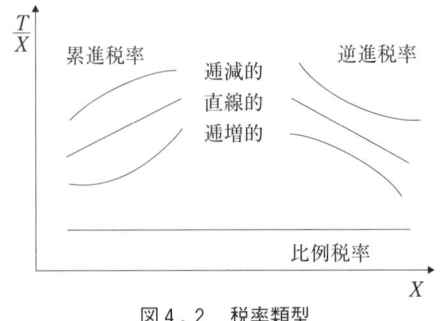

図4.2　税率類型

(図の説明: 縦軸 T/X、横軸 X。累進税率（逓減的・直線的・逓増的）、逆進税率、比例税率)

3通りに生ずる（図4.2参照）。すべてのケースにおいて平均税率と限界税率のあいだに差違があることが累進および逆進の特徴である。すなわち累進税率においては限界税率が平均税率より大きく，逆進税率においては限界税率は平均税率より小さくなる[15]。

今までの所得税に関する事例は累進的税率（平均税率の増加）を示していた。しかし租税関数上の2点の税率がわかるだけでは，累進の種類（直線的，逓減的，逓増的）に関して断定することができない。逆進税率の一例は人頭税である。この場合，各人の支払うべき同額の租税債務をそれぞれの課税標準（所得）と比較すれば，課税標準の上昇とともに平均税率が減少していくのがわかるであろう。

「累進」および「逆進」の概念は税率形状（**税率累進**）にも，また租税の負担額（**負担累進**）にも関連しうる。たとえば，消費税の税率は比例的であり，課税される財の各単位についてすべて同額の租税が支払われる（例：石油税）。しかし，消費税による消費者の負担を算出するためには，この金額を支払能力を決定する所得と関連づける必要がある。所得階層別にみた消費税の負担は，所得が上昇するにつれ，納付される消費税の所得に占める比率は低下するので，家計に対し逆進的な負担を強いることになる。税率累進と負担累進が広く一致する唯一のケースは所得税である。というのは，課税標準である「所得」が同時に負担を算定するときの基礎になるからである。

B. 課税の形態とその評価

Ⅰ. 課税の接触点

　所得は重要な支払能力の指標であるが，とりわけ国庫的観点からみれば，所得税の徴収だけが有意義であるわけではない。複数の租税が徴収されていることを前提にすれば，どこが適切な課税の接触点なのか問題にすべきであろう。本節では，どのような形態の課税が理論的に可能なのか，あるいは市民が獲得した所得や資産の一部を国家がその目的のために課税する場合に，どのような介入の可能性があるのか，という問題を論ずる。課税の接触点の多くは国民経済循環に基づいてうまく図解することができる。図4.3では，租税を支払う企業と家計が中心に描かれ，生産要素および財の市場は間接的に，つまり図上では中継線で示されるにすぎない。

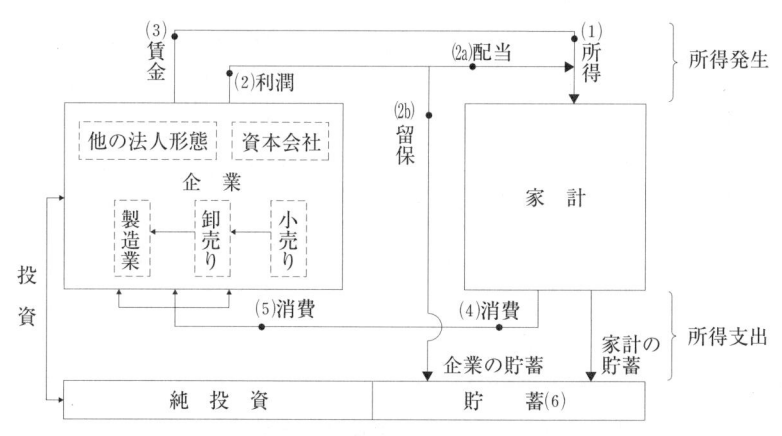

実物フローは貨幣フローと逆方向に推移する。
貨幣フロー（支出と収入）を示す。

図4.3　課税の接触点

a) 所得発生時の課税

これまでの事例は主に個々の市民が稼ぎ出した所得に対する課税が中心であった。資産形成も含む循環図では，市民の所得がさまざまな源泉から流入する接触点において租税が徴収されている（図4.3）。所得税法第2条に列挙された7種類の収入項目[16]のほかに，相続および贈与等もこれに含めることができる。

この図から，個々の所得受領者(1)に対する**所得課税**はひとつの特例的ケースで，所得が流入する時点において所得発生を捕捉するものである，という点が明らかになる。この種の所得課税はたとえば申告所得税にみられる。別の方法は所得にその発生の時点で租税を課すことにある。この場合，納税者は自分自身では国庫に納税しない。賃金税または給与所得税はそれが源泉徴収制度を採るかぎり，所得を生む企業によって直接支払われる。家計が受け取るのは税引き所得だけである。

同じことが資本会社（例：株式会社，有限会社）に発生する所得（利潤）にもあてはまる。企業所得は法人税を課された後に，家計（配当利益，2a）または企業（留保利益，2b）に分配される。配当利益に対する課税は1977年1月1日の法人税法改正によって所得税との調整を行った。それによると，配当利益に対する法人税（税率36%）の支払額がすべて株主の所得税債務から控除されることになった。両税の最高税率はともに56%で等しくなった。この改正により，従来しばしば批判されてきた**二重課税**の要素が大幅に除去された[17]。しかしながら，1986〜90年の税制改革の枠組みに沿って，1990年1月1日より留保利益（いわゆる社内留保）に対する法人税の標準税率が56%から50%へと引き下げられることとなった。一方，所得税の最高限界税率（いわゆる最高税率）も56%から53%へと引き下げられ，両税の税率差は1990年1月以降3%となっている。

法人税は企業の利益を課税の接触点にしているが，その他の経営上の指標もそれに利用されることがある。この場合，資本会社とその他の法形態の区別はなくなる。生産要素への支払いもまた課税対象になりうる。たとえば，賃金支払高への課税は労働用役の報酬を対象にするものであるから(3)，形式

的には所得の発生を初期の段階で捕捉することになる。

　家計に対する課税と並んで企業を課税の対象とするか否かを問うことは，原理的に意味があると思われる。企業課税を企業に独自の公共サービスに対する支払いとみなすことができれば，等価理論的な考え方から企業課税を正当化できる。企業は責任の限定や資本調達の簡易化のような法律で定められた特別の立場によって利益を享受してきたのだから，もっぱら低い税負担を正当化すべきであるという論拠が示されることもある。

　企業課税の累進は個人の効用曲線から正当化することができない。そうするためには，企業から生まれる個々の収益（利益，利子，地代）の受領者の総所得を知って，これを他の所得と合算したうえで，各受領者の累進度を測定しなければならない。なぜなら累進の根拠は，個人およびその「効用増加分」全体に結びついているからである。

b) 所得支出時の課税

　所得のすべてが消費に向けられてしまうのであれば，所得発生時と所得支出時のいずれの時点で課税すべきかという問題は，経済循環の観点からも国庫の収益性の側面からも，ともに等価である。いずれのケースも同じ規模のフローを捕捉するからである。この2つの方法のうちどちらを選ぶのかという問題は，すべての経費を単一税で賄うか，または主要税と副税の組合せで賄うケースのみにかぎられる。ただし，所得分配への作用を考えると，こうした選択が無条件に可能となるわけではない。

　通常，**所得支出課税**の場合も，所得発生課税と同じように，包括的所得税に類似した支出の流れ全体を把握する租税と個々の部分的フローに対応する租税とが区別される（図4.3）。ドイツの現行租税体系においては，所得発生課税と違って家計および企業の民間貯蓄(6)は課税対象から除外されている。まず，支出のフローを全体的に捕捉する課税形態を考えると，それは家計に対する直接課税も可能だし（支出税,(4)），また購買プロセスに対する課税も可能である（消費税,(5)）。課税が消費行動を捉えるならば，一方ですべての消費財が課税される場合（売上税）と，他方で個々の消費財に租税が

課される場合(個別消費税)とが見い出せる。所得支出の課税が直接家計と接触する場合(4),それは「個人総合支出税」と呼ばれるが,先進国ではきちんとしたかたちで実施されたことはない。この租税は個々の家計における一定期間の消費に課される。消費額は「消費の申告」によって確定されなければならない。課税所得の査定と同じように,課税対象となる消費を査定する場合も,個人的事情を斟酌できるので,消費課税を累進的に形成することも可能である[18]。

現実の租税政策においては,技術上の理由から購買プロセス(5)が課税の接触点になっている。売上課税の特徴は,ふつう個々の財を区別せずに売上げ行為がすべて課税の契機になることである。すなわち,誰がその財を購入したかということに関係なく,財の売上げが徴税の対象になるのである。さまざまな形態の売上課税を区別するために,まず生産から消費に至るまでの財の循環を追跡することにしよう。ただし,在庫品は取り扱わない。表4.2において,生産は原材料生産企業Rから始まるものとする。100の要素報酬(賃金,賃貸料,利益など)が家計に支払われる。なお便宜のために,前段階の企業からの仕入れはここではないものと仮定する。この原材料は100の価値で,それを用いて半製品を生産する企業HFに販売される。半製品の生産段階で30の要素報酬が発生する。そこで,半製品の販売における売上げは130となる。企業Kは半製品を加工して消費財を生産し,それを180の価格で家計に販売し,50の要素報酬を支払う。

表4.2の縦の列には,各企業について,他の企業からの購入と要素報酬の支払いの合計すなわち生産高(売上高)が示されている。なお,生産物は

表4.2 消費財の生産段階と消費課税

	企業			合計Σ	売上課税の接触点
	原材料R	半製品HF	消費財K		
他企業からの購入(仕入高)	0	100	130	230	個別売上高
要素報酬	100	30	50	180	付加価値
企業の生産高	100	130	180	410	売上高

B. 課税の形態とその評価

すべて売り尽くされたものとする。ここで重要なのは、付加価値を形成する生産要素への支払いが生産高と仕入費用の差額として表現できることである。横の行はその時々のすべての企業について、売上税の課税標準となりうる選択肢を示している。第1行は上述の企業間の純売上げを意味し、第2行は付加価値の総額であり、第3行は実現した総売上げ高を示す。

売上課税は原則として2つの方法に分けることができる。ひとつは全体の売上高（この例では100，130および180）に対する租税（総売上税）であり、もう1つは各生産段階のそれぞれの付加価値額（100，30および50）に対する租税（純売上税、価値創造税、付加価値税）である。

さらに、売上課税は租税が課される生産段階ないし経済活動段階の数に従って3通りに分類される。それによると、全段階売上税，多段階売上税および単段階売上税がある。

「総売上税」の場合、租税が複数の段階で賦課されると、租税負担が重複して、いわゆる「累積作用」が発生することになる。つまり、企業 R，HF および K がその売上総額に応じて売上税を支払っていくならば、それぞれの売上げごとに「租税に対する租税」が支払われ、財に対する税額が「累積する」であろう。そこで企業 R と HF が合併すれば、R と HF のあいだで支払うべき租税負担が消滅し、利潤獲得のチャンスが増大するので、多段階総額課税方式は連続的な生産段階を垂直的に統合しようとする誘因を与え、それゆえ競争攪乱的作用を及ぼすことになる。

「純売上税」（付加価値税）のシステムは、総売上税のネガティブな副作用に対する批判から生み出されたものである。課税標準を付加価値に限定すれば、経済的に利益をもたらさない集中化が、もはや税制上の理由からも努力に値しないものとなるので、租税システムから「集中化誘因」が除去される。純売上税も販売の際に徴収されるが、販売価格に応じて課税されるのではない。売上段階で計算された税額から仕入れ段階で支払われた税額が控除されるので、租税は付加価値だけに関連することになる。付加価値税は価格の構成要素とはならず、むしろある程度は企業が「純」計算した商品価格と併記され、明示されるのがふつうである。そのため、この租税は計算上通り

抜け項目となり，経済的には消費者への負担移転に際してはじめて気づかれるものである。純売上税はその作用において，すべての消費財に対して同一の税率を課す租税と一致する。表4．2では，付加価値である第2行の合計額はKの縦列の合計額つまり消費財の売上高と等しい。なぜなら，創出された所得が仮定によりすべて消費目的に使われているからである。

なお，課税標準に幅広く消費財と投資財を含めれば，国民総生産型の付加価値税となり，狭く消費財だけを課税標準に限定すれば，消費型の付加価値税となる。

ドイツの売上税は1968年1月1日に総額全段階方式の租税から前段階税額控除方式の売上税に転換し，付加価値税に近づいた。それによると，付加価値生産の各段階において租税が納付されるが，まず総売上高に対する税額が計算され，それから前段階で支払った売上税額が控除される。現行売上税の課税標準はすべてのＥＵ加盟国で広く採用されている。

ただし，免税措置として社会的機関（例：社会保険，病院，老人ホーム，福祉団体および青少年組織），文化施設（例：劇場，オーケストラ，成人学校，専門学校等）および過渡的規定で統一的に定められた経済部門（例：輸出売上げ，賃貸収入および資本取引き）が優遇されている。これらの措置は，売上税は租税の普遍性原則に違反するという批判にその根拠を与えている。

どの段階で売上税を徴収するのかということに関係なく，社会政策的根拠（奢侈品課税により高額所得への重課），保健政策上の根拠（消費量制限という目的をもつタバコおよびアルコールに対する重課）あるいは環境政策・エネルギー政策的根拠（石油価格に対する重課）などの観点からみて，消費支出の一部を追加的に課税することは望ましいであろう。個別消費税はこれらの目的に役立っている。個別消費税は企業において（図4．3の(5)），生産の段階で（たとえばブランデー税）徴収されるのがふつうである。

c）資産課税

所得発生課税および所得支出課税に関する考察では，主としてフローの大

きさが考えられてきた。このフローにはまた資産からの収入も含まれている。したがって，ドイツ連邦共和国のように，資産からの収入が所得課税の枠組みで捉えるとすれば，すでに資産分野の課税対象はこれまでの議論に含まれていることになる。

資産そのものを対象に入れる場合，さらに，その保有高，増加分および資産移転が課税とどう関係するのかが問題となる。

資産税は経常的な収益から徴収しないとすれば，資産保有高に対する課税の枠組みは実質資産の減少という事態を引き起こしやすい。これに対して現実に獲得された収益が課税標準であれば，実質資産に対する課税とはならない。資産保有高を縮小させようとする租税は戦時または戦後において一時的に徴収されることがあるが，しばしばそれは貨幣の形態ではなく，実質的移転つまり資産の一部の引渡しというかたちで納付される。

資産課税に関する中心的な問題は「資産」の概念規定と個々の資産評価である。その場合とくに，土地所有や有価証券所有の際の未実現キャピタル・ゲインを課税対象にすべきか否か，また課税対象とするならその程度はどれくらいか，ということが問題となる。この未実現キャピタル・ゲインは特殊な**増価税**（資産増価税）の対象になりうる。土地の売却にはっきりみられるような実現キャピタル・ゲインが容易に資産税や所得税に算入できるのに対し，未実現キャピタル・ゲインに対する課税は評価の問題があるので実施には困難がつきまとう。現行の資産税法は未実現キャピタル，ゲインの評価を今のところ有価証券だけにかぎっている。

増価税の問題がとくに表面化するのは，何らかの発展（例：都市の拡大，地下資源の発見）によって資産物件の価値が上昇し，その所有者に対して「不当な」利益をもたらす場合である。このような具体的に貨幣収入をもたらさないキャピタル・ゲインへの課税が問題を含んでいることは，つぎの事例からも明らかである。たとえば，大都市周辺に位置する農場の資産課税が高層ビルの潜在的利益によって生ずる市場価格の上昇だけに基づいて査定されるならば，農家はその土地を農業に利用するだけであっても，この租税を納めるために，おそらく自分の土地の一部を売却せざるをえなくなるであろ

う。

　最後に資産分野での租税は，資産移転に対する課税（**資産取引税**）の形でも行われうる。これについてはまず，土地取得や信用，資本取引きの際の所有権移転が課税対象となる。相続もその租税が遺産全体を捕捉する場合（**遺産相続税**）はこれに含まれる。他方，各相続人への課税（**帰属遺産税**）はむしろ個々の形態の資産増加に対する課税を意味する。

　これまでにあげたすべての形態の資産課税は支払能力思想との結びつきが可能である。資産の現在高，資産収益および資産増価は金銭的な支払能力の指標であり，所得を補完するものだからである。

II．租税体系内の各租税の組合せ

a) 租税の選択に関する評価基準

　個々の課税接触点を論ずる場合，一群の租税は公共機関の収入を準備するという原則のほかに，一体いかなる「原則」に従うべきなのかということが問題になる。すでに第1章で，財政のすべての分野は所与の経済政策目標および派生的目標の達成に対する貢献度に基づいて分析できることが明らかにされた。それゆえ，租税をその目標適合性に基づいて検討することができる。個々の租税の規模と形態を方向づける規範はそのほとんどが租税原則の形で表わされてきた。ここでは，租税原則を現在一般的とされている政策目標から導き出される要請と理解しておきたい。

　国庫的目標の設定の分野では，まず第1に，租税収入が経費を賄うために十分豊かであることが要求される。租税の収益性は，他の事情が一定ならば，徴税費用が小さいほど大きくなるので，すべての租税について，より高い「純収入」（総収入－徴税費）が配慮されねばならない。そこで，国庫的目標から最小徴税費という要求が導かれるのである。さらにこの目標から，租税債務の査定と支払いのために納税者に生ずる費用をできるかぎり小さくする（**最小納税費**）という要求もうまれる。

　租税が景気や経済成長に強い影響を及ぼすのであれば，すべての租税はそ

の景気政策上および成長政策上の有用性に基づいて検討されねばならない。たとえば，租税収入が自動的に景気対抗的に作用したり，あるいは投資抑制的効果が租税から発生しないのであれば，それは有益なことである。また，租税を景気政策や成長政策の目標に合わせて利用する可能性も重要である（第7章および第8章を参照）。

　さらに，租税には分配政策的な役割が要求される。所得税の事例および支払能力課税の議論によって，課税は主として国庫的に構想されたものであっても，所得受領者の分配状態に決定的な影響を及ぼしうることが明らかにされた。それゆえ，課税はその時々の分配政策目標の重要性に応じて，それ相応に検証されねばならない。まずはじめに問題となりうるのは，あらゆる納税義務者が平等に課税されるか否かという点である。身分制的租税特権（貴族や教会）の存在は普遍性の原則に反しており，そして等しい経済状態にある人々は租税上等しく取り扱われねばならないという原則（水平的平等の原則）に反している。他方，不均等な経済状態にある人々を「公正に」取り扱うという原則は，低い所得階層に有利な再分配を課税によって追求する場合に要請される（垂直的平等の原則）。

　課税の諸原則または諸目標はしばしば相互に衝突することがある。それぞれの原則や目標の重要度に優劣があれば，衝突の問題はきわめて簡単に解決できる。たとえば，普遍性と平等性の原則が補助的なものとみなされ，別の政策目標よりも後退すると，結果として分配状態の変更は回避されることになる。しかし，明示されたいくつかの目標とそこから派生する原則のあいだに衝突状況があるかぎり，それは政治的な解決を待たねばならない。この場合，具体的な「合理的」租税体系が科学的に検証できないことも明らかになる。というのは，どこまで再分配すべきか，またどの程度まで成長が求められるべきか，という価値判断の問題がその根底にあるからである。以上の理由から，租税体系の合理性に関しては，以下のように個別的な評価だけが行われている。

b） 個々の租税項目および租税構造の評価

　課税の諸原則を簡単に概観したが，それによると，課税に対するすべての要請は個別の租税ではほとんど満たされないように思われる。単一税は個別的目標の絶対化あるいは単純な作用メカニズムに基づいて提案された。たとえば，フランスの重農学者F.ケネーの有名な「単一税」は，すべての価値の源泉は土地の収益であるという非現実的な前提に基づいていた。この前提は現代の工業社会より，むしろ当時の農業社会によく妥当するものであった。今日もなお，所得税がどの程度まで単一税の機能をもつことができるかということを問うのはきわめて容易である。所得税は高い収入をもたらすと同時に経済政策目標の達成にも寄与しているからである。

　一般に，複数の租税が同時に徴収されるのがふつうであるから，どの租税が中心税の役割りを果たしうるのかが問題となる。はじめに選択の余地を多少狭めることが可能である。資産税はかつて中核に位置していたが，今日それはもはや中心税の機能を果たしていない。なぜなら，必要とされる税収の税源となる収入の大部分が所得発生と所得支出のフローから生まれているからである。不動産税のような収益税も中心税とみなされることはない。それは個々の納税者の給付能力との結びつきが確認できず，それゆえ分配目標を十分考慮できないからである。

　ただし，ある租税が現在重要性を失っていても，その租税が歴史的租税制度の中心に存在していた事実を否定するものではない。なぜなら，時代が異なれば，租税に対して違った要求が出されるからである[19]。財政需要が比較的小さく，再分配の要望もそれほど大きくない時代は，消費税と収益税で十分間に合っていた。徴税機構の整備が遅れていて，素朴な徴税がおこなわれていたのだからなおさらである。所得分配が重要視され，財政需要が上昇するにつれて，あらたに所得発生・所得支出税が強化された。19世紀は収益税体系が中心を占めていたが，20世紀に入ると所得課税と消費課税がその地位を占めるようになった。

　それゆえ，何が中心税となりうるかについての議論は所得課税，売上課税および消費課税のケースにかぎられる。すでに明らかであるが，所得課税の

対象は自然人および法人が受け取る所得である。通常，所得課税の長所はその分配政策上および景気政策上の効果にあるとみられている。所得税を採用すれば，とくに納税者の支払能力の格差を配慮することができる。この租税は，政治的に望ましい分配政策の枠内で家族構成，子供の数，年齢等の考慮を可能にするものである（第6章）。

所得課税の潜在的な限界は，それがより大きい財政需要を充足しなければならない時点で発生する。収入を増やすためには，税率引き上げを余儀なくされる。課税が一定の限度を踏み越えると，**投資意欲**と**労働意欲**に対するマイナスの効果がうまれ，経済成長が阻害されるという問題が生ずる。これについては，総税収を一定にしておいて所得税の構成比を高めることは負担総額を変更するのではなく，むしろ知覚的なものにするだけであるという反論が唱えられる。なぜなら，所得税は消費税よりもより被課税者の目につきやすいからである。投資意欲や労働意欲に対する効果にとって決定的なものはおそらく家計や企業の実際の負担ではなく，むしろ経済的な意思決定に影響を与える負担感の部分であろう。また，税収を増大させる別の選択肢は，低所得や低利潤に対する納税義務の拡大にある。だたし，徴税コストは上昇することになる。この場合，農業にみられるような小規模事業が記帳と税額査定を強いられたり，概算課税されたりする事態を招く。ありうべき租税の脱漏をすべて捕捉することはただちに最小徴税費という目標に反することになる。

所得税率の大幅な引上げによって生ずるマイナスの成長効果とは反対に，中心税としての所得税は主として景気政策的にはプラスであると評価される。それは**自動制御的性質**をもち，さらに積極的景気政策の手段として利用することもできる（第7章）。

将来，大きな財政需要が予想されるが，そうなれば売上税と消費税がさらに重要な座を占めるであろう。もちろん，表4．3に示したように，その相対的な比率は，1970年以降低下してきた。ただし，1990年は所得税減税の結果，いくらか大きくなっている。売上税のなかでは純売上税が重きをなしている。その理由は，前述のように，総売上税がとくに多段階で徴収される場

合に欠陥を露呈したからである。一般的に，小さな「可視性」は間接課税の長所とみなされている。消費者はしばしばこの間接的租税負担を意識しないが，そのことが前述の成長政策上の利点をもたらすのである。しかし，この利点が間接課税の分配政策上の弱点を補えるかどうかは疑問である。ただし一定の条件のもとで，財の性格（生活必需品，奢侈品）に基づく税率の差別化によって社会的要請を実現することはできる。売上税の場合，支払能力に関わる標識（子供の数，所得高，年齢など）は直接配慮することができない。

少数の個別消費税を主軸とする租税体系に対しては，平等性および国庫収益性の側面からも，また景気政策や分配政策の目標からも疑問が投げかけられる。個別消費税が問題となる理由は，望ましい国庫的目標を達成するためにしばしば特殊な根拠が口実に使われるからである。このよい一例は，タバコやアルコールへの嗜好品課税が保健政策上の根拠に基づく消費抑制という目的をもつことである。しかし経験的観察によると，再三実施される増税さえも望ましい消費抑制に効果を及ぼしていない。

それゆえ，中心的な消費課税とくに売上課税は，それが国庫に成果をもたらし，ある程度まで「公正」であるべきだとすれば，すべての消費について，できるかぎり幅広く賦課する形態をとらねばならないであろう。

売上税と個別消費税の景気政策的効果については異論の余地が多い。たとえば，一国の経済活動を刺激しようとする場合，まず念頭に浮ぶものは減税である。しかし，これらの租税を引き下げても，ただちに望ましい消費と生産の活性化が保証されるわけではない。生産者および販売業者は消費者に対し従来どおりの最終価格を要求し，この減税を相対的な価格引上げに利用するかもしれないのである。

逆に，売上税と消費税は多くの国庫収入をもたらす長所をもっている。それはまた行政的にもあまり費用がかからないので，所得再分配や景気安定化といった他の租税政策目標の実現を別の租税や支出にかなりの程度期待でき，しかも収入増も確保したいといった場合に，実行に移されることが多い。

表4.3　ドイツにおける税収構成比（％）

税種	1960	1970	1980	1990		1991 合算	1992¹ 合算	1993¹ 合算
				領域 A²	領域 B³			
所得・資産・資産取引に対する租税	54.9	54.7	59.4	58.0	39.5	56.6	56.3	55.4
所得支出に対する租税	45.1	45.3	40.6	42.1	60.4	43.4	43.7	44.6
税収全体	100.0	100.0	100.0	100.1	99.9	100.0	100.0	100.0

¹ 見積り
² 領域Aは西ベルリンを含むドイツ連邦共和国（1990年10月2日以前）
³ 領域Bはブランデンブルク，メクレンブルク＝フォアポムメルン，ザクセン＝アンハルト，テューリンゲンならびに東ベルリン。
出所：Finanzbericht 1970, Bonn 1970, S. 35; Finanzbericht 1980, Bonn 1979, S. 31; Finanzbericht 1992, Bonn 1991, S. 95; Finanzbericht 1993, Bonn 1992, S. 97.

主として分配政策上の理由から，第3のグループとして資産課税がつけ加えられる。資産からの収入を捕捉して，それを所得税に組み入れることも考えられるが，これとは別に資産の現在高および相続資産に対する租税も課せられるべきである。相続税による資産の再分配は，社会政策的観点から，とくにそれが経済生活上の機会均等をもたらすので積極的に評価される。他方，高率の課税は資産形成への刺激，さらに事情によっては経済成長を阻害する場合もある。

C. 社会保障負担と等価原則・支払能力原則

I. 生存保障の資金調達形態としての社会保障負担

ドイツには他の国々と同じく**社会保険**がある。その予算のほとんどは公共団体の予算とは切り離して運営され，財源も別個に調達されている（第1章中の準国庫に関する記述を参照）。こうした社会保険（社会保障基金）の役割は，人間であれば回避できない特定のリスク（例：失業，身体障害，事

故,疾病)に直面した国民を保護し,さらに老齢のために仕事ができなくなった国民に(年金)所得を保障することにある。この「**生存保障**」の資金調達は原理的には3つの形態で行われうる。うち詳しい財政学的な検討をここで加える必要があるのは第3の形態のみである。

いわゆる社会保障基金の経費を賄う第1の選択肢は課税である。社会保険が租税を財源とする社会保障支出によってその役割を果たすとしよう。租税によって財源全額を調達する場合,この支出は一般会計に統合されることになろう。この場合,公共団体の予算との制度的な分離は,分担金方式の独立的な資金調達形態とは違って技術的もしくは組織的な観点から正当化されにくい。この場合,社会保険の資金調達に関しては,現行の公共団体による社会保障支出(例:社会扶助,住宅手当または教育奨励金)と何の違いもなくなってしまう。というのは,これらは一般的な資金充足手段,つまり租税を財源としているからである。したがって,第1の資金調達方法に関して,とくに分離的に取り扱う必要はない。

第2に,老齢者の生活の危機に備えた経済的配慮として,リスク比例型保険料を用いる民間保険会社との保険契約がある。このケースでは,保険技術的な等価原則に基づいて個人的なリスクがカバーされる。つまり,保険料が個人の保険契約者に対する給付の期待値を表すことになる。民間の生命保険や疾病保険の保険料率表はこの原則にそって定められる。純粋に市場での解決を求めるので,公的な強制保険は不必要となり,需要に対応したさまざまな保険が市場で成長する。この場合,所得階層間の再分配はなくなるか,せいぜいリスクに応じた費用の分散にかぎられることになる。

第3の生存保障のための資金調達形態は,いわゆる**社会保障負担**(社会保険料負担,給与支払高税)である。そもそも社会保障負担は,補助金,補償金,およびその他の社会保険収入ではカバーしきれない経費の財源となるべきものである。一般にこの強制的な公課は個人の租税負担に追加される。そのため「租税および租税類似収入」に含まれることもある(表1.2参照)。社会保障負担はドイツの社会予算の約65%を占める最大の収入項目となっており(表4.4),社会法典などの法によって社会保障基金に委ねられた任意

表4.4 ドイツ連邦共和国の社会予算（収入種別，収入源別，保険種別）

	1980 金額（百万DM）	%	1990 金額（百万DM）	%
I．収入種別	308,774	61.9	476,048	64.8
社会保険料	124,557	25.0	204,611	27.9
被保険者	91,149	18.3	146,865	20.0
被用者	4,983	1.0	8,137	1.1
自営業者	28,425	5.7	49,609	6.8
その他個人	184,217	36.9	271,437	37.0
雇用者	110,204	22.1	174,326	23.7
実質負担金	74,013	14.8	97,111	13.2
管理負担金[1]	179,346	36.0	244,416	33.3
交付金受入	167,751	33.6	230,357	31.4
公共資金	11,595	2.3	14,059	1.9
その他	10,722	2.1	13,980	1.9
雑収入				
社会予算総計	498,842	100.0%	734,444	100.0
II．収入源別	159,771	32.0	229,259	31.2
企業	129,761	26.0	211,029	28.7
個人家計	111,968	22.4	145,305	19.8
連邦	57,468	11.5	80,148	10.9
州	35,908	7.2	62,246	8.5
市町村	3,965	0.8	6,456	0.9
その他				
社会予算総計	498,842	100.0	734,444	100.0
III．保険種別	144,741	29.0	219,214	29.8
法定年金保険[2]	82,743	16.6	141,534	19.3
法定疾病保険	11,112	2.2	14,041	1.9
法定傷害保険	22,360	4.5	51,560	7.0
雇用促進保険	237,886	47.7	308,095	41.9
その他				
社会的扶助・資産形成・				
社会的補償・公務員法関連他				
社会予算総計	498,842	100.0	734,444	100.0

[1] 管理負担は，法律的，契約的，自発的な給付（例：就労不能時の賃金継続払いなど）のために，民間および公的な雇用者から調達される資金である。
[2] 鉱員共済組合も含む。
出所：Bundesminister für Arbeit und Sozialordnung, Hrsg., Materialband zum Sozial Budget 1990, Bonn 1990, S. 17, 86, 91, 104, 105, 107.

の財源を限定的に調達するために，社会保険の義務的加入者と自発的加入者から源泉で徴収されている。

　所得比例型の社会保障負担は，先験的には等価原則にも支払能力原則にも全面的な関係をもつわけではない。その結果，量的にはかなり大きな重要性をもつとはいえ，この収入のカテゴリーを別の角度から扱うことは正当であるように思われる。一方で，個人的なリスクでなく労働所得に準拠した負担は，民間の保険経済学的な等価原則とは明らかに対立している。他方，それは一般的な充足手段とは違って，使途拘束型の公課である。つまり特定の国民階層からのみ調達され，特定の目的のみを実現するために利用される者である。さらに，社会保障負担は賃金税や所得税と比較すると一般にはより狭く定義された所得を課税標準としている（CⅡ参照）。

Ⅱ．生存保障の形成原則と社会保障負担の判断基準

a) 生存保障の形成原則および資金調達原則における社会保障負担

　現実の資金調達に関する多数の選択肢をうまく整理し，判定するためには，生存保障の形成原則と資金調達原則の根本に立ち戻って考えることが合理的である。それは租税原則と同様，長い歴史をもっているが，とりわけ生存保障の目的と形態に関する社会政策的・秩序政策的な議論と社会保障の役割をめぐる議論にとって有益である。

　図4．4には，生存保障の形成原則と資金調達原則が描かれているが，これをみるとまず個人原則と社会原則とが対比されている。自発的な個人的保障は，積立や民間保険会社との契約という形態で行われ，リスクに応じた分担金支払い（保険料支払い）に対して給付されることになる。この自己責任型の保障形態は市場的等価の原則に対応するものである。

　法定の国家保障の場合は，保険原則，補償原則，扶助原則の3つの原則がある[20]。それぞれについて特定の資金調達形態が関係しており，さらにその背後には財政学的な公課原則，つまり等価原則と支払能力原則が存在している。

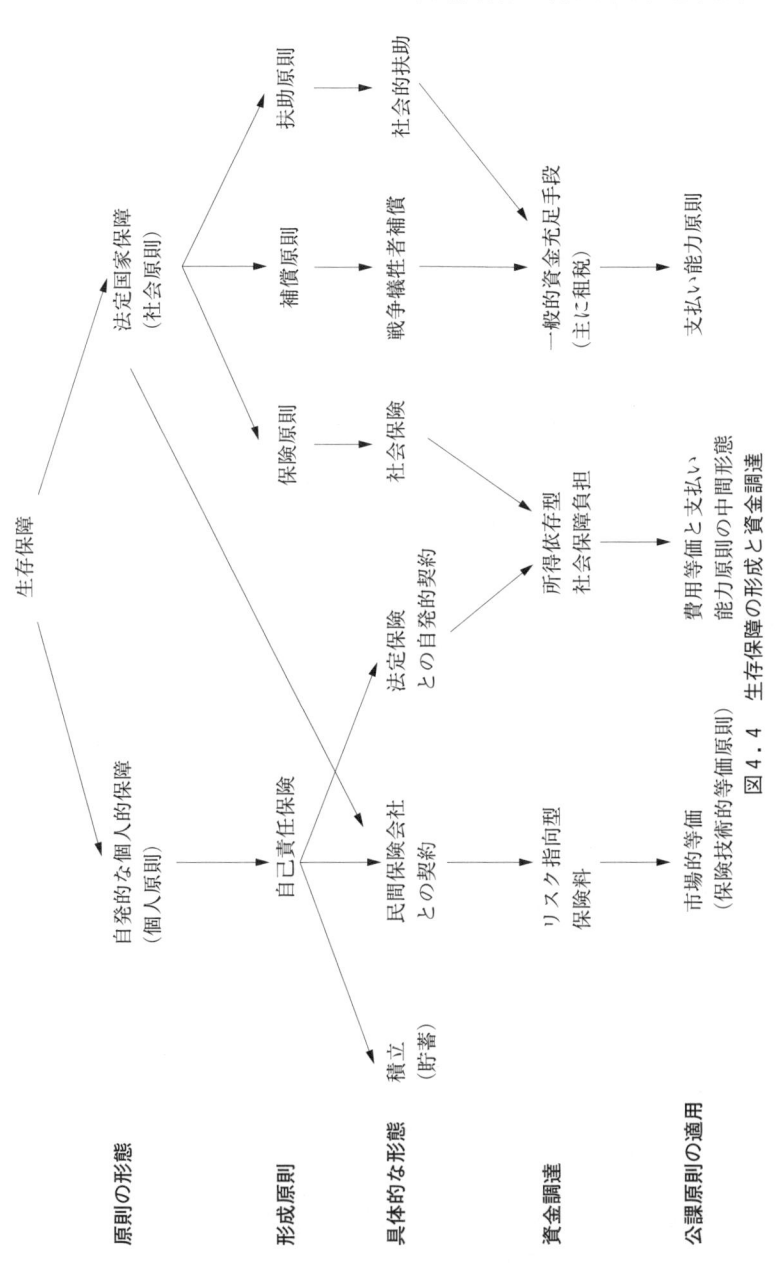

C. 社会保障負担と等価原則・支払能力原則

```
                                            扶助原則 → 社会的扶助
                          法定国家保障 ──→ 補償原則 → 戦争犠牲者補償 → 一般的資金充足手段 → 支払い能力原則
                          (社会原則)                                    (主に租税)
生存保障                              └─→ 保険原則 → 社会保険
                                                        ↓
                                      法定保険          所得依存型      費用等価と支払い
                                      との自発的契約 ──→ 社会保障負担   能力原則の中間形態
          自発的な個人的保障 → 自己責任保険
          (個人原則)                   ↑
                                       民間保険会社 → リスク指向型 → 市場的等価
                                       との契約        保険料        (保険技術的等価原則)
                                       積立
                                       (貯蓄)
```

原則の形態　　　　　　　　　　　　　形成原則　　　具体的な形態　　　資金調達　　　公課原則の適用

図 4.4　生存保障の形成と資金調達

扶助原則は，保障を必要とする個人が窮状に陥った場合にのみ，しかもあらゆる可能性を検討してもやはり救われないことが判明した後にはじめて適用される。これは原理的に社会保険システムと相容れないので，公共団体固有の社会保障支出，たとえば市町村の社会福祉事業の一環として行われる。給付は扶助原則の枠内で行われるが，これは分担金支払いとは無関係であるから，一般的な充足手段である租税によって賄われる。したがって，財政学的公課原則との関連についてみると，扶助原則は支払能力原則に基づいた資金調達形態にきわめて容易に関係づけられる。

　補償原則も扶助原則と同じく，給付と負担の間には「ギブ・アンド・テイク」という関係がない。被った不利益ないし損害（例：戦争）が補償給付のベースである。その財源は一般的な充足手段，つまりこの場合も租税が主役である。ドイツではたとえば負担調整支出および戦争犠牲者補償などが補償原則に対応しているが，イギリスやスウェーデンなどでは社会保険の分野でもこの原則に基づいた資金調達が行われている。このやり方だと，あらゆる国民が税を財源とした老齢時の保障あるいは疾病時の保障を認められてしまい，資金調達と引き替えに所得分配や経済成長を犠牲にするという深刻な帰結をもたらす可能性が高い。

　ドイツ連邦共和国の社会保障システムの大部分は，いわゆる**保険原則**にそって体系化されている。しかし，社会保障における保険原則と民間保険における保険原則との明確な区別は必ずしも容易ではない。

　民間の保険原則は，社会保険の法制化の開始と共に崩れ始めていた。そのきっかけとなったのは，いわゆる保障目標および連帯目標だった。民間の保険にはこのような目標の実現を期待できないから，社会保障の法制化を通じて実現されるべきものであるとされたのである。社会保険加入者間のいわゆる**連帯調整**を行い，私的保険と社会保険との区別を可能にする要素は，社会保険の強制的性格，加入条件の制限，再分配の機能，および査定基準としての所得の4つである。

　連帯調整の要素が生ずる再分配作用の方向とその規模については，今もなお不確かな部分も多いが，法定社会保険の形成にとってこの作用は一つの標

識となりうる。保険に馴染まないこの種の任務が認知されるにつれて，社会保険における保険原則が一種の補償原則に変化する可能性は高くなる。

　生存保障の資金調達形態を特定の原則に関連づけることがいかに難しいかは，法によって強制される民間保険会社との契約（**保険強制**，図4.4参照）の場合に明らかとなる。介護リスクに対する経済的対策や義務的な自動車強制保険の場合，国家による解決策も市場による解決策も明確には区別はできないのである。こうしたケースでは，社会政策的な非難を考慮して失業時や貧困時の保険料は国家によって肩代わりされうるのである。**賃金継続支払い**はさらに特殊なケースである。雇用者は労働者の疾病時に賃金継続支払いを義務づけられているが，国家の指令により民間部門に費用が転嫁されるという事態が生ずるのである。

　社会保障負担が法定社会保険の特徴的な資金調達手段であるとしても，こうした資金調達形態と財政学の2つの課税原則との関係についての問題が残っている。

　社会保障負担が費用的等価の原則を満たすのは，社会保険給付がある集団に限定された負担金によって調達され，再びこの集団に還元されるようなかたちで使用される場合にかぎられる。こうした「**集団的な費用等価**」（ハラー）は時間的には単年度に関係させることも，世代間に解釈することもできる。また，強制疾病保険基金を地域別に区別すれば空間的な関係もありうる。一般に等価的要素は，それ以前に何らかの支払いあるいは継続的負担がなければ給付を要求できないという本質をもつ。さらに，たとえば強制年金保険において，最終的な年金受給額が，現役時代に支払われた保険料の大きさと支払い期間に左右されることもそのケースである。こうした負担的等価の程度は強制年金保険をめぐる議論においてつねに中心的な役割を演ずることになる。

　社会保障負担における支払能力的な要素は，所得が課税標準に採用されるときに生ずる。保険料支払義務を負う所得の限定と最低負担限度額の特定は，負担者の経済的支払能力を多かれ少なかれ積極的に考慮していることの事例である。したがって，支払能力原則のもとでは，所得税と同じように，

所得概念の拡張や最低負担限度額の引き上げも議論されるのである。

　生存保障の資金調達形態を財政学的に評価する際に重要なことは，社会保険の現在の資金調達形態を，生存保障の形成原則・資金調達原則のなかにできるだけ正しく位置づけることだけではない。生存保障における国家行動の現象形態を問うこと(b)，現行の資金調達システムに変更が計画されるとき，より広い判断基準に訴えてこれを問うこと(c)も同じように重要である。

b) 生存保障における国家活動の多様な現象形態

　これまでの説明では，民間保険も生活上の危機に関わる経済的な不安をほぼ解消することがわかった。そこで，他の任務の領域と同じく，この分野でもそもそも公共機関の介入は必要か，もし必要だとすればその規模はどの程度まで認められるかという問題を立てることにしたい。

　分権的市場経済システムにおいて市場経済的等価の原則からの逸脱が許されるのは，市場での資源配分の際に供給面あるいは需要面に深刻な欠陥が発生した場合である。たとえば，保険サービスの供給の場合，不完全な市場価格構造や望ましくないリスク選択（例：民間疾病保険における給付排除など）が簡単にうまれうる。需要面では，経済主体の選好が歪められていたり，選好がまったく存在しないという可能性がある。不十分な情報によって将来のリスクが過小評価される結果，将来においてコストが高まるかもしれない。市民を不都合な状態にしたくないとすれば，社会全体でこのコストを引き受けなければならない。自分自身で意思決定できない人や軽率な行動をとる人が存在する場合にも，同様の考え方が適用できる。市場での資源配分における供給面と需要面での欠陥，および現存する危機の回避から生ずるプラスの外部効果は国家の介入を正当化するものである。この国家介入は資源配分の効率性を高めると同時に，保障目標・社会目標という意味で分配の公正にも寄与する。

　しかしながら，国家行為の必要性が主張されたとしても，特定の社会保障システムを選ぶ根拠は依然として何も与えられない。むしろ，公共活動における現象形態の以下のような多様性が，市場のもたらす成果を改善するのに

役立つと思われる。

(1) たとえば民間保険契約は税制上で優遇することもできるし，給付排除を禁止することもできる（契約強制）。大まかな制約条件を課すことによって競争を確保し，これを法的に十分監視することもできる。

(2) 以上のような国家の行為形態が不十分だと判断される場合，つぎのステップとして基本的保険契約を定めるだけの保険強制も考えられうる。このような規定であれば，自由な価格形成をともなった市場解に大きな害を及ぼさないはずである[21]。法的に規定された基礎保険が個人の付加的保険と結びつくと，二層構造の社会保障となる。このしくみは社会政策上の議論のなかで，年金保険・疾病保険・介護保険についてしばしば求められているものである。

(3) つぎの段階は強制的な社会保険であろう。これについては，それぞれの分野（年金保険，疾病保険など）ごとに国家は厳格な規定を定めている。

(4) 最後に考えうるのは，一般的な充足手段によって，つまり保険料にのみ頼らずに生存保障の財源を調達することである。公共支出における社会保障の突出は，国家の介入強度の尺度上において極限を示し，そしていわゆる**扶養国家**に行き着くことになる。

国家による介入形態の多様性は，生存保障に関する民間の手法と公的な手法とのあいだの幅広いスペクトルを示している。ドイツの現行社会保障制度においては，公共機関の果たす役割が相対的に大きいが，これはおもに歴史的な側面から説明できる。しかし経済的な観点からみると，社会的自己管理と結びついた現代国家の生存保障における役割は，考えられうる多くの選択肢のなかのひとつにすぎない。等価原理のさらに徹底した適用は，支払能力原則に比べてとくに資源配分上の利点をもち，社会保障システムの自己制御能力を強化するものである。

c) 社会保障負担の資金調達に関する別の判断基準

これまでの考察には，さまざまな資金調達システムの秩序政策的公正とい

う思想が強く刻印されている。しかし,財政の他の分野と同じように,とくに現行システムの枠内で限界的な変化が議論されるならば,経済政策上の目標が資金調達との関連で検討される必要がある。とくに,さまざまな資金調達と給付の規定が,以下の分野に対してもたらす作用が問題となる。
―雇用,物価水準,労働市場
―景気,成長,競争
―所得分配および資産分配
―金銭的収益性
―実施可能性,透明性,自律性,自己管理の信頼性

こうした一連の目標は課税の判断基準と同じように資金調達システム全体の判断,あるいはたんに資金調達規則の変更のために参照することができる。保険料支払い義務のある所得,雇用者負担と労働者負担の比率,保険料負担義務と保険料査定基準の限度額,年金課税などの変更,および介護保険の導入が,拡張された形成原則(Ⅱaを参照)やその他の判断基準を手がかりに検討されうるのである。

D. 収入選択肢としての公債

Ⅰ. 公債発行の動機

用意周到な予算の収支計画にもかかわらず,現実の財政政策においてしばしば,会計年度末に財政赤字が発生する。それは短期的には各種料金収入の強化や租税の引上げなどでは埋め合わせることができないときに発生する。この歳入欠陥を経費の削減によって除去できない場合,公債発行によってそれを補填することが必要となる。この公共債務による予算均衡は,債務の動機としてみると,とくに地方自治体でふつう行われている長期計画に基づく継続的公債発行の国庫的動機とは区別される。これら2つの国庫的理由による**債務動機**が同時に起こることもありうるが,それとは別に非国庫的な公債

発行の理由がある。つまり，景気政策，分配政策および成長政策の観点が同様に公債発行の増加を決定することもありうるのである。

公債の景気政策上の詳しい意義については第7章でふれるので，ここではたんに，公債の発行と償還がその応募者に対し通貨の吸収効果と供給効果を及ぼし，そして公共機関がそれを政策手段として利用できる，ということだけを指摘しておきたい。たとえば，消費の削減や貯蓄の縮小をもたらし，それゆえ民間の投資活動を抑制してしまう**公債の吸収効果（クラウディング・アウト）**が課税のそれと異なるならば，租税と公債の関係は景気政策上および成長政策上きわめて重要となる。

国庫目標や景気政策目標に比べると，公債を正当化しそれを形成するために分配政策目標が引用されることは少ない。もし公債を所得や資産の分配政策の手段として投入すべきだとするならば，債務調達，利払いおよび償還と政策的に望ましい所得や資産の再分配とのあいだの質的関係が確立されねばならない。そのような関係が立証され，量的に意味づけられるならば，その効果もまた分配政策手段として役に立つであろう。

最後に，必要な収入を租税で調達すると租税抵抗が強くなり，票の喪失が避けられなくなるという理由から，公債を発行することがある。この場合，国庫的原因と非国庫的動機を区別することは難しい。事情によっては，納税者が公債の償還を利払いによる将来負担を見通せなければ，国家が自分の目標のために利用するいわゆる**資金調達錯覚**が発生する（第3章参照）。**公債錯覚**は，この種の収入が報償や租税よりもはるかに議論の余地が多いという批判に1つの根拠を与えている。

公債と民間の企業や家計の信用借入を区別するものは，前者の非国庫的動機である。さらに，国家においては収益性の配慮が相対的に少ない。これに対し，民間の債務と公共の債務は，国家も企業および家計もその負債をいつの日にか完全に返済しなければならないのではなく，むしろ借換えや延期がふつうに行われる，という点で共通している。同じく，両者の債務取引はその構成要素においても似ている。債務調達，償還および利払いのほかに，債務取引の第3の要素として債務構成の変更がある。それは，所与の債務額を

前提に，利払い，償還期限，債務の種類および債権者の構成について行われる変更である。

II．債権者の構成と債務の種類

公債の場合，課税と違って，ふつう「接触点」に言及することはない。この場合，国家がどの接触点で公債を発行するのかを知るためには，むしろ応募者をみるのが有益である（図4.5）。この図における国内の引き受け機関は，もちろん海外にも妥当する。さらに，ある国家が他の国家に負債を負う可能性もある。

これらのさまざまな債権者の資産選好をみると，彼らの態度がけっして均質でないことがわかる。たとえば，保険会社は信用機関よりも強く長期的資産に関心をもつのがふつうであり，後者はしばしば長期的資産よりもその資産の流動性を優先させている。同じような考え方が債券の収益性や安全性についてもあてはまる。この場合も投資家の要求はまちまちである。それゆえ，現実の公債政策にいろいろな債務の種類があることはとくに不思議ではない。

他方，債務の種類はその証券法的・形式的形態（帳簿債務または証書債務），利子（発行価格を含む），利払い方式，償還条件，発行方式および税務

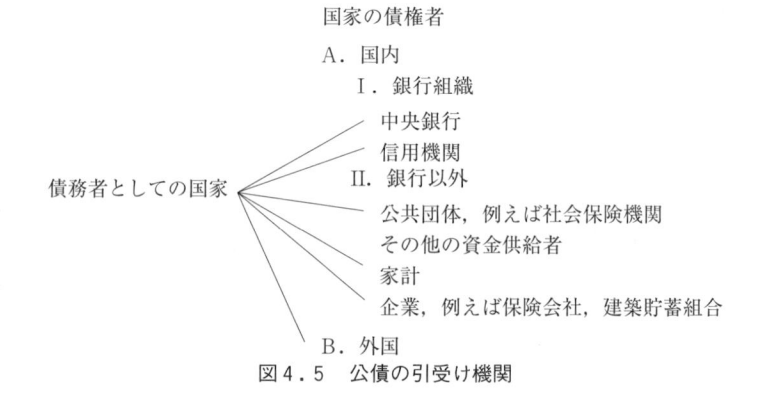

```
                        国家の債権者
                     A．国内
                        I．銀行組織
                           中央銀行
                           信用機関
                        II．銀行以外
債務者としての国家
                           公共団体，例えば社会保険機関
                           その他の資金供給者
                           家計
                           企業，例えば保険会社，建築貯蓄組合
                     B．外国
```
図4.5　公債の引受け機関

上の取扱いなどを基準にして分類できる。これらの公債方式の場合，さまざまな債務証書の発行時における資金の特徴だけでなく，公債政策上の手段も重要な問題になりうるのである。後者の場合，国庫的関心のほかに経済政策目標がどの程度まで実現できるのかは，とくに国債の規模に依存する[22]。

Ⅲ．公債の動向と限界

債務残高が大きく，その伸び率が高いというだけでは，公債の経済的効果や経済政策的意義を十分に明らかにすることはできない。そこで，国家債務の限界を評価するために，一定の指数が作成されている[23]。表4．5は1970年から1991年の期間について公共予算全体の数値を示したものである。

利子・租税比率（利払い：租税収入），利子・支出比率（利払い：総支出）をみると，1970年から1985年の期間について，支出と租税に対する利払いの割合が連続的に上昇しており，そのような動向は予算政策上重要な役割を果たしている。なぜなら，公共予算の伸縮性がそこに反映されているからである。利払いおよび償還に応ずるために，すでにその支出義務を履行できなくなったり，または思いきって歳出を削減しなければならないような市町村がでてきた。理論的視点からは，支出はいつでも切り詰めることができる

表4．5　ドイツ連邦共和国の公債関連指数[1]　1970-1991（％）

年度	利子・租税比率	利子・支出比率	信用調達比率	新規債務比率	公債残高
1970	4.4	3.5	3.3	1.0	18.0%
1975	6.0	4.0	14.8	5.2	24.9%
1980	8.0	5.8	10.6	3.6	31.7%
1985	12.7	9.2	6.7	2.2	41.4%
1990	11.4	8.0	11.0	3.7	43.2%
1991	12.5	7.9	10.4	3.8	44.5%

[1] 1991年度以降はドイツ全体についての情報。連邦，負担調整基金，ERP特別資産，EC分担金，州（東西），市町村（東西），ドイツ統一基金（公共予算上は1991年度で3500万DM）ならびに信用清算基金。1990年度の集計結果は暫定値。1991年度は連邦，EC，負担調整基金，ERP特別資産，ドイツ統一基金，信用清算基金については第一次集計結果，州・市町村については四半期統計をベースとした推計値。病院，特別会計も含む。

し，増税も可能であるが，この戦略は政治的および予算政策的に限界があり，連邦主義システムの拘束力のためにつねに実行できるとはかぎらない（例：市町村およびとくに州の租税自治権の欠如）。

　信用調達比率（純信用調達：総支出）は公共支出が信用借入れによってどれくらいの割合いで賄われているのかを示すものである。この比率は1970年から1975年にかけて上昇し，一時下落を示した後，再び反転している。**新規債務比率**（純信用調達：国民総生産）は，不況下の1974年から76年にかけて激しく上昇し，その後70年代当初よりも高い水準に落ち着き，1988年および1989年は1975年以前の水準に戻った。さらに，ドイツ統一の結果再び上昇に転じて，1991年には3.8％になっている。新規債務比率は純信用調達の量的重要性について直観的印象を与える。この2つの比率はしばしば，国家債務の増大という国庫上の問題を示すために引用されている。最後に**公債残高比率**（公債残高：国民総生産）は，公債残高の重要性という観念を示すと同時に，国際比較の際や欧州通貨同盟に参加するための基準として利用されている。

　債務不履行の危険，すなわち公債の経済的限界は，高い経済成長を通じて負債の追加を償うのに十分な租税収入が獲得され，景気がよくて償還期限以前に返済できる可能性があるかぎりは存在しない。

　経済的限界は潜在的信用供与者の応募意欲の欠如にも明確に示されるが，そのほかにとくに法的・制度的な限界が実際には重要である。信用調達の基本的制限は基本法第115条に見い出せる。そこには「信用による収入は…予算に見積られた投資のための支出額を超過してはならない」という要請が定められている。ただし，「経済全体の均衡の撹乱を防止するため」および連邦特別資産（ドイツ統一基金を含む）のためには，この規定の例外が認められている。ブーム期には，すべての公共機関の起債が景気政策上の配慮から制限できることになっている（経済安定・成長促進法第19条以下および基本法第109条第4項のいわゆる「債務上限」規定）。最後に，ドイツでは，連邦銀行が直接的に長期債務を引き受けることは認められていないし，1993年まで連邦銀行は州および連邦に対し，支払手段の収支が一致しないときに当座

信用を与えてきたが，こうした国庫信用も制限されている。

　経済的および法律的限界のほかに，国家および秩序正しい財政運営に対する市民の信頼が低下するならば，国家債務の心理的限界も意味をもつことになる。この心理的限界は，本来定義しにくい公的信用調達の経済的限界よりも狭いのが一般的である。

E. 収入構造の決定について

　収入構造を決定する場合，とくに報償的資金調達，租税収入，社会保障負担および資本市場からの信用調達の相対的構成比を検討しなければならない。租税収入による資金調達か報償的資金調達かという問題について，すべての国家任務は租税によって賄うことができるが，逆にすべての公共給付が「個別報償的である」わけではない，ということが明らかにされた。公共財の性質のなかにある技術的理由および特定のケースにおける政治的な目標のために，報償原則に基づく資金調達には限界がある。この場合，決まるのは上限だけにすぎない。それゆえ，いかなる条件のもとでどの程度まで経費が報償によって賄われるべきなのかについて，という積極的規範が存在しないのは当然である。

　報償原則や社会保障負担が公共支出を賄う資金調達に十分適していないとすれば，「租税」を利用することもできるし，また継続的国家支出を「債務」で賄うことも可能である。そこで「租税か公債か」という財政収入の選択肢が問題となる。「報償か租税か」という議論において公共サービスの料金徴収の可能性が検討されたのと同じように，公債による資金調達の考察も長い間公共支出を問題にしてきた。いわゆる「経費充足原則」は，どの公共プロジェクトが債務によって賄われるべきなのかを示すものであった。このように支出の対象あるいは用途に依存して信用調達を正当化する場合，「臨時的」支出需要が算定された。それは公債収入によって充足できるものであって，租税で賄われる需要とは対照的なものであった。

「臨時的」経費を定義するためにはさまざまな基準が用いられるが，そのうち2つをここであげたい。第1の基準は経費の周期性である。この区分によると，規則的に生ずる経費と非周期的に生ずる経費に分けられ，後者が債務調達によって賄われる。規則性に基づく支出の分類がとくにその時々の公共団体の規模に依存するかぎり，この分類は一義的に行うことができない。たとえば，学校建設は大きい市町村では規則的需要に属しているが，小さい市町村ではきわめて稀にしか発生しない。現在ではさらに，非常に大規模な投資は中期財政計画に示されており，それゆえ予測できるものになっていることも考慮しなければならない。もちろん，ドイツ統一のための資金調達も規則的需要とは別の次元であった。これによって，国家債務は増加し，あらたに特別基金も設立されたが，歴史的にはこれ一回かぎりの出来事であろう。

公債発行を正当化する第2の基準は公共支出の収益性である。長い間，立法者は「収益目的」のための投資を債務調達の根拠として認めてきた。このような支出対象による公債発行の正当化にも問題がある。なぜなら，一方で，国家活動に関する収益性の概念は正確に規定しにくいし，他方，収益は操作して加減することもできるからである。「成長への寄与」（例：社会資本）であれ，「福祉の向上」（社会保障支出）であれ，何らかの形で「迂回収益性」をもたない公共支出はほとんど考えられないので，収益概念の精密な規定は困難である。また，直接国庫収入をもたらす狭義の収益性は，公共機関が自ら収益的だとする施設の利用を（料金をとって）強制したり，費用上の有利な条件を整えてやることによって，予算法の意味で収益的にすることができるが，そのかぎりにおいて操作可能である[24]。経費の「臨時性」を識別する基準が欠けていることにより，全体的にみると支出対象依存型公債資金調達も疑問が残る」。

充足原則の欠落により，公共予算の収入構成を決定するための拠り所もなくなった。しかし支出対象依存型の債務調達は上述の意味で拒否されるのだから，公債発行は，課税と同じように国家によるサービスの立場から正当化されるのではなく，むしろ財政政策の目標から生まれる基準を指向し，また

それに基づいて判定される収入調達の一手段とみなされることになる（いわゆる状況依存の債務政策)。

最終的には，収入構造の合目的性の問題を超えて，個々の租税の規模，税収と社会保障負担の合計，信用による資金調達額，および収入総額について，収入獲得の限界が存在するか否かという問題を追求することになる。総収入の額が，支出の規模，したがって国家比率と一致する場合については第2章で論じた。税収と社会保障負担についてはとくに，限界を見い出すのは簡単ではない。あらゆる国でなお租税および租税類似の公課の蓄積がみられるのだからなおさらである。しかしながら，特定の租税が社会保障負担とともにきわめて強い反動をよび起こしているので，この点にある種の限界が推定できるように思われる。問題は，所得税，法人税，売上税，社会保障負担，場合によっては個別消費税などの公課がすべて，市場に労働や財を供給する際の個人的な意思決定においてコストとみなされている，という点にある。これらの公課は他の要素とともに，租税回避や脱税（闇労働，闇営業，二重帳簿）の大きな誘因となって「影の経済」を醸成する。その意味で，これは一種の租税抵抗であるといえる。国家の意思決定担当者はさまざまな手法でこれに対応している。スウェーデンのように厳しい罰則や管理コストの増額によって対応している例もあれば，新たなる収入の手段を模索する例もあるが，アメリカは減税によってこれに対応している。

第4章　注
1) 詳しくはつぎを参照：Haller, H., Die Steuern, 3. Aufl., Tübingen 1981, S. 21ff.
2) 租税抵抗と課税の上限についてはつぎをみよ：Schmöders, G., Finanzpolitik, 3. Aufl., Berlin u.a. 1970, S. 323ff（山口忠夫，中村英雄，里中恆志，平井源治訳『財政政策』中央大学出版部，1981年，439ページ以下)。
3) Kullmer, L., Artikel "Öffentliche Erwerbseinkünfte", in : Handwörterbuch der Wirtschaftswissenschaft, 5. Bd., Stuttgart u. a. 1980, S. 412.
4) Schmölders, G., Finanzpolitik, a. a. O., S. 299.（前掲訳書，409ページ）より引用。
5) このような見解のもっとも有名な主張者はフュイスティングである（Fuisting, B., Grundzüge der Steuerlehre, Berlin 1902, vgl. z. B. S. 110)。
6) Schanz, G.v., Der Einkommensbegriff und die Einkommensteuergesetze, in: Finanzarchiv, 13. Jg., 1. Bd., 1896, S. 24.

7) Wissenschaftlicher Beirat beim Bundesministerium der Finanzen（連邦大蔵省学術顧問団）, Gutachten zur einkommensteuerlichen Behandlung von Alterseinkünften, Schriftenreihe des Bundesministeriums für Finanzen, Heft 38, Bonn 1986.
8) Haller, H., Die Steuern, a. a. O., S. 69.
9) これについてはMugrave, R. A., Finanztheorie, 2 Aufl., Tübingen 1969, S. 76ff. を参照。
10) これについては，たとえばHaller, H., Die Steuern, a. a. O., S. 96ffを参照。その関連でいわゆる課税の比例原則が問題とされることも多い。たとえば，Neumark, F., Grundsätze gerechter und ökonomisch rationaler Steuerpolitik, Tübingen 1970, S. 135を参照。
11) 限界効用が逓減する場合も，曲線の形状に応じて税率が累進的，比例的，または逆進的になる。
12) Cohen Stuart, A. J., On Progressive Taxation, in : Musgrave, R. A., und Peacock, A.T., Hrsg., Classics in the Theory of Public Finance, London 1967, S. 62.
13) Neumark, F., Artikel "Steuern 1 : Grundlagen", in : Handwörterbuch der Wirtschaftswissenschaft, 7. Bd., Stuttgart u.a. 1977, S, 298.
14) Meisel, F., Steuertechnik, neu bearbeitet von W. Gerloff, in : Handbuch der Finanzwissenschaft, 2. Bd., 2. Aufl., Tübingen 1956, S. 358.
15) 平均税率基準による税率表分類の以外に，文献上は個別的な検討のために利用できる基準を用いた分類方法もある。この点について詳しくはBös, D.,und Genser, B., Steuertaritlehre, in : Handwörterbuch der Wirtschaftswissenschaft, 7. Bd., Stuttgart u.a. 1977, S. 412-427を参照。
16) 農林業，営業，独立的労働，非独立的労働，資本財産および賃貸から生ずる所得とその他の所得。
17) この二重課税は，企業のところで法人税を賦課された配当税益が，株主（家計）のところでもう一度所得税を負わされるために発生する。
18) N.カルドアはそのような「支出税」を提唱した。Kaldor, N., An Expenditure Tax, London 1955 （時子山常三郎監訳『総合消費税』東洋経済新報社，1963年）。つぎの文献も参照。Peffekoven, R., Persönliche allgemeine Ausgabensteuer, in : Handbuch der Finanzwissenschaft, 2. Bd., 3. Aufl., Tübingen 1980, S. 418ff.
19) 歴史の流れのなかで変化する租税政策観の概要については以下を参照。Mann, F.K., Steuerpolitische Ideale, Jena 1937 (Nachdruck mit Nachwort des Verfassers, Darmstadt 1977)。
20) 社会保障の諸原則について，詳しくは社会政策のテキストを参照。たとえば，Lampart, H., Lehrbuch der Sozialpolitik, 2. Aufl., Berlin u.a. 1991, S. 143ff.
21) 自動車強制保険を例にとれば，すべての自動車保険者は民間保険会社と契約を結ばなければならないが，それぞれ異なる条件を提示する無数の供給者のなかから契約の相手を選ぶことができるのである。

E. 収入構造の決定について　　*127*

22) 公債発行の技術に関する詳細については，Dreißig, W., Die Technik der Staatsverschuldung, in : Handbuch der Finanzwissenschaft, 3. Bd., 3.Aufl., Tübingen 1981, S. 54ff.を参照。
23) こうした指数については「比率」という呼称が一般化している。ほとんどの場合，仮比率である（第1章参照）。
24) これについては，Zimmerman, H., Der letzte "Klassische" Deckungsgrrrundsatz, in : Finanzarchiv, NF Bd.24, S. 70ff. ならびに連邦大蔵省学術顧問団のGutachten zum Begriff der öffentlichen Investionen, Schriftenreihe des Bundesministriums der Finanzen, Heft29, Bonn 1980を参照。

第5章

財　政　調　整

A. 財政調整の役割

　公共予算の収入と支出に関するこれまでの考察は，公共財政にはただ1つの予算があり，それが公共部門の全分野の活動を網羅するかのような印象を与えたかもしれない。しかしながらこうしたケースは，唯一の政府がすべての公共活動に責任を負う場合に見られるのであって，それに該当するのは小国や社会主義国のみである。こうした制度は，**中央集権的財政制度**と呼ばれる。中央集権的財政制度の下でも，効率的な行政を行うという理由から，中央機関の下部組織が地域ごとに存在するが，こうした地方組織は行政執行権を有するのみである。つまり地方組織の任務は固定されており，彼らの役割は中央機関から割り当てられる資金を使ってその任務を遂行することだけに限定されているのである。これに対し**地方分権的財政制度**では，中央機関（連邦）の他にも各地域に意思決定機関（州や市町村）が存在する。地方分権的財政制度のひとつである**連邦制度**という概念は，地方組織が自らの活動内容と収入について決定権をもっていることを意味している。連邦制度の内容は，その国の意思決定がどの程度地方分権的であるかによって異なる。

　連邦制度において，権限をどのように各公共団体間で分け合うかという問題は基本的に憲法上の問題であるが，最近では経済学でも論じられるようになってきている。公共団体のなかでもっとも上部に位置する連邦から，下方に位置する州や市町村などの地方公共団体に権限を委譲する場合，下位の団体に任務だけを割り当てても，資金の調達方法やその用途については決定権を与えなければ，それはほとんど意味をなさないであろう。任務を遂行する

ために多くの資金が必要であれば，収入と支出に関する決定権も多くもたなければ，地方公共団体が自治を行うことはできない。それゆえ連邦制度のもとでは，**権限の委譲**は財政政策上の問題となるのである。

公共団体間で任務，収入，支出を配分する際に生じる問題は大きく2つに分類することができる。まず第1に，異なる公共団体レベル間の配分に関する問題が挙げられる。公共団体は，たとえば連邦，州，市町村というようにいくつかのレベルによって構成されており，各レベルは上下関係にある。こうした異なるレベル間の配分に関する問題を解決するための方策は，垂直的財政調整と呼ばれる。第2に，同レベルの公共団体間での配分の問題が考えられる。ドイツのように，州レベルや市町村レベルに多数の公共団体が並立している場合，同レベルの公共団体の間で支出や収入の大きさが均等でないことが予想される。これは地方公共団体が特殊な任務（港湾の維持や難民の扶養など）を負っていたり，地方公共団体の収入源が比較的弱い場合（その地域の経済発展が遅れていたり，その地域の産業が衰退したりした場合）に生じるが，そのような個別的な事情を垂直的財政調整で考慮することは不可能に近い。こうした不均衡を是正するためには，水平的財政調整が必要とされる。

水平的財政調整と**垂直的財政調整**とは区別されるべきものである。垂直的財政調整は，国の構造に関わる問題であり，任務遂行や資金獲得についての権限の配分に関わる問題である。またそれゆえに財政上の自治の問題ということもできる。こうした問題は水平的財政調整を行う前に解決されていなければならない。これに対し水平的財政調整の役割は，個々の公共団体の財政力と財政需要を正確に算定し，その格差を調整するために必要な「鍵」を見つけることにある。

以上，本章のテーマについて概観したが，ここで改めて財政調整という概念の定義をしておきたい。「財政調整」という言葉は，実はあまり望ましいものではない。なぜなら「調整」という言葉は，収入と支出のアンバランスを修正することのみが役割であるかのような印象を与えてしまうからである。しかしながらそれは財政調整の役割の一部にしかすぎない。財政調整

は，より正確には「公共団体間における任務，支出，収入の配分」と呼ぶべきであろう。その意味においては，垂直的財政調整は，各公共団体レベルに任務，支出，収入を割り当てることである。そして垂直的財政調整を前提に，同一レベルの公共団体間での財政力の調整を行うのが水平的財政調整ということになる。

こうした財政調整の役割や概念に関する考察は，一国の国内財政調整に関してのみではなく，国家間の任務，支出，収入の配分についても有効である。そうした国際的財政調整の問題は本章のEで論ずる。

B. 垂直的財政調整

I. 任務の配分

一国の構造や公共団体間の経済関係に関する問題は，60年代まではもっぱら法学や政治学の分野で議論されてきた。その後，連邦制度に関する経済理論が発展したが，これは主に公的意思決定機関への任務，支出，収入の配分に，経済的根拠を与えることを目的としていた。連邦制度の導入や基本構造は憲法の制定や改正の枠内で議論されるべきことであるが，任務や資金調達に関する権限の配分が憲法で示された規範に適っているかどうかについては，経済理論によって検討する必要が認められる。そのために必要とされる基準は財政政策の目標（第1章図1.1）から導き出すことができるが，ここでは財政政策の目標を大きく資源配分，所得分配，経済の安定化の3つに分類する（表5.1）。

a) 資源配分基準

国の構造が適切か否かについては，資源配分基準によって検討することができる。国の構造を決定するにあたっては，どの公共団体レベルがどの公共財を供給するのかという問題が重要なのであり，そこでは国民の選好に公共

表 5.1　経済的基準による中央と地方の比較

	目的達成の可能性	
	中央	地方
1．資源配分基準		
a．住民の選好に応じた公共サービス		
公共サービスと費用の対応	(○)	○
公共サービスの溢出効果対策	○	
b．公共部門による技術進歩の促進		○
c．低コストによる生産（規模の経済と分業）	○	
2．所得分配基準		
所得・財・サービスの個人間・地域間での分配	○	
3．経済安定化基準		
短期的安定（景気）	○	
国民経済の成長	○	
地域経済の成長や産業部門の成長	(○)	○

財の供給（公共サービス）を適合させることが基準となる。領土の広い国では，公共サービスに対する選好には地域による相違が生じるであろう。しかもその相違は，公共サービスの水準と給付内容の双方について生じると考えられる。より具体的には，郷里や宗教，居住地などの違いによって教育制度，文化活動，治安，そして公共部門の大きさに対する考え方に相違が生じるのである。そのような相違が存在する場合には，公共サービスは全国で一律的に行うよりも，各地域別に供給する方が，より適切である。

　公共財の地域ごとに異なった供給は，アンケート調査や直接民主制，あるいは地域代表の国会議員などを通じて各地域の選好に関して十分な情報を集めることができるならば，中央組織によって行うこともできる。しかしながらそうした制度のもとでは，公共サービスの享受が費用負担と対応しないため，公共サービスに対する個人の選好はそれにかかる費用を無視して増大していく。このため公共部門は公共サービスへの非常に高い需要に対応する必要に迫られてしまうことになる。この問題を解消するためには，各地域が，公共サービスの供給だけでなく，それに伴う支出と，そのために必要とされる収入について，自ら決定することが必要である。これは費用の負担を，サービスを享受するのと同じ人々にさせることを意味する。地方公共団体が決

定をする場合には，以下の2つの点を考慮しなければならない。

(1) 費用と便益の関係から，それを公共部門で供給することが果たして望ましいか否か。同量の資源を民間部門で使用した方が効率的であるのではないか（公共活動の量の問題）。

(2) 費用との関係も考慮した上で，どの公共サービスが最も望ましいものであるか（公共活動の質の問題）。

こうした制度のもとでは，地方自治体のカバーする地域が，便益を受ける人が住む地域と，費用を負担する人が住む地域の双方と同一となるわけであるが，これは財政上の自己責任制度を意味している。この制度は財政錯覚を減少させるが，地方自治体が収入面で自立することを必要とする。

公共サービスが与える便益がかぎられた地域だけに及ぶような場合には，地方分権的に権限の割り当てを行うことが望ましいが，逆に公共サービスの便益が及ぶ地域が広い場合には，中央集権的に権限を配分する方が望ましい。しかしながら公共サービスの便益が一地域だけに限定されないケースでも，必ずしも任務のすべてを上位レベルの公共団体に委譲しなければならないというわけではない。公共サービスの供給という任務は，企画，決定，供給，管理などの段階に分けることができるが，特定の段階のみの執行権限を上位レベルの公共団体に移せば十分な場合もある。たとえば企画や管理は市町村レベルで行い，公共サービスの供給のみを州が担当するというケースがこれにあたる。

資源配分基準はまた，公共部門の技術進歩能力といった観点からも重要である。ただひとつの中央組織によってではなく，数多くの公共団体によって公共の任務が遂行されるならば，競争が発生し，技術進歩がうまれる可能性が高まるであろう。そしてその競争ゆえに，公共サービスの供給はより住民の選好に一致したものとなると考えられる。このように，複数のレベルによって構成される国家の構造は，資源配分基準によって根拠づけることができる。

しかしながらこのことは，公共団体が小さければ小さいほどよいということを意味するわけではない。多くの公共財の場合，公共財から便益を受ける

人々は小さな地域に固まっているとはかぎらない。また公共団体のレベルの数が多くなればそれだけ選挙の回数が増え，住民はとまどうことであろう。これを避けるためには，公共団体のレベルは2，3段階にとどめておくべきである。

しかしながら資源配分基準に従っても，中央によって任務が遂行された方が良いと考えられるケースもある。たとえば，いくつかの公共財は，生産技術上の理由から，小さな単位では供給することができないか，できたとしても非常に高価なものとなってしまう（規模の経済）。つまり特定の分野においては，最小費用による生産という視点から中央集権的な任務の配分の方がより望ましいのである。

ここでドイツ連邦共和国のように連邦，州，市町村という3つのレベルからなる国を例に取り，どの任務がどのレベルに配分するべきかについて具体的に考察してみよう。これまでみてきたように，任務配分の際にはつぎの2つの条件を考慮する必要がある。それは第1に，任務が割り当てられるレベルの公共団体が，公共サービスに対する選好の地域差を反映するに十分小さいことであり，第2に，その公共団体が，公共サービスから便益を受ける人々をすべて網羅し，かつ生産コストを低く抑えるに十分大きいことである。この条件によれば，最上位の公共団体である連邦には，国防，経済政策機能，外交政策が割り当てられるべきである。なぜならこれらの公共活動は国全体におよぶからである。また最小単位の公共団体である市町村には，地域的な供給と回収の業務（ガス，水道，電気，下水道，ゴミ処理）や，消防，警察などが配分されることが望ましい。しかしながらその中間に位置する州については，この基準から言及するのは難しい。

このように任務の内容によっては，その任務に関するすべての権限を連邦政府に与えることが目的に適っていることもあるが，可能なかぎり分権的な行政が望まれるのであれば，そうしたケースでも連邦政府にはその任務の基本的な権限だけを与えるだけですませることもできる。たとえば国土整備や大学教育などの政策については，連邦が関与するのは基本的な枠組みの制定だけにとどめ，細かな規定や実行については州や市町村に任せるということ

が考えられる。また逆に，技術的に求められる公共サービスの最小単位がひとつの市町村で行うには大きすぎるような場合には，いくつかの市町村が連合を組んでこれにあたることができる。たとえばゴミ処理は基本的に各市町村単位で行うが，ゴミ焼却施設に限っては，その規模の大きさゆえに，複数の市町村が共同で運営するという方法が最適であろう。

b) 所得分配基準

所得分配の観点からは，地方分権的な任務の分配は，ごくかぎられたケースでのみ有用である。犯罪の増加などのような，貧しい住民階層が近くに存在することによって生じるマイナスの効果への危惧から，市町村でも所得政策や社会政策が行われることがある。しかしながら大規模な**所得再分配政策**や社会政策は，市町村レベルが担うべき任務ではない。もしそれを市町村レベルで行えば，高い税負担を強いられる住民は税率が低い市町村へ移住してしまうであろう。なぜなら高い税負担を求められるような住民は社会給付の恩恵を受けることはないので，彼らにとっては，社会給付は少ないが税率も低い市町村の方が魅力的だからである。また，高いレベルの社会援助を行う市町村があれば，多くの社会的弱者がその市町村に流入してくるであろう。こうした市町村では，低所得者層が大部分を占めるため税収は少ないが，逆に財政需要は高いということになってしまう。以上の理由から，所得再分配政策の大部分は，基本的に上位レベルの公共団体で実行されるのがふつうである。

c) 経済安定化基準

市町村が経済安定化の目標に果たす役割もまた限定的である。もし経済安定上の任務を市町村が遂行するならば，景気後退期には，市町村は収入が低下するにもかかわらず社会的支出を増大させなければならない。なぜなら，雇用創出措置や生活保護などの必要性が高まるからである。しかしそうした市町村の支出は，その一部はその市町村内に効果をもたらすであろうが，残りの大部分は隣接する市町村に流れ出てしまう（**地域的外部効果**）。また費

用は市町村が単独で負担するにも関わらず、それがもたらす利益は経済全体に及ぶ。それゆえに市町村には経済安定化のための政策をとる誘因は小さい。とくに好景気期にはそうした誘因は皆無となる。なぜなら市町村は景気のプラスの効果だけを感じ取り、物価水準の上昇を全国的現象であると理解し、その結果対策を講ずる理由をもたないからである。つまり市町村は、景気の変動に対しては、ほとんど民間部門の経済主体と同様な行動をとるのである。結果として、地方公共団体の決断が景気安定化に役立つことはほとんど期待できないと考えられる。これに対し国レベルでの景気対策措置は、たとえば特定地域の投資活動を拡大することによって、地方自治体と景気の双方に望ましい効果をもたらすことができる。

連邦制の場合、州や市町村は収入が減少すれば支出を縮小し、好景気期に収入が増加すれば支出を拡大しようとする傾向にある。その意味において、連邦制度と景気政策は相容れないものであるといえる。とくに好況期には景気政策のほとんどの役割は中央機関が担うこととなる。なぜならそうした景気局面に必要とされる金融政策を行うことができるのは中央機関だけだからである。

d) 任務と支出の関係

任務の割り当てと支出の配分は同義のように捉えられがちであるが、これは大きな誤りである。たとえば中央機関が法律を制定し、地方公共団体がこれを執行するというような場合、中央機関は任務の担当はしているが、その件に関し支出は行わない。こうした任務と支出の非対応は、「不可視的な財政調整」をもたらす要因となる。上位の公共団体が定めた規則を下位の公共団体に執行させることは、下位の公共団体には任務に関する意思決定権はないにもかかわらず支出または収入が生じることを意味している。これはつまり、この下位公共団体の自治が制限されることにほかならない。

中央機関は、下位の公共団体よりも自らにより多くの任務と支出を割り当てる傾向にあるといわれている。「ポーピッツの中央予算集中の法則[1]」と呼ばれるこの傾向は、中央機関がより多くの任務を担当すればそれだけ支出を

中央に集中できることや，下位の公共団体に任務を配分するとそれに対して補助金の要求がなされることがあるため，中央機関がこれを嫌って自らが任務を担当することなどが要因としてあげられている。

II．収入の配分

a) 課税権の要素

「財政調整」では，その言葉から推測できるように，「収入」が重要な役割を占めている。当然のことながら収入の配分は，任務と支出の割り当てが決定した後に行われるべきである。なぜなら各公共団体は，自分に課せられた任務の遂行に必要な資金を，自ら調達する権利と義務をもっているからである。一国の収入の大部分は租税で賄われているため，各公共団体の租税に関する決定権は非常に重要な要素である。公共団体の財政上の自治は，そのほとんどが租税に関する決定権に依存しているといっても過言ではない。

課税権の配分には，(1)**収入権**（どのレベルの公共団体が税収を得るべきであるか），(2)**執行権**（どのレベルの公共団体が租税の徴収を執行するか），そして(3)**立法権**，という3つの要素がある。

立法権には，対象決定権と形態決定権が含まれる。ここで対象決定権とはある課税対象に対する課税の導入や廃止を決定する権利であり，形態決定権とは課税標準の大きさや税率構造など，形態に関するさまざまなことを決定する権利のことをいう。

州や市町村に，割り当てられた任務について，その規模を自ら決定する権利を与えるためには，課税に関する立法権もまた認めなければならない。他のレベルの公共団体が課税に関する立法を行い，任務を行う公共団体には決められた額の税収が入ってくるだけでは，その公共団体は任務の規模を税収の額にあわせなければならなくなってしまう。それゆえに，財政等価や助成の原則の観点からは，下位レベルの公共団体に多くの租税上の自治権が割り当てられるべきなのである。もしそれで同一レベルの公共団体間に収入の格差が生じてしまったとしても，それは水平的財政調整で修正すべき問題であ

る。

連邦制度を分析する上で，課税権の配分方法はいくつかに分類することができる（図5.1参照）。しかしながら現実の連邦制度では，理論上は異なる種類の配分方法が併用されていることも少なくない。

b）収入の垂直的配分
1．分離方式

中央から下位レベルの公共団体に，収入に関する自治権を譲渡する方法には，いわゆる分離方式をあげることができる。分離方式は，ある税目から生じるすべての税収をひとつの公共団体に帰属させるというものである。この極端なケースとして，制限のない分離方式（＝競争方式）が考えられるが，この場合，公共団体は租税の種類と税率の高さを自由に決定することができる。

しかしながら現実には，制限のない分離方式を緩やかな形にした制限付き分離方式が用いられることが多い。この場合，税収は下位の公共団体に帰属

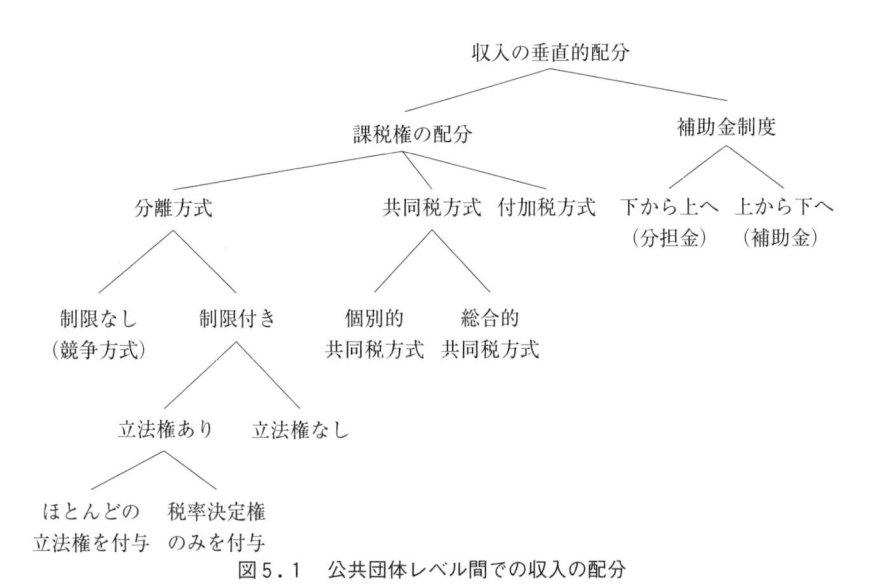

図5.1　公共団体レベル間での収入の配分

するが,租税の種類は上位の公共団体が決定することになる。制限付き分離方式はさらに次の3つに分類することができる。

制限付き分離方式第1の形態は,上位の公共団体が租税の種類だけを決定する方式である。ここで租税の種類とは,いくつかの税目が含まれる租税のグループを示すものでもありえるし,特定の税目のみを示すものでもあり得る。この場合,収入権を有する下位の公共団体は,課税を行うかどうか,どのような形態で行うか,どれくらいの規模で行うかを決定することができる。このため,下位の公共団体が収入の規模が適正になるように調整できる余地は高いと考えられる。

第2の形態は,収入権を有する公共団体には税率を決定する権利のみが与えられるケースである。この場合,立法権は上位の公共団体が有している。

第3の形態は,収入権を有する公共団体が何の決定権も持たない方式である。つまり収入権を有する公共団体は,租税の種類や税率の高さに対し何の影響力ももたない。この方式は,税収の全額がひとつの公共団体に帰属する限りにおいて分離方式と呼ぶことができる。この場合,公共団体の自治はかなり制限されているということができる。

2. 共同税方式と付加税方式

複数レベルの公共団体が特定の租税からの収入を分け合う場合,これを共同税方式または比例配分方式と呼ぶ。共同税方式では,税収の配分比率をあらかじめ決定しておく必要がある。共同税方式による租税は徴税コストを節約するため,特定レベルの公共団体がこの税を徴収し,その後,他のレベルの公共団体に税収の配分を行うのがふつうである。表5.2はドイツにおける共同税方式の配分比率を示したものである。

共同税方式は,統一性のある立法ができるという点,配分比率を調整することで地方自治体間の収入の格差を調整できるという点で優れているが,地方自治や応益性に欠けるという短所もある。このため公共団体は,その公共団体に固有の税の執行に比べ,共同方式による税の執行にはあまり熱心に取り組まないであろうことが予想される。

付加税方式とは,上位の公共団体レベルが立法権を有している税に対し,

表5.2　ドイツにおける共同税の税収配分

税種	連邦への配分	州への配分	市町村への配分[1]
所得税[2]	42.5%	42.5%	15.0%
法人税[3]	50.0%	50.0%	-
売上税	65.0%	35.0%	-
営業税[4]	約7.0%	約7.5%	約85.5%

[1] 都市州（Stadtstaaten）を含む。
[2] 賃金税を含む。連帯税は含まない。
[3] 資本収益税を含む。
[4] 営業税の配分比率は法律で固定されていない。ここに示した比率は実際の配分の統計である。

下位の公共団体レベルにもその税に対する付加税を徴収することが認められる方式のことである。この場合，双方の公共団体レベルがこの税からの収入をえることになる。この方式の長所は，下位レベルの公共団体が，自らの財政需要に応じて付加税の規模を自由に調整できることにある。逆に短所には，ひとつの財源が二重に課税されるという点をあげることができよう。

3．補助金方式

あるレベルの公共団体が，他のレベルの公共団体に強い影響力をもつ必要がある場合，補助金制度を採用することが考えられる。この方式の場合，収入を得る公共団体の地方自治レベルは非常に低く，そのかぎりにおいて分離方式の対極にあるといえる。補助金方式の特徴は，あるレベルの公共団体が他のレベルの公共団体をいわば「扶養」することにある。補助金の財源としては租税だけでなく公債や官業収入も含まれる。

補助金方式は2つの形態に分類することができる。第1のケースは，上位の公共団体が資金を調達し，これを下位の公共団体に「上から下へ」の補助金として与えるものである。この場合，何らかの方法で配分基準をあらかじめ定めておく必要がある。第2のケースは，下位の公共団体が資金調達手段を有している場合である。この場合補助金は，「下から上へ」流れることになる。その一例として，ヨーロッパ連合における財政分担金をあげることができる。これは加盟国がその国のGNPをベースに計算された分担金をヨーロッパ連合の予算に対し支払うものであるが，各国の付加価値税の一定割合を

ヨーロッパ連合の独自財源とする方式に移行したため，1978年に廃止された。

実際に実施されている補助金にはさまざまなものがあるが，これらはつぎのような5つの特徴によって分類することができる。

(1) 補助金の支払い者が受領者の支出活動に影響力を持ちたいと考える場合，補助金に使途に関する条件を付けることができる（**目的指向型補助金**）。これにより補助金の支払い者は，受領者の自治権を侵害することなくその支出活動に影響を及ぼすことができる。

(2) 目的指向型補助金を実施する場合，あわせて資金調達義務も付すことが多い。これはつまり，補助金の受領者は，使途計画の一定割合に相当する資金を自ら調達した場合に限って，補助金を受けることができるというシステムである。

(3) 補助金の支払い者は，補助金プログラムの総額に制限を設けることがある。限定された資金を分配するためには，何らかの方法で優先順位を定める必要がある。たとえば目的指向型補助金では，申し込み順で補助金の支給を決定することが多い。

(4) 資金調達力の弱い公共団体により多くの資金が与えられるべきであると考えられる場合，補助金の支払い者は受領者の資金調達力に応じて額を決定することが有用である。これは目的指向型補助金でよく用いられる。また後述する水平的財政調整の重要な手段でもある。

(5) 補助金は自動的に支給されるものと，申し込みに応じて支給されるものに分けることができる。目的指向型の多くは，申し込みに応じて支給されることが多い。

補助金は連邦制度的なものであるとはいえない。なぜなら補助金を提供するレベルの公共団体は，租税収入が増加した場合，その恩恵を受けるのに対し，補助金を受け取るレベルの公共団体はつねに一定額の収入しか見込めないからである。

III. 垂直的財政調整の問題点

ドイツにおける任務と収入の配分には，1949年以降，2つの方向性がみられる。それは第1に中央集権化であるが，これは州の市町村への影響力の増大と，連邦の州および市町村への影響力の増大を意味している。そして第2の傾向は，任務の遂行やそのための資金調達に際しての，異なる公共団体レベル同士の協同化である。

この2つの方向性は，個々の州や個々の市町村が市民の選好に応じて収入の使途を決定する能力を弱めている。またこれらは効率的な資源配分を損ない，資源の無駄遣いをももたらしている。さらにまた，応益原則や助成の原則に対してもマイナスの効果を持っている。こうしたことから，地方分権化や協同化解消のための方策が必要とされる。

明らかな地方分権化のケースは，ある公共活動が遂行されるべきか否か，されるべきであるならどのような形式でどれくらいの規模で行われるべきなのか，またどのような方法で資金調達されるべきなのかなどを決定する権利をすべて，下位レベルの地方公共団体が有している場合である。地方分権化の最終的なゴールはこうした状態であり，便益の及ぶ範囲が地域的に限定されるような公共活動は，すべからくこうした方法によってコントロールされるべきである。しかしながらこのような状態に至らないまでも，下位レベルの公共団体の自治を強めるプロセスはすべて，地方分権化と呼ぶことができる。そうした地方分権のタイプとしてつぎの3つをあげることができる。

(1) 立法権に関して，大綱を定める権限だけを上位レベルに残す。
(2) 立法と施行を上位レベルが担当するが，下位レベルには決定プロセスに参加する権利を付与する。
(3) 施行を部分的または全面的に下位レベルに委ねる。上位レベルが指示した任務についてはその資金調達は上位レベルが行う。

収入配分の観点からは，共同税方式を採用している制度や下位レベルの公共団体に収入権だけを認めている制度には地方分権化が必要とされる。なぜ

なら地方分権化によって地方政府が均衡財政を目指すことが可能になるからである。ドイツは共同税方式を採用しているが，州や市町村に分配される部分については，州や市町村に税率を変える権限を与えることで地方分権化を進めることができるであろう。また補助金制度が採用されているケースでは，補助金制度を廃止し下位レベルの公共団体が直接税収から割り当てを受ける方式を導入したり，目的指向型補助金に代えて条件を設けない一般的な補助金を採用することなどによって地方分権化を進めることができる。

こうした公共活動と収入の地方分権化は，効率的な資源配分の観点から望ましいとされる応益性を高め，公共財を低コストで，国民の選好にあった形で供給することに貢献する。

中央集権化はドイツの憲法である基本法の精神に反していると考えられることから，協同化の問題よりも中央集権化の方がより深刻な問題であるとされることがあるが，これは一概にそうと結論づけられるものではない。ドイツでは，連邦と州が共同で行う任務をもっており（たとえば大学の設立，地域経済の改善，農業政策，沿岸警備など），そのための費用はお互いが提供し合うことで調達しているが，この任務の協同化に対しては，解消すべきであるという要望が，かなり以前から強くなってきている。なぜなら任務と収入の協同化は，それに参加するすべての公共団体の決定能力を弱めるからである。任務の共同化を解消する場合，共同で担っていた任務と収入を，解消後はどの公共団体レベルが担当するかが問題となるが，これには地方分権化がひとつの指標となりうるであろう。地方分権の観点からは，任務と収入はできるかぎり下位レベルの公共団体に配分することが望ましい。

C. 水平的財政調整

I. 水平的財政調整の根拠

水平的財政調整の必要性に関する論拠は垂直的財政調整に関するそれとは

異なる。垂直的財政調整では公共の任務や収入の異なる公共団体レベル間での配分が問題とされるが，水平的財政調整では同一レベルの公共団体の財政力に焦点があてられる。つまり水平的財政調整の課題は，垂直的財政調整によって配分された任務を遂行するために生じる支出（財政需要）と，同じく垂直的財政調整によって割り当てられた収入とのアンバランスを調整することにあり，そうした財政状況の地域間格差を縮小することである。

しかしながら何を基準に地域格差を測るのか，それをどの程度まで調整するのかという問題は容易に答えのだせるものではない。なぜならば**財政需要**と**資金調達力**の差が生じる原因は多岐にわたるからである。格差が生じる原因は，一方では，垂直的財政調整によって財源として割り振られた租税が，時間の経過とともに公共団体ごとに異なった方向に発展することにあり，他方では，任務遂行に充てられる支出の大きさが異なることにある。

水平的財政調整はしかし，ある公共団体において任務遂行のために必要な資金量が他より多いということだけでは，それが必要とされる理由とはならない。水平的調整は，財政需要と資金調達力の関係に関して，同一レベルの公共団体間に継続的な格差が生じるときに初めて必要とされるのである。したがって，ある公共団体間に割り当てられた任務と収入が適切であるか否かが問題となる。つまり水平的財政調整の必要性は，垂直的財政調整を見直すことによって縮小することができるのである。

水平的財政調整の必要性は，地方公共団体の区画を変えることによっても減少させることができる。しかしながらこの方法はかなり極端で困難な方法であるといわざるをえない。なぜならば地方公共団体の区画変更は長期的な視野で行う必要があるからであり，また激しい政治的抵抗が予想されるからである。

そうした方法によって水平的財政調整の必要を縮小させたとしても，公共団体間の格差が完全になくなることはないので，同一レベルの公共団体間で収入を経常的に調整することが必要とされる。これにはつぎの2つの方法をあげることができる。

(1) 「豊かな」公共団体が「貧しい」公共団体に資金を支払う。これは純粋

な水平的財政調整である。
(2) 垂直的財政調整を行う際に,「貧しい」公共団体が「豊かな」公共団体よりも多く収入の割り当てを受けるよう規定する。そうすれば,垂直的な資金の流れが下位レベルの公共団体の財政力に均等化効果をもたらすことになる。これは水平的効果を伴う垂直的財政調整と呼ぶことができよう。

II. 水平的収入調整の形成

この2つの方法を実施する場合には,どの公共団体がどれだけの資金を受けるかを定める基準が必要とされる。この基準を定めるためには,次の3つのステップを踏まなければならない。
(1) 個々の公共団体の財政力を把握する。
(2) 個々の公共団体の財政需要を把握する。
(3) 財政需要と財政力の差をどの程度まで縮小するかを決定する。

財政力の算定に際しては,原則として,租税収入のみを財政力として捉える。公共団体が税率を変える権限をもっている場合,財政力算定は必ずしも実際の税率による必要はなく,むしろ標準的な税率による方が望ましい。そうでなければ,認められている租税による資金調達力をあえて十分に活用していない公共団体が貧困であるとみなされ,他の公共団体からの資金を受け取ってしまう可能性が生じる。

他方,財政需要は,各公共団体の支出や公共団体に割り当てられた任務から導き出される。この際,最も大きな困難は「保障されるべき」財政需要を算定することにあるが,これは各支出項目に一定の割合を乗じることで概算される。

財政力と財政需要を比較すると,ほとんどの場合プラスかまたはマイナスの差が生じる。それをどの程度まで調整すべきなのかは財政調整の目標設定に依存する。下位レベルの公共団体の権限を強化する政策がとられるのであれば,財政力の強化や財政需要の調整は各公共団体が独自に行うことにな

り，水平的財政調整は最小限に留められるであろう

D. 財政調整とドイツ統一

I. ドイツ統一過程における特別立法

　ドイツ統一にともなって，5つの新しい州は連邦，州および市町村間の税収配分，社会保険制度などにおいて連邦共和国の財政組織に統合され，そして多額の財政資金が特別時限立法によってこれらの州に流入した。水平的州間財政調整についても過渡的な特別立法が決定された。その後それに代わって，ドイツ統一基金が設立され，1990年から94年までに合計1,150億DMを新しい5州に住民数に応じて配分することが計画された。その財源は200億DMが連邦から調達され，残りの950億DMは連邦と州が償還と利払いを折半する公債発行で賄われた。この基金は1992年に約300億DMを積み立てたが，それに大きく寄与したのは付加価値税の14％から15％への税率引き上げである。

　ドイツ統一は，古典的な財政調整と統一後に必要な資金調達とを区別できなくするという問題を引き起こした。国民総生産の5～6％[2]に達する地域間移転支払いはこれまでになかった規模であり，その財源は支出の再編と削減，増税[3]，信用借入，民営化などによって賄われた。このような財政形態は，連邦制国家においてはまったく異なる財政調整効果をもつものである。新しい州はこうした特別移転措置によって経済力と財政力を向上させるかぎりにおいて，水平的財政調整に参加し，同時に移転需要を減らすことが可能となるであろう。

II　州間財政調整の新規則

　新しい州の財政力が1995年になっても改善されず，短期の過度的段階とい

う仮定が誤りであることが判明した。その結果，州間財政調整が従来どおり変更なく続けば，西側の財政力の弱い州は厳しい財政状態に陥ることになる。議会の予算審議において歳出削減や信用調達制限はもう必要ないと議論する危険性も主張された。州間財政調整は経済力格差を解決し，東と西の生活水準を同等にする手段ではないので，小規模にとどまるべきであろう。それゆえ，連邦が調整費用の一部を負担し，水平的効果をもつ垂直的調整を行うことが望ましい。

新しい州の古い社会資本を解体するためには，自己関与を伴う**目的拘束的割当金**がもっとも適切である。目的拘束は他の支出への流用を予防する。自己関与はプロジェクトの慎重な選択を保障し，一定期間後に資金の使用を管理することに役立つであろう。1995年以降に計画されるこの目的拘束の財政援助額は66億DMであった。その他に，州間財政調整割当金，付加価値税補充分および連邦補給金から年間500億DMの拘束のない資金が東側に流入する予定である。

旧東ドイツの計画経済体制に責任のある債務は数千億DMにおよぶが，これは連邦が30年にわたって償還することになっている。いずれにせよ，東側の経済発展は財政調整による資金移転だけでは達成できない。むしろ，所有権問題の解消，機能的行政の強化，統制の解除といった秩序政策が必要である。これらの措置の財源は何よりもまず現行支出の節約から調達すべきである。公債の増発には予算政策上のリスクがともなうし，増税による資金調達は最後の手段でなければならない。

E. 国際的財政調整

I. 国際的財政調整の必要性

任務，支出および収入を公共団体間に配分する財政調整は国内の次元だけでなく，国際的レベルとくに最近ではEU（欧州連合）との関連で考察され

ている。分権的なドイツの観点からみると，3層の国内公共団体の上にEUの上部機関が存在することになる。フランスやイギリスのような中央集権国家も連合の一員としてEUに加盟している。このような統合形態の国際的財政調整においては，国境を越える財貨と所得のフローに対する課税，および国際組織の形成とその資金調達が問題となる。

国際的財政調整においても，垂直的と水平的関係を区別することができる。たとえば，国際組織の設立の際に，その任務，支出および収入を垂直的に配分したり，水平的に主権国家間に割り当てることが必要となる。その場合，参加国の主権が国内調整の考察を修正し，国家間レベルの財政調整の効果分析を必要とするといった事態が起きることに異論はないであろう。

II 独立国家間の財政調整

a) 国境を越える財貨と所得のフローに対する課税問題
1. 国際課税の原則

各国の租税制度はさまざまな国内の政策目標に関連して発展してきた。しかし，それぞれの国が国際経済関係を無視して課税すれば，二重課税が発生する。一本の米国製ウィスキーがアメリカで酒税を課され，ドイツの税務署がその輸入に再び課税するなら，アメリカの生産者はドイツにウィスキーを輸出しなくなるだろう。外国人労働者がドイツで賃金税を徴収され，同時に本国で所得税を課されるならば，彼はドイツで仕事を探すことはないだろう。このような事態が競争撹乱的に作用するので，二重課税の回避は当然であり，特別な理由を必要としない。

さらに，国境を越える給付（財貨と所得）を競争中立的に課税すべきだという原則に，3つの考えがある。第1に資源配分政策の観点から，課税は世界的規模で生産要素配分に影響を与えない，つまり世界経済でのパレート最適を撹乱しないことが要請される。つぎに国際収支政策の考えによると，租税は国家間の財と所得のフローに中立でなければならない。第3に，この2つの競争市場中立性の公準とならんで，国家間の給付に対する課税からの税

収を関係国に「適切に」配分すべきだという**国庫的競争中立性**が主張される。しかし,現実には国家間の課税が競争阻害的に作用することもあるので,それを回避する調整策を以下で議論する。

2. 財貨課税

財（商品とサービス）は輸出入の際に課税されるが,その税収をどの国に帰属させるのかについて,いくつかの原則がある。いわゆる**原産地国原則**によると,財はそれを生産する国においてのみ課税される。つまり,原産地国で課税された商品が輸出先の仕向地国の競争市場に入っていくのである。一国内のある州から他の州への「輸出」の場合,この原則が妥当するのは当然である。これに対し国際取引の場合,税率が異なるので,その妥当性は疑わしい。たとえばスカンディナヴィア諸国においては,アルコール税の税率がドイツより高いので,輸入が上昇し,この税からの税収は減少する。他方,輸出に有利なドイツは多くの税収を獲得する。輸出国と輸入国の税率が異なる場合,仕向地国の国産財と輸入財は異なる租税負担を負うことになってしまう。したがって,原産地国課税は国庫的にも,国際収支政策的にも競争中立性に反することになる。

以上の理由により,売上税と消費税の国際的租税調整についてはいわゆる**仕向地国原則**が承認されている（WTOの規定）。それによると,輸入財は輸入国において国産財と同じ税率で課税され,税収はその国の市民の消費量に応じて仕向地国の国庫に流入する。この原則を実行するには,国境調整が必要である。売上・消費税は最終消費段階ではなく,生産段階で課されるので,原産地国は輸出財にかかっている税負担を輸出業者に還付する方式で免除しなければならない。この場合,すべての商品がその生産地に関係なく消費地において同一税率で課税され,消費それ自体が課税対象になるので,仕向地国原則は国庫的中立性に適っている。

国境調整は市場に適合した租税負担額で行われるならば,国際収支政策上の中立性もほぼ満たしている。ただし,立法者の意図によると所得税や法人税は転嫁しないはずであるが,その一部が輸出財価格に上乗せされると,それは輸入国の買い手に転嫁することになる。さらに,国境調整が国際的取引

上中立でないケースがある。右下がりの需要曲線と右上がりの供給曲線をもつ「通常の」市場において，消費税はそのすべてが売上価格に転嫁するのではなく，価格上昇に結びつかない部分もある。したがって，国境での消費税の全額調整は輸出業者に補助金を与え，輸出財を競争上有利にすることと同じである。このかぎりにおいて，WTOが採用する仕向地国原則は貿易中立的とはいえない。

3．所得課税

所得税，賃金税，法人税，資産税または相続税は原産地国原則に従っているので，国境調整の際にほとんど問題がない。しかし，子会社の利益や外国証券の収益のように外国で所得が発生する場合，納税義務者の居住地国と外国の源泉地国はともにその所得への課税に関心を寄せる。国境を越える財に関しては前述のWTO規定が統一的に適用されるが，国家間の所得フローについてはそれに相当する課税協定が存在しない。両関係国がこの所得に税を課せば，国際的レベルにおける労働の資源配分が二重課税のゆえに阻害され，しかもどの国もそれに責任をとる必要はない。

この問題は二重課税を回避する世界的規模の規定がない現在，二国間協定によって解決されている。その基本型として2つの方式がある。第1の通算方式によると，個人の総所得（世界中での所得）が納税義務者の居住地で税額査定され，その租税債務から源泉地国で支払った税額が控除される。ただし，源泉地国が高い税率で税収を「搾取」するのを防ぐために，この控除に限度額を設定するのがふつうである。第2の免除方式によると，居住地国は総所得を査定する際に外国での所得を免除する。

一般的租税回避と同じように，**国際的租税回避**にも合法と非合法の形態がある。外国での利益や所得を自国の納税申告の際に報告しなければ，それは非合法の脱税である。他方，課税標準の一部を税負担の低い外国に移すことは違法ではないし，生産の国際的分業のうえからもむしろ望ましい。このケースにおいてもありうる不都合な乱用を防ぐために，各国間で二重課税防止協定が結ばれている。しかし，**租税オアシス**と呼ばれる小さな国々は通常この協定を結ばない。彼らは人員，財貨および資金の移転という形の租税逃避

から利潤をあげるのである。この問題には不利益を受ける国の独自の規則だけが対応できるにすぎない。

  b) 国際組織の任務と財源

　いくつかの国が国際的組織を設立・維持する場合，競争阻害的効果を防止する水平的課税調整の外に，垂直的要素が必要となる。歴史的にみると，たとえば1815年設立のライン航行中央委員会や1874年の万国郵便連合のような初期の国際組織においては，その活動の利益を個々の国に帰属させることが容易であった。それゆえ，組織の財源は受益国の価格類似の負担金から調達することができた。

　しかし，近代の国際組織は集合財の性格を帯びる任務をもつようになってきた。第一次世界大戦後の国際連盟や第二次世界大戦後の国際連合（国連）がそのよい事例である。この場合，資金供給している加盟国は間接的にしか利益を計算できず，またフリーライダー問題も発生している。世銀グループ（世界銀行，国際開発協会，国際金融公社など）のような開発援助機関も地域を限定して援助しているが，これらの活動は富める国から貧しい国への移転支払い，つまり国際的分配目標を追求するものであるといってよい。さらに最近では，オゾン層保護に関するモントリオール議定書や1992年のリオデジャネイロ環境・開発会議のように環境保護基金が設立されている。こうした国際組織が巨額の資金を必要とし，同時にその利益の帰属計算もきわめて複雑なので，資金調達問題はますます困難になってきた。

　そのため，いくつかの費用負担配分ルールが開発された。まず，国際的鉄道機関の敷設距離やＷＴＯの貿易数量のような費用原因に関連する査定基準が選ばれた。これは等価原則に対応するものである。さらに財政規模が大きくなるにつれて，支払能力原則が活用されはじめた。それによると，国連機関で行われているように，1人当り国民所得の大きい豊かな国はそれが小さい貧しい国よりも，対国民所得比においてより高い分担金を支払うことになる。これは一国内の累進所得税の負担配分方式と似ている。ＥＵの資金調達問題についても同様の議論がみられる。

III. 欧州連合（EU）における財政調整

a) 準連邦段階レベルとしてのEU

1958年設立のヨーロッパ経済共同体は，域外に対して共通の関税率をもつ関税同盟的性格の経済統合であった。これはその後さらに関税政策，立法活動および予算形成をとおして政治的接近を開始した。しかし，現在のEUはまだ制限付きで民主主義になっているにすぎない。なぜなら，欧州議会がEU活動のための議決を行わないで，加盟国の政府代表からなる欧州理事会（閣僚理事会とも呼ばれる）が決定力をもっているからである。反面，EUが政治統合への重要性を高めていることを理由に，ドイツはそれを「第4レベル」の国家組織または公共財政として位置づけている。

EUの予算はまだ「軽い」もので，1989年の時点で全加盟国の予算の2.4％，国内総生産の0.8％にすぎない（表5．3の下段を参照）。その決定は各加盟国の好意に頼っているのが現状で，近い将来においても連邦と比較できるレベルには達しないであろう。欧州裁判所が独立した法的権限をもっていないのと同じように，EUの支出と収入の自律性は依然として十分でない。しかし経済的には，EUは1993年1月1日に経済的国境を廃止して，新しい一歩を踏み出した。いわゆるヨーロッパ域内市場の導入により，租税に関する多くの調和措置が行われ，より広い経済統合が期待されている[4]。さらに，経済・通貨統合が1992年のマーストリヒト条約において締結された。財政政策的にみればその影響が加盟国の公債政策におよぶのであるが，中心にある狙いは通貨の統一化である。

b) EU内の垂直的財政調整
1．EUの任務と支出

連邦制における政府レベルの存在は，連邦主義の経済理論から考えれば，それが他のレベルよりもうまく達成できる任務によって根拠づけられるべきである。国庫的等価原理に従うと，各レベルはその任務を遂行するために相

表5.3 欧州連合の予算

	1993年[1] 100万ECU	構成比 (%)	1979年-93年 (%)[2]
支出項目			
A. 事業費			
農業政策（農業基金，保証部門）	34052.0	52.0	173.9
地域政策（「構造政策」）	20709.8	31.6	2298.4
社会政策	470.1	0.7	-31.1
エネルギー・環境	242.6	0.3	
域内市場・産業	298.5	0.4	
研究	2351.5	3.5	
開発援助・国際協力	2788.3	4.2	353.3
保証と準備金	1209.0	1.8	
B. 管理費			
欧州委員会	2283.6	3.4	216.0
その他の機関	1117.2	1.7	224.2
支出合計	65522.6	100.0	286.7
収入項目			
VAT独自財源	35677.1	54.5	545.8
GDP独自財源	14029.9	21.4	
関税	13118.6	20.0	123.8
農業課徴金，砂糖賦課金	2239.4	3.4	-16.6
その他の収入	457.7	0.7	139.0
収入合計	65522.6	100.0	286.7
資料	1980年 10億ECU	1989年 10億ECU	
(1)加盟国の予算（中央政府）	1043	1742	
(2)加盟国の国内総生産	3122	4916	
EU予算の比率			
対予算(1)	1.9%	2.4%	
対GDP(2)	0.6%	0.8%	

[1] 予算額：支払い授権による。1ECU＝2.04DM（1993年予算相場）。
[2] 計算単位（UA）は1979年と1993年の相場でECUに換算された。1979年はそれが付加価値税独自財源に振り返られた最初の年であった。
出所：Bundesministerium der Finanzen, Finanzbericht 1994, Bonn 1993, S. 168f.
　　　Statistisches Bundesamt, Statistisches Jahrbuch 1990 für Ausland, Tab. 14-7.

応の支出を行い，必要な収入を受益者の市民から調達しなければならない。それゆえ，任務を加盟国内で達成するのか，EUレベルで遂行するのかがつねに検証されている。連邦国家内の任務配分から類推して，受益範囲が一国家を超える任務はEUの管轄となるであろう。その事例としてヨーロッパの防衛，域外政策，景気政策，社会政策などを想像するかもしれないが，これらは国内の課題であるので，表5．3が示すようにEU予算では規模の小さい項目になっている。他方，地域政策の比率が高い原因は，EUが加盟国間およびその地域間の格差を調整する固有の任務をもつからである。研究分野では，超国家的な大型研究プロジェクトを推進している。開発援助と国際協力は小さすぎるようである。

　国内の政府予算と比較すると，52％という農業政策支出の構成比は突出している。このアンバランスは欧州農業政策の特殊性，つまり高すぎる人為的な生産者価格による農家保護という事情から説明できる。農産物の共通市場を形成しようとするならば，一方で価格をEU領域で統一的に設定すること，他方で買い支え，在庫品管理および低価格の世界市場と競うための補助金の費用を加盟国全体で賄うことが必要である。また，たとえば所得保障への移行といった改革がどの程度EU予算の負担軽減につながるのかはまだ見込めない。

　EUの影響力をその予算だけで特徴づけることは誤りであろう。それが支出額の小さい任務を遂行することもあるからである。不正競争防止法，環境政策または交通政策のような任務は「事業」費ではなく，主として管理費（その大半は不可避な翻訳費用）に現れている。それゆえ，EUの低い「国家比率」からその影響も小さいと結論することは適切でない。ブリュッセルにおける指針や決定といった規則策定活動は近年ますます力を強めている。加盟国が一定期間内に指針を国内法に転換する場合，EUは各国の任務と支出の調和にも影響を与えることになる。

　2．EUの収入
　国庫的等価の原則によると，連邦制の各レベル政府はその任務の財源を固有の収入によって賄うべきである。まず，共通の対域外関税をもつ経済共同

体の当然の収入項目は関税収入である。それは主要な輸入地点（ロッテルダム）で徴収されるが，共通の関税政策をとっているので，徴収国ではなく，EU予算の収入となる（構成比20％）。つぎの**農業課徴金**は，EUが低い外国農産物価格と高い域内価格との差額を徴収するものである。その目的は，輸入農産物をEU価格と同じ条件で競争させることにある。

さらに，EU独自の税源が付加価値税に求められた。ヨーロッパ連合はこの税の課税標準を調和させ，固有のEU付加価値税をつくろうと努力してきた。表5．3の**VAT独自財源**は，すべての加盟国が仮想的に同一の手続きで付加価値税の課税標準を計算し，その1.4％をEUに拠出した税額の合計である。この課税標準は国内総生産の55％を超えてはならないので，VAT独自財源の最大限度はGDPの0.77％となる。このような財源調達方式はいわば「下から上への」財政調整である。したがって，各国の課税標準を完全に調和させることは給付能力に応じた負担配分にとって非常に重要である。なぜなら，ある国にこの税の高い脱税の可能性があれば，他の国の負担が増え，公平性が損なわれるからである。

第4の**GDP独自財源**は従来の財政分担金を引き継ぐもので，1988年にその計算方法が以下のように改正された。出発点はEUの独自財源（表5．3の収入の上から4項目の合計）がEU総GDPの1.2％を超えてはならないという規定である。この金額と他の3項目の収入額との差額がGDP独自財源の限度となり，その範囲内で決まる必要額を加盟国がそのGDPの大きさに比例して分担することになる。なお，1.2％という値は裕福さの指針ではなく，EU予算収入の「天井」を意味するものである。

ここで，EUの垂直的収入システムについて検討する。欧州議会および閣僚理事会をEUの一機関とみなし，EU委員会がそれらと協力して決定を下していれば，それは純粋な「EU決定」といえるだろう。関税，農業収入またはGDP独自財源はこのような協力のもとで決められるので，純粋なEU収入である。このケースを無条件の分離システムと呼ぶことができる。しかし，閣僚理事会と欧州議会はしばしば加盟国のための決定機関とみなされるのが現実である。EUも重要な権限をもたないので，その収入システムは各国の

利害に結びついている。とくに付加価値税独自財源が各国におけるその税収から賄われ、EUレベルに独自な租税ではないので、EUの収入高権を大きいと評価することはできない。

債務収入はもうひとつの問題を投げかけている。EU委員会は今のところ予算に公債収入を計上することを許されていない。しかし、EUの一機関である欧州投資銀行は特定のプロジェクトを推進するために、大規模な借入を行っている。EUが今なお「準連邦段階」として扱われる理由は、このように公債発行権限が狭いことにある。ところで、EUの収入体系が今後どのように発展するのかは現時点では見通せないけれども、VAT財源は共同税という意味でEUが独自に関与する収入になっていくであろう。また、たとえば所得税付加税のような形態のEU固有の租税が発生するかどうかはまだ明らかでない[5]。

3．EU内の水平的財政調整

EUのような経済統合型においては、加盟国相互間の水平的関係も生ずる。そこから、加盟国がEU予算の収入と支出にいかに関わるのか、および各国の財政・租税政策が統合プロセスにおいてどの程度調和すべきかという2つの問題が派生する。

EUは最初から、どの国がいくら収入を負担し、またどれくらいの支出を受け取るのかという問題を検討してきた。加盟国は国民総生産または付加価値税の課税標準を資金調達の尺度とする場合、その大きさに応じてそれぞれ異なった拠出を行っている。しかし、関税と農業収入の算出はより複雑である。ロッテルダムで徴収される関税がオランダ以外の国に転送される貨物にも課されたり、ある国においてEU農業収入となる輸入農産物が取引を通じて他の加盟国に販売されたりするからである。EU支出の国別受取についても類推的に考えてよい。農業支出の「利益」は農家への支出であるから、生産国に帰属する。地域支出、社会的支出などはその資金を使用する国の受取として計算する。このような拠出と受取の計算結果を比較すれば、国別の純利益または純損失を明らかにすることができる。このいわゆる「最大拠出国」計算によって、差額がマイナスとなる（EUへの拠出がEUからの受取を

上回る）国は共同体に要求権をもつことになる。

　第2の問題は加盟国間における租税，支出および予算政策の調和である。そのなかでもっとも重要なのが租税調和である。それは当初から，大きな計画と小さな政策歩調を繰り返しながら統合に向かう道程であった。最大の成果が付加価値税の歩み寄りにあったことは疑いない。なぜなら，従前の集中促進的な売上税を改善したからであり，またそれによってEU財源のベースとなる付加価値税の課税標準を開発できたからである。他方，その他の租税については今のところ何も手が打たれていない。1993年に域内市場の成立を決めたとき，大きな措置が必要となった。加盟国の間の物理的国境が取り払われたので，仕向地国原則に結びつく国境コントロールを実行できなくなった。そのため，1997年に原産地国原則に移行することが予定されている。しかしこれにともなって，輸出強国（たとえばドイツ）が財貨輸出の際に売上税を還付する必要がなく，反対に輸入国が輸出国の前段階税額控除を認めねばならないので，加盟国に対する税収配分は従来とは異なったものとなる。したがって，これまでの税収配分を維持するために，1996年までの移行期については売上・消費税は仕向地国原則を適用して徴収される。

　予算の支出面での調和措置は租税ほど多くなく，たとえば経営・環境関連の保健，薬品市場，医療器具などの分野におけるEUレベルの規定政策によって主に行われている。さらに，公共発注の入札を原則として国境を越えて実施すべきだとしているので，民間企業はどこからでも応募することができるようになった。加盟国間の社会保障に関する大きな格差は，ヨーロッパ人の移動が増えているため，長期的にみると，たとえば生活上のリスク保障の分野について接近が可能かどうかという問題を投げかけるだろう。

　これまで租税と個々の支出の外に調和を必要とする問題はなかったが，ヨーロッパ経済・通貨統合に関する議論が始まってから事情は変化した。目前に迫った統一的EU通貨が加盟国の予算政策に対して付随的規則の必要性を求めている。もしある国が大量の信用収入で予算の財源を調達するならば，この国は租税徴収の延期から利益を受け，一方すべての加盟国は全ヨーロッパ的通貨の導入後に起こりうる通貨の弱体化によって不利益を被ることにな

るだろう。それゆえ，年間の公債依存度が国内総生産の3％以下で，しかも累積債務残高がGDPの60％を超えない国だけがこの新システムに参加できることが現在計画されている。すべての加盟国がこのルールを守るべきであるから，歳出財源に占める純信用調達の割合はそのかぎりにおいて加盟国の間で調和していくものと思われる。

第5章 注
1. Popitz, J., Der Finanzausgleich, in : Handbuch der Finanzwissenschaft, 2. Bd., 1. Aufl., Tübingen 1927, S. 348ff.
2. Monatsberichte der Deutschen Bundesbank, 44. Jg., März 1992, S. 15.
3. この関連で，いわゆる連帯税を指摘できる。それは1991年から1年間施行され，所得税と法人税の付加税としてそれらの租税債務の7.5％を徴収したものである。連帯税は1995年1月1日以降再び7.5％で課税されている。
4. EFTA諸国はこの時EUに加盟しないで，欧州経済領域を結成した。それゆえ，これらの国は連邦制という意味でEUレベルに数え入れることはできない。
5. たとえばつぎの提案を参照せよ。Biehl, D., u. a. Die EG-Finanzierung aus föderalistischer Perspektive, in : dies., Europa finanzieren-ein föderalistisches Modell, Gütersloh 1990, S. 82ff.

第6章
所得再分配のための財政政策

A. 政策目標としての公平な所得分配

　高所得者層から低所得者層への**所得再分配**は長い間，疑問のない望ましい目標とみなされてきた。さまざまな政党の政策案では，税制改革は「バランスのとれた所得分配が…実現するように負担の配分を行うべきである[1]」とか「市場それ自体は公平な所得・財産分配を保証するものではない[2]」と唱えられている。所得分配に対するこうした要求は，現行の所得分配が不公平なものとみなされ，所得の再分配が政策的に望ましいと考えられてきたからである[3]。

　所得の再分配を論じる場合，それがいかなる**所得定義**に基づき，どういった種類の分配を指しているのかを明確にする必要がある。というのは，所得の概念や公平な分配の定義はひとつではないからである。

　所得というときは，**名目貨幣所得**か，名目貨幣所得をインフレ率で調整した**実質所得**を指しているのが普通である。しかし応能課税論で指摘されているように，貨幣所得は個人の状態を示す指標のひとつにすぎない。貨幣所得には，たとえば農業における実物所得のように，準貨幣的性格を有する所得は含まれていないし，それ以外の広い意味で個人の担税能力を示す数多くの指標もまた含まれていない。たとえば，その個人の教育や健康の状態，またその個人をとりまく公共サービスや環境の質などがそれである。つまり，所得を貨幣所得だけに限定したのでは，社会政策で問題とされる個人の生活状態は，十分に把握されえないのである。

　所得の分配は，その対象によってつぎのように分類することができる。①

機能的所得分配：生産要素ごとの所得が全体の国民所得に占める比率の対比（たとえば労働所得と資本所得の対国民所得比の比較）。②人的所得分配：個人間における所得の格差。③産業部門別所得分配：産業部門間の賃金や企業利潤の格差。④地域別所得分配：地域間における住民一人当りの所得格差。さらにこれらの分配はそれぞれ，市場メカニズムが働いた結果生じる**本源的所得分配**と，国家による租税と移転所得の結果生じる派生的所得分配に分けることができる。

B. 公共予算の所得分配効果

　所得の再分配政策に財政政策を利用するには，公共予算の所得分配効果を知ることが必要である。予算は公共収入と公共支出からなるが，その所得分配効果を知るためには，公共収入である租税負担を誰が負うのか，そして公共支出を通じて供給される公共サービスは誰のためであるのかが問われなければならない。

　公共予算の資金フローが，いかなる所得階層の家計に帰着するかという問題は，つぎの場合にもっとも単純なものになる。すなわち，公共収入の全額が家計によってのみ支払われており，公共支出の全額が家計のためにのみ支払われるケースである。この場合，各所得階層の国民所得からその階層が負担した公共収入の額を差し引き，その階層のために使用された公共支出の額を加算するだけで，所得階層別の派生的所得分配を算出することができるはずである。しかし民間部門は公共収入や公共支出にさまざまな反応を示すので，実際には多様な「負担」や「利益」が生ずる。この傾向は，租税が企業によっても支払われ，公共サービスが企業のためにも供給される場合により顕著となる。こうした複雑な効果を明らかにするためには，まず財と生産要素の価格や量に対する効果が追求されなければならない。それを基にしてはじめて，公共予算と人的所得分配との関係を明らかにすることが可能となる。

I. 誰が租税を負担するか

納税者が租税をできるかぎり回避して,より大きい純所得を使用できるように努めることは自明であるが,このような租税に対する反応についての知識をもつことは,有効な租税政策を行うための前提条件である。つまり租税政策の成果は,納税義務者の税制変更に対する反応(適応行動)をいかに適切に予見するかにかかっているのである。所得分配面についてみると,どの家計が最終的に租税を負担するのかという点が重要である。租税の所得分配効果は,課税に対する適応行動の結果であるから,以下ではまずはじめに適応行動の過程を概観する。そしてこれらの行動を規定する決定因を示し,次いで適応行動の事例をいくつか述べることにする。

a) 適応行動の過程とその分析
1. 課税に対する適応行動

課税の変更や課税知覚の変化,すなわち「租税衝撃」がきっかけになって,納税者は適応行動を起こす。すでに長い間存続している租税の場合,租税衝撃が起こるのは,納税行為の時であることが多い。これに対して,租税が新たに導入されたり変更される場合には,租税を支払う以前の時点ですでに,これらの租税をいかに回避すべきかを考えさせる衝撃が生じるだろう。

租税変更に対する適応行動はつぎの3つに分類される(図6.1参照)。第1は,企業や家計が将来の租税支払いを回避しようとするケースである。これは合法的租税回避であり,非合法の脱税とは区別すべきである[4]。こうした租税回避が生じると,国家は租税収入を計画通りに得られなくなる。合法的租税回避の方法は多くあるが,基本的に租税義務が生じる法的要件の発生を回避することによっている。第2は,納税はするがその負担を「転稼」するケースである[5]。第3は,たとえば家計が労働時間を増やすとか,企業が合理化を進めるなどして,税負担による所得の減少を相殺しようとするケースである。

B. 公共予算の所得分配効果

```
                         租税衝撃
                            │
                    行動変更（租税適応）
                            │
      ┌─────────────────────┼─────────────────────┐
租税回避（合法的租税回避）  支払負担の転嫁（狭義の租   負担の相殺（租税消転）によ
による適応                 税転嫁）による適応         る適応
 a）物的適応，すなわち，   a）前転              a）たとえば家計における
    課税事実から非課税事実  b）後転                 労働増加
    への代替，たとえば次の                      b）たとえば企業における
    部門が考えられる。                            合理化
    ―生産
    ―消費
    ―労働時間と自由時間
    ―消費と対比した貯蓄
    ―法形態
 b）時間的適応
    たとえば，
    ―消費の場合
    ―減価償却の場合
 c）空間的適応
    ―国内
    ―国際
```

[1] 新税導入に関して，G. シュメルダースは類似のシェーマを展開した。それは，被課税者の適応を与えられた自由度に従って分類するものである。そこでは連続状態の 3 局面が区別されているのが特徴である (Schmölders, G. und Hansmeyer, K-H., Allgemeine Steuerlehre, 5. Aufl., Berlin 1980, S. 147)

図 6.1　租税変化に対する適応行動の可能性[1]（広義の転嫁）

　企業や家計による合法的な租税回避には種々の形態がある。家計の租税回避は，一般消費税の場合は消費を減らすことによって，個別消費税の場合は税率の高い財を税率の低い財に代替することによって実現される。また所得税に対しては，所得の受け取りを繰り延べたり，労働時間を減らし余暇の時間を増やすことによって所得を減少させることなどが考えられる。こうした合法的租税回避は①物的適応，②時間的適応，③空間的適応の 3 つに分類することができる。これらのすべての形態が明らかに現れる例として，ブラン

デー税の増税があげられる。増税に対する反応として、ブランデーの代わりに非課税のワインを買えば、それは物的適応であり、増税が施行される前にブランデーの買いだめをすれば時間的適応である。またブランデーに税が課せられない国から取り寄せれば、それは空間的適応となる。

物的適応は、家計によっても企業によってもとられ、所得課税、消費課税、投資財課税、消費財課税の際に発生する。中でもとくに個別消費税のケースで重要な役割を果たす。物的適応は「費用ゼロ」の適応行動ではない。なぜなら、家計や企業が以前から合理的に行動していたと仮定すれば、課税によってもたらされた行動の変更は、すべて効用や利益の減少を意味しているからである。

物的適応は、企業がその法的な形態を変更することによっても可能である。それは、ある特定の企業形態において利潤に対する税の税率が特別に高い場合に、税率の低い他の企業形態への移行することによって行われる。また、生産要素である労働や資本についても、それが一面的にしか課税されていない場合、課税されている要素から非課税の要素への代替が生じるであろう。

時間的適応もまた家計と企業の両部門で行われる。家計部門において最も良く知られている例は、個別消費税の引き上げが告知されることによって生ずる買いだめである。企業部門においては、時間的適応は規則的に行われるので、家計部門におけるよりも重要な意味をもっている。租税政策によって認められている資産の各種の加速減価償却は、租税負担を延期することを意味している。減価償却は租税的観点からみて費用であって、各課税期間の収益を減少させるものである。加速償却は本来ならば後の課税期間に費用として認められるべき減価償却費を早い時期の課税期間に認めるものである。ゆえにその租税節約は一時的なものであり、実質的な効果は国が無利子で資金を貸し出したことに等しい。このような時間的延期はたとえば投資促進策として、経済政策上の意図から頻繁に行われている。

空間的適応については、とくにタックス・ヘイブン（租税オアシス）への逃避などの国際的な租税回避がよく知られている。国際的租税回避について

は，合法的行動と非合法的行動の区別に注意する必要がある。非合法的租税回避でもっともよく行われるのは，租税申告の際に国外での利潤や所得を申告しないことである。他方，合法的租税回避の特徴は，課税標準の一部を税負担率の低い国へ移動させることである。こうした移動は，国際分業の点で望ましいこととされているから，その乱用さえ行われないようにすればよいであろう。望ましい空間的適応を妨げないようにするには，同一の課税対象に対して，異なる国がそれぞれ課税してしまう，いわゆる二重課税が生じないようにしなければならない。たとえば，納税義務者がある国に居住し，彼が所有する会社が他の国にある場合に，両国が租税徴収を希望するであろう。こうした二重課税を避けるためには，国家間で**二重課税回避**の協定が結ばれる。いわゆるタックス・ヘイブンと呼ばれる国は，たいていこのような協定に参加しない。タックス・ヘイブンは非常に小さい国であり，租税回避によって課税標準が流入してくることを願っているので，この種の協定をすすんで締結しようとしないのである。その場合には，タックス・ヘイブンによって不利益をこうむる国が，空間的適応の乱用を防止するような措置をとることだけが頼りとなる。

　一国のなかで空間的適応が行われるのは，租税負担の地域格差の結果であり，それはたいてい，課税権が下位レベルの公共団体にある場合に生じる。たとえばドイツでは，市町村に一定の範囲内で不動産税と営業税の税率を変えることが認められている。

　租税適応の第2のタイプは負担の転嫁である。租税回避は企業や家計が納税義務の発生を避けたり，納税額を減らそうと努力することであったが，負担の転嫁は，納税をしたか，納税を予想した上でその負担を軽減しようとするものである。つまり，納税者は自分が支払う租税の負担を，自己から他者に移そうとするのである。

　租税負担の転嫁は，転嫁の方向によって**前転**と**後転**に分けられる。これは納税義務者が市場において需要者と供給者のどちらの立場で転嫁を行うのかによって区別される。企業が供給者として，税負担を需要者に転嫁する場合，これは前転と呼ばれる。具体的には企業が財の価格を引き上げるか，あ

るいは質を引き下げるという形で，租税負担の全部または一部を消費者に転嫁させることをいう。また増税を理由に労働組合が賃金の引き上げを実現させた場合，これも租税の前転にあたる。

これに対して，企業が生産財や労働サービスの需要者として転嫁しようとすれば，それは租税の後転とよばれる。企業が租税負担を支払価格（賃金や仕入れ価格など）の引き下げという形で転嫁しようとするケースがそれである。家計における後転の例はそう多くないが，たとえば，租税負担があまりに大きいために消費者ストライキが起こり，その結果消費財価格が引き下げられる場合などがそれにあたる。また，土地や建物が課税され，それを家賃の引き上げなどの形で前転させることができない場合，後転の特殊な例が生じる。課税によって土地の純収益が低下するので，土地の価格が下がり，販売者は購買者の将来の累積的な租税負担を負うことになるのである。このような租税転嫁は租税の**資本還元**と呼ばれる。

納税義務者が納税を回避することも負担を転嫁することもできない場合，残される適応行動の可能性は，①租税消転と②消極的適応の２つである。

租税負担により所得の減少が発生すると，課税前の状態を取り戻すために，家計では労働の強化，企業では費用を引き下げるための努力が行われると考えられるが，この行動を租税消転という。租税消転と租税回避は同時に行われることが多いため，この２つを厳密に区別することは難しい。租税消転は，一見すると税収の減少をもたらすように思われるが，労働の強化や生産の合理化の結果，むしろ税収を増加させることも考えられる。

租税消転が不可能であるかそれが望まれない場合，家計の可処分所得や企業の流動性資金は減少する。このように納税者が税の負担を覚悟することを消極的適応と呼ぶ。この場合，家計では消費や貯蓄を切りつめるか，または借り入れを行うであろう。他方，企業では，投資の縮減，資本の取り崩し，債務の増大などが行われる。こうした効果は，経済成長の観点からとくに重要であり，経済成長政策の効果を論じるときには考慮に入れる必要がある。

こうした適応行動は，現実にはすべての形態が組み合わされて生ずる。たとえば企業部門では，生産財を税のかからないものに代替することによって

納税義務の発生を部分的に回避したうえで，支払った税の一部を価格の引き上げを通じて消費者に転嫁し，残りの負担を合理化などによって相殺するといった具合である。

2．租税転嫁の決定要因

次に，家計と企業に租税適応行動を起こさせる決定要因について検討する。これは家計と企業の適応過程の分析に有効であるばかりでなく，政策上望ましい影響を与える課税を考える上でも必要である。

もっとも重要な適応行動の決定要因として，税種と課税接触点（図4．3参照）をあげることができる。生産要素（労働，資本，土地）の投入や，生産要素からの収入を課税標準とする，いわゆる**要素税**（所得課税）の場合，適応行動を決定するのは課税要素と非課税要素の間に代替が生じえるかどうかである。つまりこの場合に適応行動を決定づける指標は，生産要素の空間的な移動性や，生産要素の代替可能性ということになる。一般消費税や個別消費税を主とする**財貨税**（消費課税）の場合には，課税財と非課税財の価格や生産量に及ぼす第一次的効果と消費量の違いが決定要因となる。

要素税や財貨税における反応は，租税の捕捉範囲や徴収技術にも依存する。課税標準の範囲が広ければ広いほど租税捕捉を免れることは困難になる。また，租税技術の効果については，比例課税に比べて累進課税では転嫁が困難になることが例としてあげられる。

租税適応行動のもうひとつの決定指標として，市場形態をあげることができる。課税の帰着は競争市場と不完全市場（寡占や独占）とでは異なる。また，すべての市場形態についていえることだが，供給曲線と需要曲線の弾力性の違いが課税に対する適応を決定づける。たとえば生活必需品は，長期にわたって他の財に代替されることはない。また生産技術上の必要条件は変えることができない。

さらに，課税の負担やそれが生産要素や生産物の価格に与える影響は，短期的にみた場合と長期的にみた場合では異なる。なぜならば短期的に見た場合，生産される財の価格や数量は所与の生産能力によって決まるのに対し，長期的に見た場合には，たとえば課税部門から非課税部門への生産転換など

を考慮する必要があるからである。

b) 租税転嫁・帰着の理論的および経験的分析
1. 分析方法

経済学における他の問題と同様，租税帰着分析の場合もどの手法を用いるべきかが問題となる。ここでは，まず何よりも計量経済学的手法によって補完された理論モデル分析が重要である。この分析では，適応行動に関する理論的考察に基づいて所得階層別の租税の帰着の経験的分析を検討する。このような分析は，所得再分配上の政策に寄与することができる。

個々の理論モデル分析においては，モデルに用いる指標の数や分析方法の種類に違いがみられる。適応行動を左右する指標としては，たとえば①税種，②課税標準の範囲，③徴税技術，④市場形態，⑤供給と需要の価格弾力性，⑥適応期間の長さ，などがあげられる。また分析方法には，①部分分析か一般分析か，②ミクロ経済的かマクロ経済的か，という違いがある。
租税帰着を考える上で最も重要な要素の1つは税種である。そこで以下では，租税を所得発生課税と所得支出課税に分類して考察する。またそれぞれの税種においてさらに，部分分析と一般分析を，そしてミクロ経済学的分析とマクロ経済学的分析を区別して検討する。さらに市場形態についても留意する。

2. 所得支出課税の帰着に関する部分均衡分析

所得支出課税の考察で中心となるのは，一般売上税と個別消費税である。ここでは主として，異なる市場形態と異なる需給価格弾力性の下での**部分均衡分析**（個別帰着分析）が行われる。市場形態としては①完全競争，②供給独占，③供給寡占の3つを想定する。

①完全競争：図6.2は従量税のケースを示したものである[6]。OP_1は従量税導入前の均衡価格であり，OM_1はそれに対応する均衡量である。税額 t の新税が導入されると，供給者（生産者）は租税負担を前転しようとする。すなわち，販売価格は t だけ上昇し，供給曲線は t だけ上方にシフトする。その結果，新しい均衡価格はOP_2，均衡販売量はOM_2となる。さて，供給者と

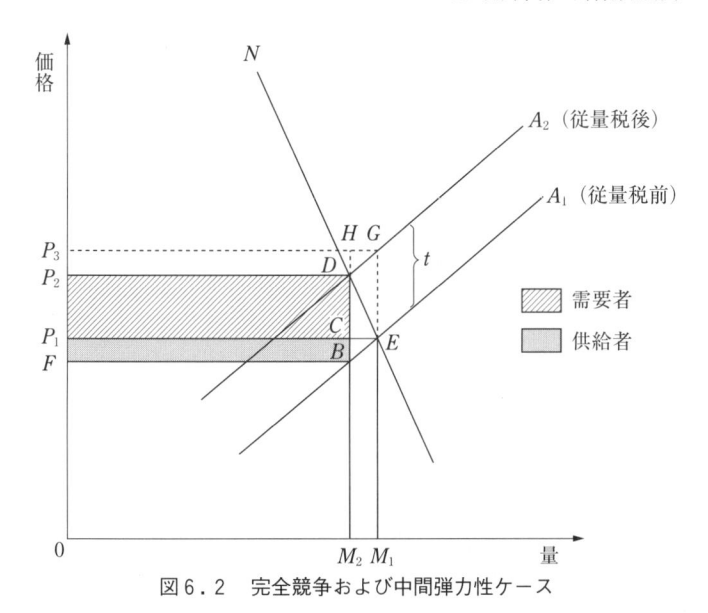

図6.2 完全競争および中間弾力性ケース

　需要者がそれぞれ税をどれだけ負担するか知るためには，租税負担が両者にどのように配分されるかを明らかにする必要がある。租税収入は$FBDP_2$であるが，このうちP_1CDP_2は需要者に転嫁され，供給者が負担するのは$FBCP_1$のみである。

　課税前の販売量からは租税収入はP_1EGP_3であることが予想されるのに対し，実際の税収はそれよりも$M_2M_1 \times t = CEGH$だけ少ない。これはそれだけの租税回避が行われたことを意味している。したがって，このケースでは租税回避と租税転嫁が同時に起きたことになる。

　予想される租税転嫁の程度は，供給曲線を一定とした場合，需要曲線の勾配によってきまる。このことは，需要が完全に弾力的であるという極端な例を想定することによって明らかとなる。図6.3にはその例が示されている。供給曲線は，課税によって税額 t だけ上昇し，A_1からA_2にシフトする。これにより需要量はOM_1からOM_2に減少する。この結果，支払うべき租税$OM_2 \times t$は供給者によって全額負担される。つまり，このケースでは転嫁が起こらないのである。逆に需要が完全に価格非弾力的である場合，導出される結果は

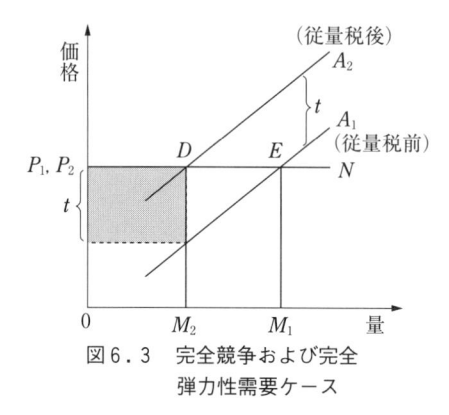

図6.3　完全競争および完全
　　　　弾力性需要ケース

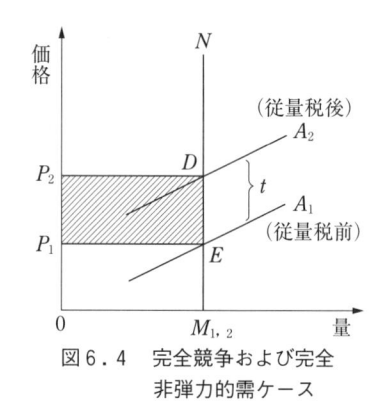

図6.4　完全競争および完全
　　　　非弾力的需ケース

対照的となる（図6.4）。この場合，均衡価格は課税によってOP_1からOP_2へtだけ上昇し，租税徴収額は全額，需要者（買い手）に転嫁される。

　図6.2から図6.4まででは，供給曲線を一定とし，需要曲線の弾力性を変化させた。今度は逆に需要曲線を一定として供給曲線を変化させてみよう。図6.5では，生産にかかる1単位当たりの費用が不変であること，つまり供給が完全に弾力的であることが想定されている。課税前には，均衡点は生産量OM_1，価格OP_1のところにある。課税後は，価格はOP_2に，生産量は

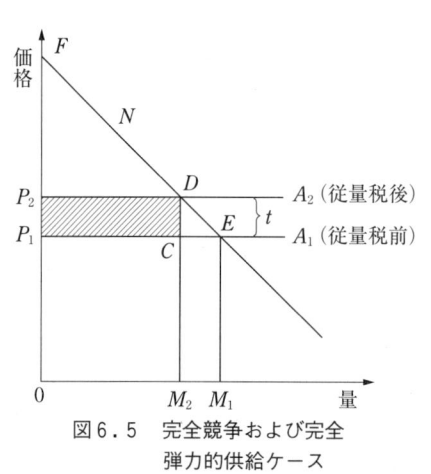

図6.5　完全競争および完全
　　　　弾力的供給ケース

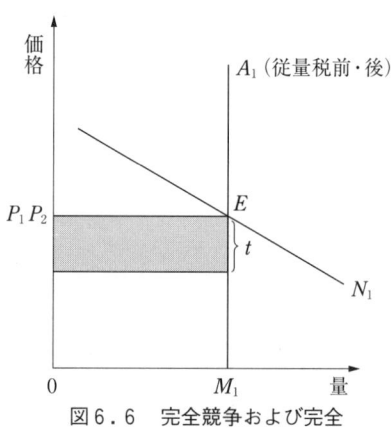

図6.6　完全競争および完全
　　　　非弾力的供給ケース

OM_2 に移動し,租税収入は全額消費者によって負担される。図6.6は逆に供給が完全非弾力的であるケースを示している。この場合,生産者は価格の変化によって生産量を変えないため,従量税は供給者によって全額負担される。つまり,価格と生産量は課税後も変わらないのであり,これは租税徴収額である $OM_1 \times t$ だけ企業収益が低下することを意味している。

②供給独占:完全競争のモデルで得た,租税の転嫁が供給と需要の価格弾力性に左右されるという結果は,その他の市場形態にも妥当する。たとえば供給独占がある場合においても,価格・売上げ曲線が弾力的であればあるほど,租税は価格に転嫁されにくい。図6.7は供給独占のケースにおける従量税の効果を示している。限界費用曲線 K'_1 は限界収入曲線 E' を点 A において横切っている。そして,その点からの垂直線と価格・売り上げ曲線 N との交点が利潤極大のクールノーの点 C_1 である。ゆえに利潤極大の生産量は OM_1 であり,価格は OP_1 である。ここで税率 t の従量税が課せられると,限界費用が高まり,曲線は上方へ t だけシフトする。そこで生産される量は OM_2 に低下し,価格は OP_2 に上昇する。税収は $OM_2 \times t = IHBF$ となるが,このうち $P_1DC_2P_2$ が消費者に価格転嫁され,供給者は $IHBF$ と $P_1DC_2P_2$ の差額だけを負担する。租税回避,つまり期待税収と現実税収との差は,$GALR - IHBF = KALN$ である。

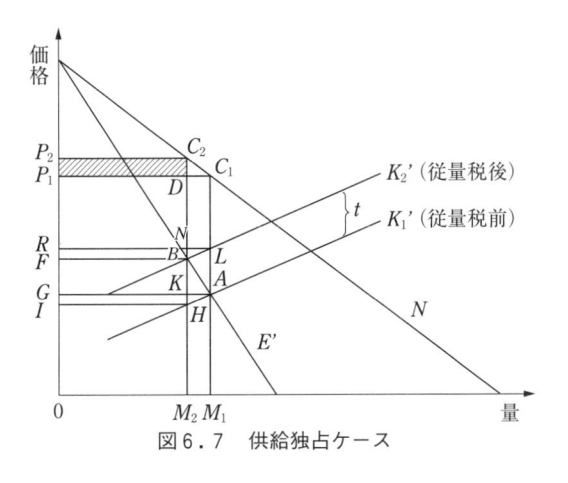

図6.7 供給独占ケース

③供給寡占：現実の経済を分析するうえで一層重要なのは，完全競争と供給独占の中間に位置する供給寡占である。図6.8で屈折価格・売り上げ曲線のケースがとり上げられている。そこでは，供給者が屈折点の近傍で行動することが仮定されている。なぜなら寡占市場では，価格の低下は多数の追随者を許すことにつながり，価格の引き上げは売上げ減を招くからである。それゆえ，寡占市場ではふつう，価格変動が起こりにくい。

従量税が徴収されると，限界費用曲線は上方にシフトする。転嫁を決定する要因は，シフト後の限界費用曲線と限界収入曲線が交わる点が，不安定領域（限界収入曲線E'が垂直になっている部分）にあるか，それよりも上方であるかという点にある。前者の場合（限界費用曲線がK'_1からK'_2へシフト），OM_1が利潤極大の生産量であることに変わりなく，供給者は税額である$OM_1 \times t = LWVP_3$をすべて負担する。これに対し後者の場合（限界費用曲線がK'_1からK'_3へ移行），限界収入曲線との新しい交点はBとなり，価格は上昇してOP_2となる。このケースは独占の場合と類似している。というのは，需要者は$P_1DC_2P_2$を負担し，供給者は租税額$FABG$と消費者に転嫁した$P_1DC_2P_2$

図6.8 供給寡占ケース

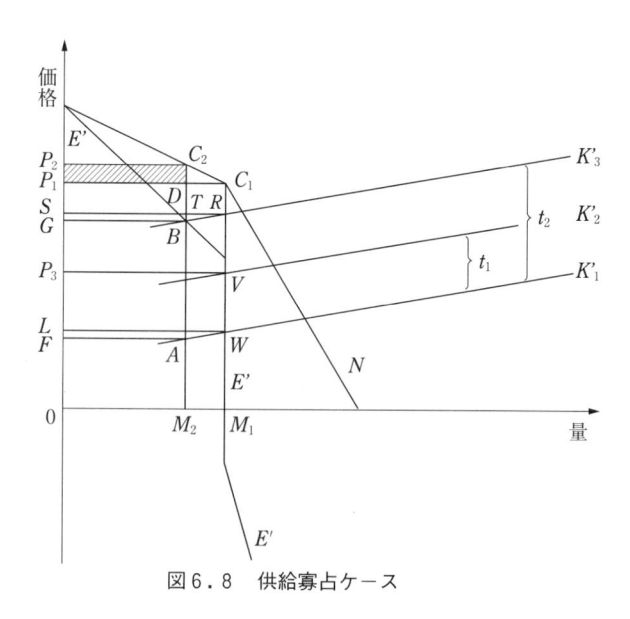

との差額分だけを負担するからである。また，$LWRS-FABG$（$=AWRB$）に相当する額の租税回避が発生している。

3．消費課税の超過負担

つぎに超過負担（厚生コスト）について考察してみよう。先に示した図6.5では，課税前の消費者余剰はP_1EFであるが，課税後にはP_2DFに減少している。その差であるP_1CDP_2+CEDのうち，P_1CDP_2は租税収入に一致する。これに対し三角形CEDは租税収入を超過した厚生損失であり，国民経済にとっての超過負担である。

図6.9は個別消費税の場合と一般消費税の場合の超過負担を示している。直線ABによって財XとYについて消費可能な組み合わせが与えられ（価格線），i_1からi_3の無差別曲線によって消費者の選好が示されるとすると，E'はミクロ経済的な均衡状態を表わしている。

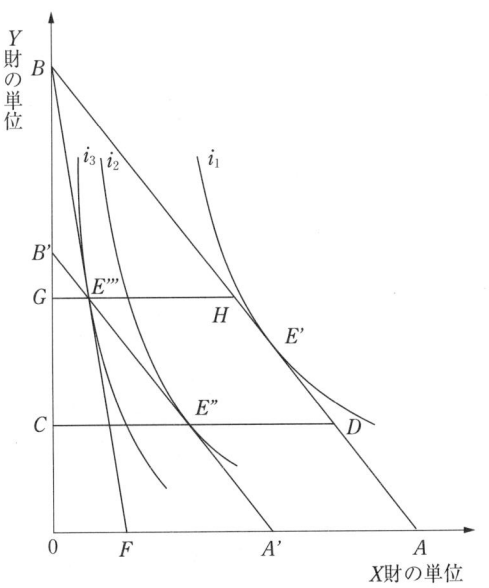

[1]Musgrave, R.A., Musgrave, P.B., Kullmer, L.,Die öffentlichen Fiananzen in Theorie und Praxis 2. Bd., 5. Aufl. Tübingen 1992, S. 104.

図6.9　一般的消費税と個別消費税に対する適応[1]

AA'の収入をもたらす一般消費税が徴収される場合，価格線はABから$A'B'$に平行移動し，消費者はより小さい量のX財とY財を消費することになる。ここで絶対価格は上昇しているが，課税に財による差別がないので，相対価格は同一に維持される（$A'B'$とABが平行であることがこれを示している）。課税後の均衡点はE''であり，Y財の需要量はOC，財の需要量はCE''である。

これに対し，同額の収入をもたらす個別消費税がX財に課せられる場合，事態は異なったものになる。課税後の価格線はBFとなり，均衡状態はE'''に与えられる。なぜならその点で無差別曲線が価格線に接しているからである。$E'''H$は$A'A$とちょうど同じ大きさであるが，これはこの個別消費税が先の一般消費税と同額の税収をもたらすことを意味している。課税後，消費者はOGに相当するY財とGE'''に相当するX財を需要する。一般消費税の場合，均衡点は無差別曲線i_2上であったが，個別消費税の場合には無差別曲線i_3上にある。つまりこの経済主体は個別消費税のもとで，一般消費税におけるよりもより低い厚生水準に押しやられ，そしてi_2とi_3の差に相当する余計な犠牲を負わされている。これが個別消費税の超過負担と呼ばれるものである。一般消費税の場合は所得効果だけが生じているのに対し，個別消費税の場合にはさらに代替効果も発生することになり，これが税負担を超える厚生損失の原因となっている。したがって，超過負担のない効率的課税の観点から見ると，一般消費税は個別消費税より優先されるべきである。

課税が，労働と余暇の間の選択や，現在消費と将来消費（消費と貯蓄）の間の選択に影響を与え，その結果超過負担をもたらすことがある。所得を現在消費と将来消費のどちらに使用するかという決定に対する租税の影響は，前掲の図6.9によって説明することができる。横軸に現在消費を，縦軸に将来消費をとると，無差別曲線には将来消費と現在消費との組合せが表わされることになる。ここで，賃金税が課せられたとすると，予算制約線（価格線）ABは$A'B'$に平行移動し，所得効果だけが生ずる。これに対して，たとえば消費税によって現在消費だけが，あるいは貯蓄利子課税によって将来消費だけが課税されると，代替効果も生じ，価格線は傾きを変えることになる。労働と余暇の選択についても同じように類推することが可能である。こ

の場合，所得税が超過負担を引き起こすので，余暇も課税ベースに含む人頭税が厚生コストをうまない効率的な最適租税となる。この論点が最適課税論の展開のきっかけとなった[7]。

4．消費課税のマクロ経済的分析

これまでの考察は，ミクロ経済的で短期的な部分分析によるものであった。しかしながら長期的にみて生産要素間の移動がある場合に生じる租税の効果を分析するには，一般均衡の考察法（一般分析）による必要がある。課税は生産者と消費者の適応行動を通じて2次的な効果をもたらすが，一般分析はこの2次的効果をも考慮に入れた分析を可能にする。個別消費税によって特定の財に課税がなされると，消費者は課税財から非課税財に逃避するため，課税財と非課税財の双方が価格に影響を受ける。生産が費用逓増的に行われている場合，非課税財に対する需要の増加はその価格を引き上げる。他方，需要が低下した課税財の価格は低下する。こうして，課税の負担は非課税財やその購買者にも及ぶことになる。

最後に，国民所得が時の経過につれて成長し，それが需要の所得弾力性を通じて租税の効果に影響を与えるケースについて考察する必要がある。ある財，たとえば贅沢品に対する需要の所得弾力性が高い場合，つまり所得が増加するとそれより高い率で需要が増加する場合，時の経過とともに需要曲線は外側へ移行し，租税の価格転嫁が容易になると考えられる。

5．消費課税の逆進性

他の条件が一定ならば，供給や需要が価格に対し非弾力的であればあるほど多くの税収がもたらされる。（図6.4参照）。たとえば，生活必需品の需要はかなり非弾力的であるので，こうした財への課税は税収の面からは望ましい。しかしながら生活必需品は，その購入総額が所得額に占める割合が，高所得者層よりも低所得者層において大きい。つまりこうした財への課税は逆進効果を持っているのであり，所得分配政策の面からは望ましくない。このように消費税の評価は，税収面からと所得分配面からでは対立するのである。

生活必需品に限らず,消費への課税は逆進性を伴う。これは所得に占める消費の割合が,所得が上昇すると共に小さくなることによる。この命題の妥当性を検証するために,所得階層別に租税の負担率を計算するという方法がしばしば試みられる。これを計算するためには,まずはじめに,消費課税のうちどれだけが消費財の価格に上乗せされるかが調べられる。つぎに,所得階層別の消費構造に関するデータが収集される。そして最後に,これらのデータに基づいて,所得階層別の消費課税負担率が算出される。

しかしながら,こうして行われた消費課税の負担率に関する経験的分析の結果は一様ではない。1974年にドイツで行われた間接税の負担に関する研究では,租税負担率は租税を可処分所得額と消費額のどちらとの関係で見るかによってその形態が異なっている(図6.10参照)。民間消費に対する間接税の負担率は,もっとも低い所得階層では14.6%であるが,最高所得階層では約17%である。それゆえ,これは累進形態をもっているといえる。これに対して,経済政策論で重視される可処分所得との関係では,家計による間接税

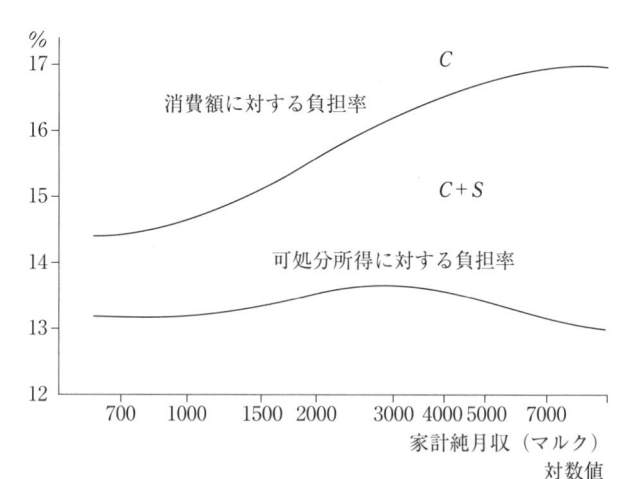

出所:Bedau, K.-D., und Göseke, G., Die Belastung der privaten Haushalte mit indirekten Steuern, in: Wochenberichte des Deutschen Instituts für Wirtschaftsforschung, 44/77, vom 3.11, 1977, S. 384.

図6.10 ドイツにおける間接税の家計負担(1974年)

の負担はほぼ比例的であり、明確な逆進性は示されていない。最高所得の辺りをさらに細かく見れば、ある程度の逆進性を見いだすことはできるが[8]、全体的には、消費課税は所得分配政策の観点から望ましくないという主張とは異なる様相を呈しているといえる。

ドイツの一般消費税である「付加価値税」の場合、負担が比例的であるが、それはその税率形態に原因が求められる。第1に、低所得者層で消費割合が高くなる生活必需品がかなり免税されており、第2に大部分の食料品に対しては低い税率が適用されている。こうした措置により、単一税率による消費課税の負担の普遍性は損なわれるが、低所得者層に不利な逆進性はかなり緩和される。しかしながら、最近の研究によると、全体の間接税の負担を比例的にしているのは、生活必需品に対する付加価値税の非課税措置や軽課措置ではなく、むしろ個別消費税の存在である。付加価値税の場合、家計の純所得との関係を見ると、3,000マルク以下の所得階層については比例的だが、それ以上の所得階層については一貫して逆進的になることが確認されている[9]。これに対し個別消費税の場合、鉱油税など逆進効果をもつ税がある一方で、保険税など累進的な効果をもつ税もあり、全体としては逆進性を緩和する傾向にある。

6. 利潤課税の帰着に関する一般均衡分析

消費課税の場合、課税標準の違いによって一般消費税と個別消費税に分けられる。所得課税も同様に、課税標準である所得を一般的に捉えるのか、それとも個別的に捉えるのかで区別することができる。これにはいろいろな形態が考えられるが、ここでは、このうち利潤を課税標準とする法人税を取り扱う。法人税としては所得税に包括されていないものを想定する。これはつまり、企業利潤は法人の段階で法人税によって課税され、さらに資本家（企業主）の段階で所得税によって課税されるということを意味している。

以下ではまず、完全市場を前提とし、長期的分析手法および一般分析を使って、法人税の帰着について論じる。

A.C.ハーバーガーによる図解モデルは[10]、法人企業によるX部門とその他の企業によるY部門からなる2部門経済を想定し、以下の仮定のもとで法人

税の効果を分析している。すなわち，①経済全体では資本の供給量が一定であること，②資本の供給が収益に対し弾力的であること，③資本市場で完全競争が成立していること，である。

短期的には，つまり生産要素の移動がない場合には，法人税の負担は法人企業部門であるX部門でのみ発生する。それゆえ法人税は，X部門に投資した資本家に帰着する。

ところが長期的には多様な適応行動が生ずる。図6.11が示しているのは，そのなかでも両部門の純収益の均等化をもたらす適応行動である。課税前に達成されている均衡状態では，両部門の資本収益率はOIであり，そのときの資本量はX部門でOH，Y部門でOMである。ゆえに全体の資本量は$OH+OM$となる。直線CDはX部門の資本の限界生産力を，直線FGはY部門の資本の限界生産力を示している。

ここでX部門の資本収益に対し法人税が課されると，X部門の収益状態が悪化するため，資本の限界生産力はCDからEDに低下する。これによりY部門で資本収益率が相対的に高くなるため，X部門からY部門への資本の移動が起こる。この資本移動は，X部門にKHに相当する資本の減少と，Y部門に

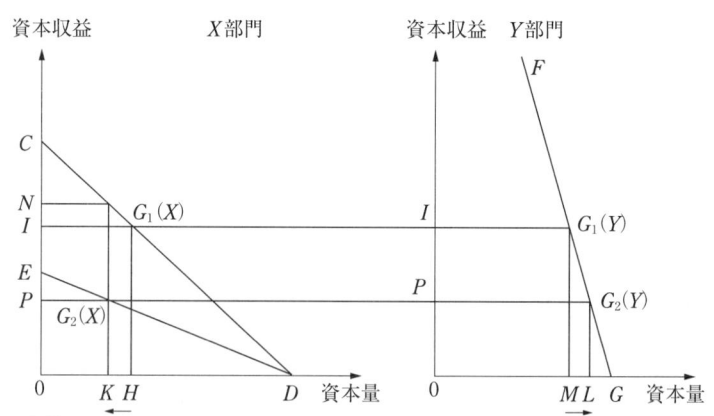

出所：Musgrave, R.A., Musgrave, P.B., Kullmer, L., Die öffentlichen Finanzen in Theorie und Praxis, 2. Bd., a.a.O., S. 87.

図6.11　長期考察による資本収益課税の効果（純収益の均等化）

B. 公共予算の所得分配効果　*177*

KHと同量であるMLに相当する資本の増加をもたらす。ゆえに全体の資本量は，資本移動後，OKとOLの合計となる（仮定により全体の資本量は一定であるのでこれは資本移動前に等しい）。他方，資本収益率はOIからOPに低下する。

　この分析の結論として以下のことが確認できる。長期的にみると，租税は両部門の資本所有者によって，すなわち課税部門だけでなく非課税部門においても負担される。つまり，租税負担は両部門に投資された資本に配分されるのであり，これは負担が高所得者に帰着する傾向にあることを意味している（図6.12参照）

　X部門とY部門では生産が異なる生産要素（労働，資本）比率で行われており，かつ生産要素の移動が可能であるとして，資本か労働かのいずれかが相対的に強く需要されることがあれば，長期的にみてさらに別の効果が生じる。

　ケースA：X部門の方がY部門よりも生産における資本集約度が小さいと仮

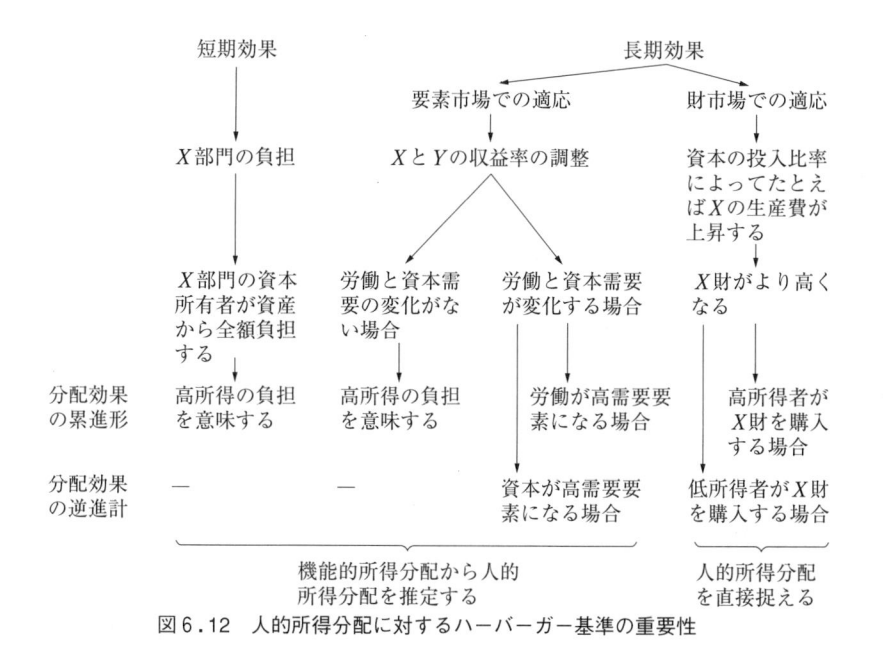

	短期効果	長期効果		
		要素市場での適応		財市場での適応
	X部門の負担	XとYの収益率の調整		資本の投入比率によってたとえばXの生産費が上昇する
	↓	↓	↓	↓
	X部門の資本所有者が資産から全額負担する	労働と資本需要の変化がない場合	労働と資本需要が変化する場合	X財がより高くなる
分配効果の累進形	高所得の負担を意味する	高所得の負担を意味する	労働が高需要素になる場合	高所得者がX財を購入する場合
分配効果の逆進計	—	—	資本が高需要素になる場合	低所得者がX財を購入する場合

　　　　　　　　機能的所得分配から人的　　　人的所得分配
　　　　　　　　所得分配を推定する　　　　　を直接捉える

図6.12　人的所得分配に対するハーバーガー基準の重要性

定すれば，課税によって資本がY部門に移動すると，資本が相対的に希少になり，両部門において資本収益率が上昇するであろう。なぜならば資本の移動によりX部門の生産が縮小しY部門の生産が拡大する場合，X部門が放出する労働力はY部門が必要とするよりも多く，逆にX部門が放出する資本はY部門が必要とするよりも少ない。このため資本は相対的に稀少な要素となり，資本収益率が上昇するのである。これに対し労働の報酬は，その労働力への需要が減少するため，相対的に低下する。その結果，資本収益率の低下は租税負担に相当する額より小さいものとなり，他方，賃金受領者は労働報酬の低下という形で負担することになる。

　ケースB：これに対し，X部門で生産の資本集約度が大きく，Y部門で小さいとすれば，事態は逆転する。このケースでは，労働力が相対的に不足するため，労働報酬が高くなるが，逆に資本収益率は低下する。この場合，資本家は，法人税負担に加え，生産要素としての資本が余ったことによる資本収益率の低下による負担をも負うことになる。

　こうした考察によって示される第2の結論は，両部門の生産要素の比率の差異が，生産要素の移動を通して，機能的所得分配に影響を与えるということである。これは，資本収益が高所得者層に流れていくと考えるならば，法人税が人的所得分配に効果を持っているということを意味している。

　これまでは法人税の生産面における租税負担の帰着を論じてきたが，この考察は消費面についても適用することができる。その場合，人的所得分配の観点から，課税前には誰がどれだけX部門やY部門の財を購入し，それが課税によってどのように変化するのかが問題となる。そのためには，生産量の変化が両部門の費用条件の違いにより財の相対価格をどう変えるかを明らかにする必要がある。両部門が費用逓減産業であると仮定すると，課税によるX部門の生産の減少は，X部門の財の価格上昇と，Y部門の財の価格低下を引き起こす。つまり課税によって価格の相対関係が変化するのである。するとX部門の財購買者の実質所得は低下し，Y部門の財購入者のそれは上昇するため，この点で人的所得分配との関係が生ずる。もし「貧しい」人々が安価になった生産物を購入し，「裕福な」人々が高価になった財を購入すれば，

累進課税効果が生ずることになる。ただし，所得の低い階層がX財を購入すると，人的分配効果は逆進的となる。

7. 不完全市場における利潤課税の帰着

前節では完全市場を前提としていたが，**利潤課税帰着の分析**は，それ以外の市場形態（独占，寡占）を考慮に入れることでより完全なものにすることができる。こうした議論では通常，総需要が不変であることと，企業が利潤を極大化することを目的としていることが前提とされる。価格理論における部分分析モデルによれば，こうした前提からは，短期的には**利潤課税の転嫁**が生じないという結論が導かれる。

寡占市場でプライス・リーダー的な存在にある大企業が価格を引き上げる場合，中小企業は価格を据え置いて売上げを拡大することもできるが，たいていの場合は大企業に追随して価格を引き上げる。なぜならば価格の据置によって売上げを拡大した場合，市場占有率の維持を重視する大企業による報復，たとえば更なる値下げや大規模な広告活動などを覚悟しなければならないからである。大企業がこうした価格管理的な戦略を実行に移すには，大きな市場支配力を必要とするため，簡単には行うことができない。しかしながら増税というきっかけが与えられれば，価格の引き上げを実行する可能性は非常に大きなものになる。というのは，その価格の引き上げは租税を前転するためのものであり，追加的な利潤をあげるためのものではないからである。もしこうした議論が正当なものであるならば，価格理論の部分分析モデルによる結論とは異なり，利潤税の転嫁は短期的にも生じることになる。

すべての企業部門に課せられる利潤課税が転嫁され得るか否かという問題は，50年代に広範な論争を呼んだ。転嫁の可能性に関するマクロ経済的な一般分析によって提起される疑問は，利潤税が価格に転嫁される場合，価格の引き上げから生ずる売上の増加が，国民経済的にどこから資金調達されてくるのかということである。それが調達されるためには，市場で利用可能な貨幣量が短期的に拡大可能でなければならない。現実には，制度的理由や貨幣政策的理由から，貨幣供給は十分に伸縮的である。転嫁がスムーズに行われるのに必要な貨幣量は非常に小さいので，政策的に貨幣量が抑制される場合

ですら，転嫁可能性が制限されることはない。

　利潤税の転嫁を論じるにはさらに，課税が総需要の縮小をもたらすかどうかが問われなければならない。この問題への解答は，景気が正常な状態にある場合には，租税収入は直ちに支出されるため，総需要は一定に保たれるという事実の中にある。しかしながら部分分析的には，こうした租税徴収と支出による需要の構造変化に関する問題は未解決のままである。なぜなら個々の企業において，利潤税の増税と国家からの発注や国家サービスの増加が直接的に結びつくことは，例外でしかないからである。

　最後に，利潤課税が企業の投資意欲，従って経済成長の決定因に影響を与える問題がある。想定されることは，将来の純利潤の減少を計算に入れて投資計画を後退させたり，立地を変える企業がいくつか出てくるということである。このことは利潤税の引き下げが景気・成長政策の一手段になりうることを示している。

8．利潤課税の帰着に関する経験的研究

　利潤課税が転嫁される可能性や，その方向，そしてその範囲については異論が多いため，経験的研究，とりわけ**計量経済学的研究**によって，実際の状況を把握する必要がある。これまでにも転嫁に関する仮説を検証するため，数多くの経験的研究が行われてきた[11]。

　そうした研究のひとつに，法人税が課せられる企業の利潤状態を分析することがあげられる。このためにはまず，異なる税率における**資本収益率**の違いを観察することが必要である（表6．1参照）。1927年〜1983年のアメリカにおける研究から明らかになったことは，増税が税引き後の総資本収益率を引き下げなかったということである。しかしこの研究成果は，増税が課税企業の動向にどのような影響を与えたかについては何も語っていない。たとえば，法人税が課せられなかったならば収益率はもっと高かったかもしれず，ゆえに利潤低下の形で租税の一部が企業によって負担されているかもしれないのである。

　法人税が企業の収益率に与える効果を判定するには，計量経済的手法によってそれを他の決定要因（国家需要，消費者需要，価格，操業率，その他の

表6.1 アメリカの加工業「法人」の収益性1927〜83年（単位％）

	1927〜1929	1936〜1939	1953〜1956	1957〜1961	1964〜1967	1968〜1971	1977〜1980	1981〜1983
自己資本収益率								
課税前	8.8	7.8	18.4	14.1	17.8	13.5	19.4	11.2
課税後	7.8	6.4	9.2	7.3	10.1	6.8	13.9	8.2
総資本収益率								
課税前	8.7	7.3	15.7	12.2	14.9	11.6	16.4	12.7
課税後	7.8	6.2	8.2	6.8	9.1	7.0	12.8	10.8
法人税率	12.2	17.0	52.0	52.0	48.5	50.7	47.0	46.0

出所：Pechmann, J.A., Federal Tax Policy, 3. Aufl., Washington, D.C. 1987, S.147.

租税など）から分離しなければならない。しかしそれぞれの決定要因の間に相関関係があることを考えると、これは方法論上かなり大きな問題をもっている。この種の研究は、M.クリザニアックとR.A.マスグレーブにまでさかのぼることができる。彼らもまた指標として収益率を選び、それをいくつかの変数との関係の中で分析している。彼らは、アメリカ合衆国における法人税は、3つの観察期間（1927—29, 1936—39, 1955—57）において短期的に完全に転嫁された、という結論に達した[12]。彼らの計算によれば、従属変数として総資本収益率を基にしたときには転嫁の割合は134％であり、自己資本収益率を基にした場合でも123％であった。むろんこの場合、100％を超える部分が租税の転嫁であるということはできない。しかし、この研究結果に対しては批判もある。ほぼ同一期間についてのR.J.ゴードンの研究はこれと対立する結論に到達している。つまり、法人税が徴収されなかったならば、収益率はより高くなっていたであろうということである。これに対してF.D.セボルドは連立方程式による推計に基づき、1931年から1970年までの期間について、法人税が69％転嫁されたことを証明している[13]。

　法人税の短期的な転嫁の可能性をめぐる議論は、経験的研究だけで完結するものではないが、企業が完全に担税者であるという立法当局の仮定は手放しで支持できるものではない。また、転嫁の方向と範囲については激しい意見の対立があるが、少なくとも利潤税の転嫁が起こる可能性については否定

することはできない。

9．所得課税の帰着

所得税の帰着に関する理論分析の重点は，租税によって誘引された要素供給の変化にある。所得税のなかでも重要な位置を占める給与所得税の場合，労働供給の変化に焦点があてられる。労働市場において完全競争が成立しており，労働需要と労働供給が中程度の弾力性をもっているとすれば，労働の需要曲線と供給曲線は図6.13のように描かれる。課税前の均衡点Mにおいて，賃金率はOB，労働需要量はOCである。tすなわちGLの高さの給与所得税が課されると，賃金率はOKに低下し，$KLGF$の税収が発生する[14]。このうち雇用者は$BHGF$，労働者は$KLHB$を負担する。このとき，供給曲線SSの勾配が急になればなるほど，労働者の負担は多くなる。需要曲線が完全に非弾力的な財に従量税が課せられた場合（図6.4参照）と同様，労働市場においても労働供給が完全に非弾力的であれば，超過負担GLMはなくなる。

こうした理論は完全市場を前提としているが，経験上，完全競争の重要性は労働市場の方が財貨市場におけるよりも小さい。現実の労働市場はたいて

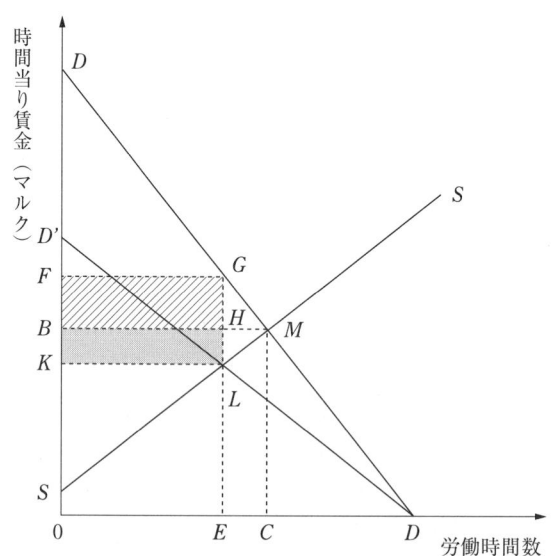

図6.13　完全競争と中間弾力性ケースの賃金報酬に対する租税

い不完全競争の状態にある。賃金率の決定プロセスは業種によって異なるため，以下では勤労者，管理職勤労者，経営者，自由業のそれぞれについて論じることにしよう。

勤労者の賃金率は交渉によって決定するが，交渉では，租税による価格上昇が招いた生活費の高騰が労使紛争の種になる。また，所得税の増税によって純所得が低下した場合も同様である。こうした理由から賃金率の引き上げが要求されると，企業はその「負担」を価格に転嫁しようとするであろう。これは価格を上昇させ，新たな賃金要求のきっかけになる可能性がある。同じ考え方が管理職勤労者や経営者の賃金外報酬についてもあてはまる。彼らもまた税率が引き上げられる時には，税引き後の純所得を目標値に近づけるように報酬を取り決めようとするであろう。

自由業者は，所得税負担が上昇する場合，その補償として手数料やサービス報酬などを引き上げようとするであろう。しかしながら弁護士や税理士，医者などの場合，手数料の決定は個人の自由にできないので，自由業における租税負担の完全転嫁は例外的なケースでしか発生しない。

10. 所得階層別の給与所得税負担率

租税負担がどのように配分されているかの推計は，給与所得税の場合も転嫁に関する仮定に大きく依存する。給与所得税の場合，通常は納税義務者が担税者であると考えられ，転嫁の可能性が小さいとされているので，租税負担の配分は比較的簡単に確定できる。つまり給与所得税については，租税負担は租税の支払いに一致するので，租税負担配分の計算に限界があるとすれば，それは納税に関する統計資料の欠陥によるものである。

表6.2は，官庁統計から推計されたドイツの給与所得税に関するデータである。第8列から，給与所得税の相対的な租税負担が総賃金額の上昇と共に増加していることが読み取れる。こうした租税負担の累進性は明らかに所得分配を平準化する効果をもっている。給与所得税以外の所得税についても，同様のデータを観察すれば同じことがいえるであろう。租税負担率の計算において，総賃金額に代えて課税所得を分母にとると，累進性の度合いは異なったものになる。課税標準からの所得控除は，高い限界税率が適用され

る高所得者により優遇的に作用するからである。ゆえに表6.2に示された負担の累進性は，その分だけ修正されるべきである。

11. 社会保険の帰着

社会保険負担は量的にはかなり重要であるにもかかわらず，帰着分析の研究においてはしばしば軽視される。それは，社会保険負担が所得税負担と区別できないものであるにもかかわらず，国家への支払いとして扱われないことに原因がある。さらに，租税と違って保険料収入が特定の使途と結びつけられて支出されるため，予算帰着を用いなければ考察することができないということもその理由のひとつである。また，雇用者と労働者が保険料を折半したり，保険加入義務や保険料負担に限度が設けられているといった制度的な特性が，その帰着分析を困難にしている。

社会保険負担の帰着を分析するにあたっては，社会保険負担が担税能力原則と費用等価原則との中間的な性格をもっているという点を考慮する必要がある。保険料は限度額までは所得額に比例して上昇するが，それを超えると限度額に固定される仕組みになっている。これは保険料負担が逆進的である

表6.2 賃金総額別の賃金税負担，1986年

総賃金グループ	賃金税納税者		総 賃 金		賃金税額（租税債務）		負担 (6:4)
	1000	%	100万マルク	%	100万マルク	%	%
1	2	3	4	5	6	7	8
4800未満	2560.2	11.4	5529.8	0.6	34.7	0.0	0.6
4800—12000	2116.8	9.5	17431.4	2.0	359.4	0.3	2.1
12000—20000	1857.2	8.3	29511.3	3.4	1756.8	1.3	6.0
20000—30000	2748.1	12.3	69664.0	8.0	7086.6	5.1	10.2
30000—40000	3723.0	16.6	130465.5	15.0	16395.6	11.7	12.6
40000—50000	2960.6	13.2	132080.1	16.1	18160.0	13.0	12.7
50000—100000	5614.6	25.1	377893.7	43.3	64876.7	46.4	17.2
100000超	797.8	3.6	109735.8	12.6	31021.4	22.2	28.3
総 計[1]	22378.3	100.0	872311.6	100.0	139691.2	100.0	16.0

[1] Abweichung von 100% durch Rundung.
出所：Zusammengestellt nach: Statistisches Jahrbuch 1992 für die Bundesrepublik Deutschland, Wiesbaden 1992, S. 545.

ことを意味する。というのは，限度額に固定されている部分では，所得額が大きくなるほど保険料の所得額に占める割合が小さくなるからである[15]。

社会保険については，所得分配に与える影響以外の効果についても重要な問題が議論されている。企業が負担する社会保険料は賃金に付随する費用であり，ゆえに企業利潤や経済の投資力を圧迫するものである。また，社会保険料の引き上げは賃金の高騰をもたらし，価格水準の安定を損なう可能性がある。さらにまた，勤労意欲や貯蓄意欲を損ねる可能性も考えられる。このように社会保険には，生存保障のための重要な条件である経済成長自体を脅かす危険性が潜んでいるのである。

II. 公共支出は誰を利するか

「誰が租税を負担するか」という問題とは対照的に，公共支出によって生ずる便益の配分問題が論じられることは稀である。しかし，公共予算の再分配効果を算定するためには，公共支出の帰着に関する知識は不可欠である。公共支出によって生じる変化は，多くの場合，マイナスの移転所得ともいうべき租税や社会保険料から類推することができるが，公共財の場合にはこうした類推方法には問題がある。なぜなら公共財がもたらす便益は，個人の資金フローに関係づけることが難しいからである。ゆえに公共サービスの帰着は補助金や社会保障給付のケースと異なり，単なる「類推」以上のものを必要とする。

a) 移転支出の帰着

移転支出に関しては，一見すると帰着の算定が容易であるように思われる。というのは，移転支出は資金の支払いという形をとっており，その受領者が明確だからである。移転支出の利益の帰着を考える際には，まず，受領者が受け取った額はそのまま彼らに配分されるものと捉える。行政を簡素化するために，行政と受領者の中間にはいって仮に受領する者が存在することがあるが，これは調整される必要がある。しかしながらこれを調整したとし

ても,立法者が意図する便益の配分と,実際の便益の配分は一致しない。なぜなら,移転支出には「便益横取り」が生じると考えられるからである。これは租税における転嫁に類似しており,その過程は租税の帰着から類推することができる。また,公共支出の所得階層別の帰着については,租税帰着のミクロ経済的な部分分析から類推することができよう。

　移転支出のうち,家計への所得移転である**社会保障給付の帰着**は,民間企業に対する補助金の帰着に比べ問題が少ない。これは社会保障給付の場合,実際の受領者と受益予定者とが一致する割合が高いためである。この傾向は,社会保障給付に関する法律が受領者を明確に規定しており,かつ市場に非受領予定者による便益横取りが起こる余地がないと推定できる場合,とくに強い。

　社会保障給付を所得階層別に帰属させるためには,**移転支出プログラムを分類する**ことが必要である。それは,第1に公共団体による貨幣給付(住宅手当,教育補助,児童手当,社会扶助,貯蓄奨励金,奨学金,住宅建築補助など)であり,第2に社会保険機構による貨幣給付(年金,疾病給付金,介護給付金,失業給付金など)に区別される。社会保障給付はこのほかに,機能や目的によって分類することも可能である(たとえば,老齢,疾病,廃疾,教育といった指標による分類)[16]。

　また帰属の分析に際しては,受益予定者と実際の受益者とが一致しているかどうかが問題となるが,社会保障サービスの場合,市場での所得獲得とか消費を通じて利益横取りの可能性があることは明らかである。たとえば,ある特定の所得階層の市民(たとえば学生や年金生活者)が社会保障給付を受ける場合,その階層が消費する特定の財の価格が高騰することが考えられる。生涯教育奨励金や住宅手当,暖房費補助などが給付されると,授業料や家賃,エネルギーなどの価格が上昇することなどがこれにあたる。こうした場合,期待される実質所得の増加は十分には起こらないと考えられる。

　補助金の受領者は企業であるが,補助金のすべてが企業の株主に帰属するとみなすことは明らかに誤りである。補助金支給によって誰が利益を受けるかを突きとめるには,その分配効果を究明することが必要である。補助金受

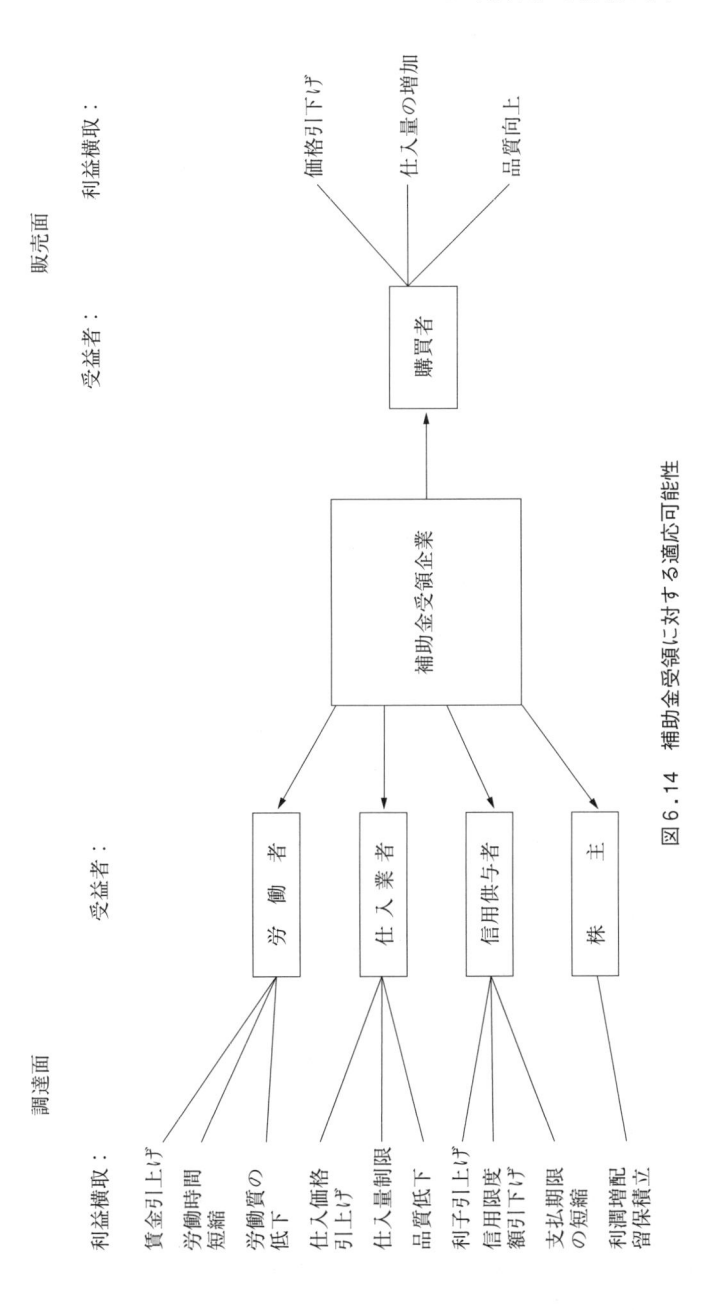

B. 公共予算の所得分配効果　187

販売面

利益横取：

受益者：　　購買者
- 価格引下げ
- 仕入量の増加
- 品質向上

補助金受領企業

調達面

受益者：　労働者／仕入業者／信用供与者／株主

利益横取：
- 賃金引上げ
- 労働時間短縮
- 労働質の低下
- 仕入価格引上げ
- 仕入量制限
- 品質低下
- 利子引上げ
- 信用限度額引下げ
- 支払期限の短縮
- 利潤増配
- 留保積立

図6.14　補助金受領に対する適応可能性

領者である企業は同時に補助金受益者でもあるが，市場のメカニズムの働きにより，補助金受領者は補助金利益の全部または一部を他者に移転せざるをえないことがある。その場合，他の企業や家計が受益者となる。実際に補助金を受け取る補助金受領者，立法者が利益を与えることを意図する補助金受益予定者，そして実際の補助金受益者は必ずしも一致するとは限らないのである。

図6.14は，租税転嫁からの類推により，補助金の給付と帰着の間にどのような差異が生じうるかを示したものである。補助金を受領することによって，企業はサービスや財の調達面において譲歩がしやすくなる。つまり，賃金引き上げや仕入れ価格の引上げ，資金借り入れに際しての不利な条件などを受け入れやすくなるのである。また販売面では，価格の低下，品質の向上，生産量拡大の可能性といった利益を購買者に供与することが可能になる。こうした利益の移転がまったく生じなかった場合にはじめて，補助金は配当や留保を通じて企業主の利益となるのである。

図6.15は補助金の効果について，ミクロ経済学的な部分分析を示したものである。需要曲線Nを不変とすると，補助金の給付により供給曲線はAか

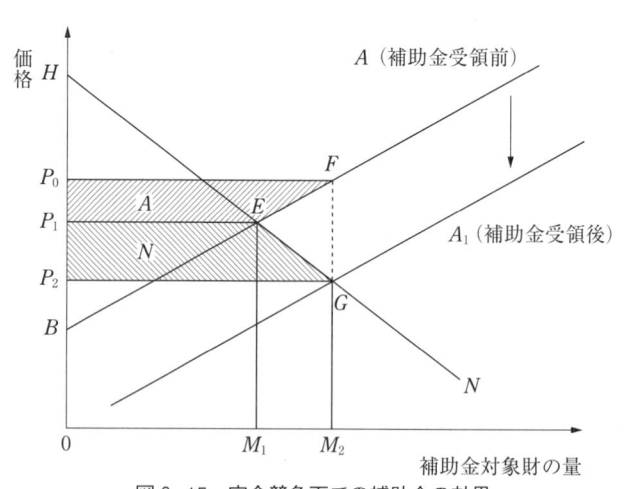

図6.15 完全競争下での補助金の効果

ら A_1 へシフトし，価格 OP_2，生産量 OM_2 で新たに均衡する。補助金の額は P_2GFP_0 で示されるが，これは $BFP_0 - BEP_1 = P_1EFP_0$ の供給者便益と，$P_2GH - P_1EH = P_2GEP_1$ の需要者便益に分けられる。三角形 EGF は補助金給付の超過負担である。生産者と消費者の便益の大きさは需給曲線の形状に依存する。

補助金への適応行動の可能性は，図6.14に示された以外にも指摘することができる。たとえば使用目的が限定されていない補助金の給付は，企業の合理化努力を低下させると考えられる。また，マクロ経済学的な一般均衡分析の観点からは，補助金が支給された部門へ生産要素が移動することによって，産業構造の変化が妨げられる可能性も指摘される。さらに補助金支給には，投資活動にも影響を与える可能性もある。

補助金の給付に条件を付けることによって，補助金利益の移転の方向と規模をある程度コントロールすることが可能である。たとえば，支払う賃金の総額に比例して給付される補助金に，賃金の引上げを義務づけることによって，補助金利益の一部を労働者に帰属させることが可能である。同様に，住宅建築への補助金についても，対象となる住宅を農業労働者のためのものに限定することにより，利益の一部を農業労働者に帰属させることができる。こうした使用目的の限定が行われない場合，補助金利益は株主に帰着することになる。

b) 非移転的支出（変形支出）の帰着

支出を公共サービスに変形する非移転的支出の帰着分析は一層困難である。なぜなら，この変形支出の所得分配効果は，一方で物件費や人件費の支払いを通じて，つまり公共財・サービスの生産過程で生じるが，他方で非貨幣的な公共財・サービス供給によっても生じるからである。

人件費と物件費による公共支出の所得分配効果を計算する場合，移転支出と同じように，支出額が受取人に配分されていると考えるとどうなるであろうか。この帰属方法によると，公共部門で働く個人が民間部門で働く個人よりも大きい利益を国から受け，また国に生産物を供給する企業が民間部門に供給する企業と比較して大きい利益をうけるということになってしまう。し

たがって，この方法はほとんど意味をなさない．人件費と物件費については，その額を受領者に直接帰属させるのではなく，それらが機能的所得分配や人的所得分配におよぼす効果を分析する必要がある．

　国から支払われる生産要素への対価の中に，移転的要素が含まれていることは現実に十分考えられる．生産要素に対する支払いが，たとえば地域振興や中小企業の保護といった目的で，意図的に市場価格よりも高く設定されることがその一例である．

　公平な所得分配の実現にとっては，人件費や物件費を通じた効果よりも，非貨幣的公共財・サービスの供給過程の方が重要である．**非貨幣的公共サービス供給**とは，保健，教育，文化，住宅，都市建設，治安，防衛，司法など，公共部門が供給する財・サービスのことである．

　公共サービスは，帰属の可能性によって分類される．それには，受益者が無差別であるサービス（たとえば防衛）と，受益者を特定できるサービス（たとえば学校）とを区別することが目的に適っている．前者の場合には「集合財的要素」が大きいが，後者は「私的財的要素」が強い．後者には，たとえば，国民の要請に応じた低価格の住宅や高等教育が分類される．また，社会保険機構が供給する物的サービス（医療や薬の支給）も，個人の要求をベースにして個人へ帰着させることが可能である．

　公共サービスを個人に帰属させることができ，受益者を所得階層別に分類したとしても，所得状態がどれだけ改善したかを明らかにすることはできない．そのためには，公共サービスを貨幣額に換算する必要がある．公共サービスの計算方法としては，予算に計上されたサービスの供給費用による評価と，公共サービスから生じる個人便益による方法をあげることができる．たとえば，高等学校や大学への入学が原因となって高所得をもたらすのであれば，それが個人の便益に数えられるのである．

　さらに，公共サービスは，**主観的評価**による等級づけによって評価することもできる．個人の効用による評価はアンケート調査によって行われるが，そうした調査では，たとえば国防のような公共サービスが拒否される可能性がある．しかし，個人効用による評価では，国防サービスを拒否する人々に

国防サービスを帰属させることができない。これに対して，予算費用による評価方法であれば，国防を拒否した個人にも，その他の個人と同様に，特定の帰属基準に従って一定額を帰属させることができる。また**価値財**の場合，個人効用による評価は失敗に終る。なぜなら，価値財は消費者選好が欠如しているか不完全にしか存在しないために，国が供給する財・サービスであるからである。

以上のように，公共サービス給付を人的所得分配と直接結びつけることは，限定的にのみ可能である。しかしながら，**実物移転**（公共サービス）は**貨幣的移転**（移転支出）と代替できるもの（たとえば低家賃社会住宅と住宅手当）であり，それが分配効果をもつことは疑いない。

Ⅲ. 予算帰着研究の成果と批判

予算の帰着研究では，公共収入と公共支出の人的所得分配に与える効果の分析を目的としており，帰着研究の成果を前提として，租税と支出が所得階層別に帰属される。以下ではまず租税の帰属と公共支出の帰属に関する研究を概観し，ついで予算全体の人的所得分配に対する純効果を明らかにする。

表6.3　所得階層別租税帰着　USA, 1960年（％）[1]

	名目世帯所得額（ドル／年）							
	2000未満	2000〜2999	3000〜3999	4000〜4999	5000〜7499	7500〜9999	10000以上	合計
連邦税	17.8	24.1	27.9	28.7	21.5	15.6	30.6	24.2
州税および市町村税	12.3	14.4	14.9	17.8	12.9	6.1	7.0	10.0
租税計	30.1	38.5	42.8	46.6	34.3	22.6	36.8	34.2
世帯構成比	14	9	9	11	28	15	14	100
名目世帯所得構成比	2	4	5	8	28	20	33	100

[1]百分率は「広義調整所得」を基にしている。それは公共貨幣的移転支出（移転所得）を含む貨幣所得額に公共サービス受領が加算され，租税が差し引かれて計算される。

出所：Gillespie, W.I., Wirkung des Finanzsystems auf die Einkommensverteilung, in：Recktenwald, H.C., Hrsg., Finanzpolitik, Köln-Berlin 1969, S. 241.

a) 租税収入の所得階層別帰着

初期の予算帰着分析のひとつにW.I.ギレスピーによる研究がある。表6.3には彼の所得階層別租税帰着のアウト・ラインが示されている。これによれば，アメリカでは，初めの4つの所得階層においては，租税負担は累進形態をとるが，5,000—7,499ドルと7,500—9,999ドルの所得階層では明らかに低下する。そして10,000ドルを越える階層では，再び累進的となる。連邦税と州・市町村税とに分けてみると，前者が圧倒的に累進的であるのに対し，後者は所得再分配に対する寄与度の小さいことが明らかである[17]。

租税収入の所得階層別の帰着に関するこうした研究の成果は，帰着の生じ方について，どのような仮定を置くのかに依存する。法人税はとくに負担の帰着を決定するのが難しい租税である。多くの研究者達が法人税帰着の分析の前提としてさまざまな仮定を設けたが，その研究成果は仮定の選択に左右されるのである。

b) 公共支出の所得階層別帰着

表6.4には公共支出に関するギレスピーの研究結果が示されている。一番下の行には，それぞれの所得階層の構成員が，どれだけの公共支出を「受け取る」かが，所得との比率で示されている。

表6.4　所得階層別財政支出帰着[1]　USA, 1960年（単位％）

	名目世帯所得額（ドル／年）							
	2000未満	2000〜2999	3000〜3999	4000〜4999	5000〜7499	7500〜9999	10000以上	計
連邦支出	41.8	43.8	37.3	26.0	18.9	16.0	17.3	21.1
州・市町村支出	43.4	39.1	24.0	19.2	12.6	8.3	6.2	12.9
支出合計	85.2	82.9	61.3	45.2	31.5	24.3	23.5	34.0
世帯構成比	14	9	9	11	28	15	14	100
名目世帯所得構成比	2	4	5	8	28	20	33	100

[1]表5.4の脚注参照。
出所：Gillespie, W.I., Wirkung des Finanzsystems auf die Einkommensverteilung, a.a.O., S. 241.

B. 公共予算の所得分配効果

　データから明らかなことは，連邦の公共支出が，低所得者層に圧倒的に大きな利益をもたらしているということである。もっとも，1番目から2番目，6番目から7番目の所得階層における変化はごくわずかである。これに対して，州・市町村の支出の分配効果は一貫して，所得に対するその割合を所得の上昇とともに減少させるように作用している。連邦と州・市町村を合計した全体についても同様のことがいえる。ドイツについても，W. ハーケが同様の研究成果を得ている[18]。ハーケはさらにこのプラスの所得分配効果は，それが最も大きいとされる純粋公共財グループを除いても，妥当することを立証している。

　公共支出の所得階層別帰着についても，その分析結果は，前提とする帰着に関する仮定に依存する。表6.5は，公共サービス給付の帰着研究において，それぞれの学者がどのような仮定を設けたのかを示したものである。道路交通サービスについては，ある学者は所得に従って，別な学者はオイル・ガソリン支出や消費支出に従って帰着させている。すべての公共サービスを一括して所得に従って帰着されるとみなしてしまうことは容易ではあるが，それではたとえば道路交通サービスがもつ個別的な所得分配効果が無視されてしまう。道路交通サービスはとりわけ自動車所有者を利するので，その大部分は彼らのオイル・ガソリン支出に基づいて帰着されるべきであろう。また新しい道路の建設は，土地所有者をも利するとかんがえられるから，その一部は土地資産を基準にして彼らに帰着させるべきである。

　教育サービスについても同様のことがいえる。教育の場合，個々人に均等に利益が与えられるという仮定がよく採用されるが，これは粗雑にすぎる仮定である。より厳密には，教育サービスはその大部分が学齢期の子供を持つ家計に帰着させられ，残りの部分はその他の家計に（子供を持たない者も良い教育制度の恩恵を受ける），その所得高に応じて帰着される。

　国防や外交のような集合財的要素の大きい国家サービスの場合，特別な問題が生ずる。この場合の帰着仮定は，強い恣意性を有するのが常であるからである。たとえばTax Foundationの研究では，第1の仮定として，国防や外交サービスは家族数に応じてすべての家計に帰着するとしているが，第2

第6章 所得再分配のための財政政策

表6.5 公共サービスの帰着研究における仮定

研究＼財政支出	アドラー (1947/48)[1] 全公共予算	マスグレイブ, ダイコッフ (1948)[2] 州・市町村予算	ギレスピー (1960)[3] 全公共予算	租税協会 (1961, 1965)[4] 全公共予算	ハーケ (1963)[5] 全公共予算
道路交通	所得	オイル・ガソリン支出ならびに消費支出	オイル・ガソリン支出, 運輸費ならびに物的資産	自動車支出ならびに消費支出	ガソリン支出, 消費支出, 総資産
教　育	1人当り	就学義務のある子弟を有する世帯の所得	就学児童数ならびに賃金・俸給	18歳未満の児童数ならびに教育支出	所得階層当りの通学者, 学校のタイプ別私的教育費
国防および外交	所得	証明不能	世帯数, 可処分所得ならびに資本所得	家族数, 貨幣所得および両者	世帯数

[1] Adler, J.H., The Fiscal System, The Distribution of Income, and Public Welfare, in: Poole, K.E., Hrsg., Fiscal Policies and the American Economy, New York 1953, S. 359ff.
[2] Musgrave, R.A., und Daicoff, D.W., Who Pays the Michigan Taxes?, Michigan Tax Study Staff Papers, Ann Arbor 1958, S. 131 ff.
[3] Gillespie, W.I., The Effect of Public Expenditures on the Distribution of Income: An Empirical Investigation, in: Musgrave, R.A., Hrsg., Essays in Fiscal Federalism, Washington, D.C. 1965, S. 122 ff.
[4] Tax Foundation, Tax Burdens and Benefits of Government Expenditures by Income Class, 1961 and 1965, New York 1967.
[5] Hake, W., Umverteilungseffekte des Budgets, Göttingen 1972.

の仮定では，所得額に応じて帰着するものとされている。第1の仮定では「マイナスの人頭税」として機能し，低所得者層が相対的に大きな利益を受けることになるが，第2の仮定では高所得者の方が有利である。このように，帰着に関する仮定が異なれば，予想される所得再分配の効果もまったく違ったものとなるのである。

c) 予算の所得再分配効果

収入と支出という公共予算の両面を所得階層別に帰着することができれ

ば，これに基づいてその純効果を算定することができる。図6.16はギレスピーの研究結果を示したものである。下位所得者層では，公共支出からの便益が租税負担を上回り，上位所得者層では，おおむね租税負担の方が公共支出のもたらす便益よりも高い。その場合，下位所得者層で支出の便益が租税負担をこえる程度は，上位所得者層で租税負担が支出からの便益をこえる程度よりもかなり大きいということに注意する必要がある。このことは，全体として低所得者層に有利な再分配が作用していること，そして公共支出の再分配効果が租税のそれよりも大きいということを意味している。こうした公共支出からの便益と租税負担の比較を長期的に行えば，それは，国の活動が所得再分配に安定的に寄与しているかどうかを判断する材料となりえる。

図6.17は，ドイツの社会保険，租税，公共支出の所得再分配効果をローレンツ曲線の形で図示したものである。曲線1と2の間の距離が曲線2と3

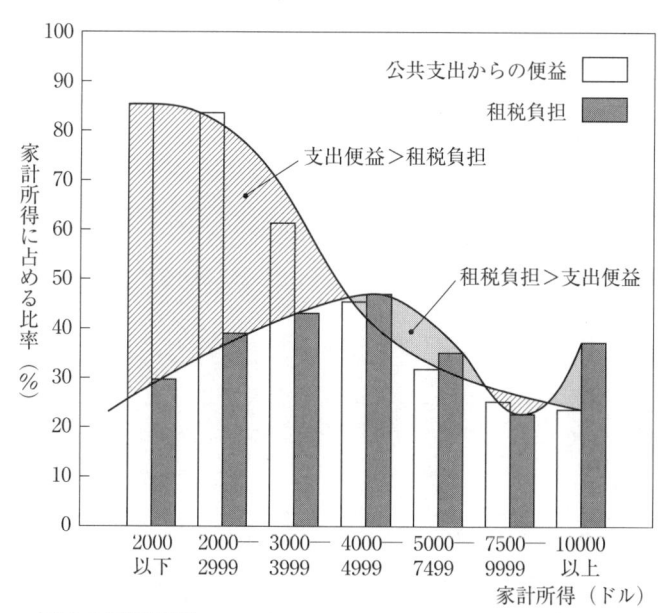

[1]表6.3の脚注参照。
出所：表6.3および6.4.
図6.16 所得階層別租税と公共支出の対所得比率，USA, 1960年

の間,および3と4の間の距離よりも大きくなっているが,これは社会保険による再分配効果が租税や公共支出の再分配効果を上回っていることを意味している。また,曲線と45度線との間の面積が三角形OBAに対する比率で示されるジニ係数(G)の値も社会保険による効果がもっとも大きいことを示している。すなわち,ジニ係数の差は,曲線1と2の間における方が,曲線2と3,および3と4の間よりも大きくなっている。

予算帰着分析の研究成果についてはさまざまな批判がある。統計資料が不十分であること,帰着仮説の説得性に差があること,予算に準じた予算外の収支(料金や準国庫)が軽視されていることなどが指摘されている。しかしながらより重要な意味をもつのは,純効果の分析結果に対してあまりにも広

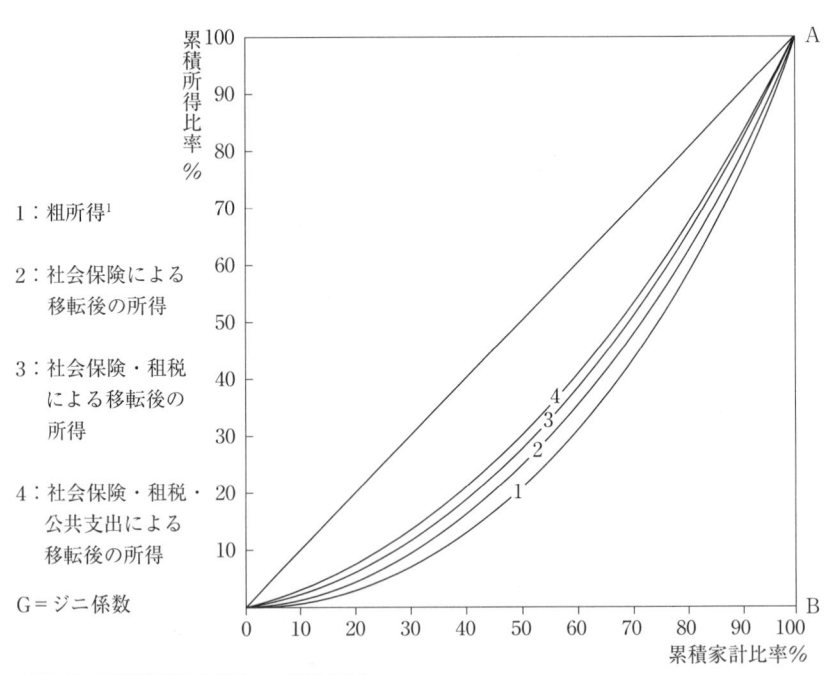

累積所得比率%

1:粗所得[1]

2:社会保険による移転後の所得

3:社会保険・租税による移転後の所得

4:社会保険・租税・公共支出による移転後の所得

G=ジニ係数

累積家計比率%

[1] 社会住宅家賃及び社会保険への拠出を含む。

出所:Grüske, K.-D., Personale Verteilung und Effizienz der Umverteilung:Analyse und Synthese, Göttingen 1985, S. 252.

図6.17 社会保険,租税及び公共支出の再分配効果,ドイツ連邦共和国,1978年

B. 公共予算の所得分配効果　197

すぎる解釈がなされることに対する批判である。図 6.17 では，一番外側にある曲線 1 は予算効果を考慮に入れる前の所得分配状態を示しているが，こうした国家活動が存在しない状態（「ゼロ予算状態」）は，国のすべての財政活動の影響を取り除くことによって明らかにされるものであって，そうした状態を究明することは実際には不可能である。たとえば給与所得税の場合，たしかに課税前の所得と課税後の所得によって，粗所得と税引後純所得のローレンツ曲線を描くことができるが，この課税前の所得は必ずしも給与所得税のない場合の所得分配状態を示すものではない。なぜなら，給与所得税がある場合とない場合では，労働者や労働組合の行動が異なるからである。たとえば，課税されない状況では，労働者はおそらく労働供給量を減少させるであろう。つまり，図に示された曲線は単なる仮空の加減算を示しているだけであり，「予算活動前と活動後」の状態だと理解することはできないのである。ゆえに，ローレンツ曲線が表すものは，所得再分配の結果であり，その効果ではない。

　こうした理由から，予算全体の帰着分析（**予算帰着の一般分析**）に代えて，個別の収入・支出プログラムの所得再分配効果を分析すること（**予算帰着の部分分析**）が必要とされる。部分分析では，誰が個々の公共支出プログラムの費用を負担しているのかが追求されるが，ひとつの考え方では，個別のプログラムの費用負担帰着は，公共支出全体の費用負担帰着に一致する。たとえば租税体系が全体として累進的であれば，個別の支出計画の負担もまた累進的であるということになる。つまり，個別の支出計画の租税負担は，全体の租税負担に比例するものと想定されているのである（**比例基準**）。

　しかしながらこの比例基準は，しばしば恣意的なものにすぎないと批判される。特定の支出プログラムを縮小したり拡大した場合に，これに応じて租税水準も個別的に引き下げられたり引き上げられたりすることで，すべての租税支払者をこれまでの負担程度に保つことは，実際には考えられない。限界的な変化（**限界基準**）を分析するには，一定期間内における租税と公共支出の変化を観察することが有効である。たとえば，ある租税の増税が行われる一方で，ある公共プロジェクトの拡大が行われたならば，その租税面での

限界的変化を公共支出の変化と対比することが考えられる。しかしながらこうした限界基準に対しては，次のような批判がなされている。支出と収入との間の直接的な関係は目的税の場合のみに認められることであって，一般財源についてはノン・アフェクタシオン原則が優先されるため，特定の支出を特定の収入に帰属させることはほとんど意味をなさない。

C. 所得再分配のための租税と公共支出

　公共収入や公共支出は，所得分配状況の改善に利用することができる。それは必ずしもローレンツ曲線で表現されるような所得分配全体の変更をめざす必要はなく，個々の社会グループの所得ポジションを変えることでも十分な効果を上げることができる。

I. 租税政策的手段

　租税の所得分配効果に関する知識は，租税を所得再分配政策に投入するための重要な前提である。先に述べた帰着分析から，基本的にはあらゆる租税に転嫁が生じる可能性があるということが明らかである。しかしながら，転嫁の方向や規模は，①租税の種類，②適応期間，③課税形態（課税標準の範囲，税率の形態，控除の可能性など）といった要素に応じてさまざまである。こうした転嫁を決定する要素は，租税政策のパラメーターとして利用される。

a) 所得発生課税
　所得発生課税は，客体的な租税負担能力に対する課税と，所得税のような，主体的な租税負担能力に対する課税に区別することができる。
　累進課税は担税力に応じて納税者の負担に差を付けるものであるが，これは個人の主体的な租税負担能力に結びつけた場合にのみ意味あるものとな

C. 所得再分配のための租税と公共支出　*199*

る。この公平観は所得税の基礎となっている。ドイツの所得税の限界税率は1990年の税制改革以来，線形の累進になっている。累進税率課税は転嫁が生じにくいため，納税者に実質的な税負担を求める場合に有効である。

　所得再分配のために各納税者の負担に差をつける方法には，累進税率課税のほかに**所得控除**を挙げることができる。所得控除は課税所得を算定する際に一定額を差し引くというものである。所得控除には2つの形態がある。その2つの形態を比較するために，粗所得が100,000マルクの納税者Ⅰと，粗所得30,000マルクの納税者Ⅱを想定する。また，彼らの限界税率はそれぞれ50％と30％であり，それぞれ2,000マルクと1,000マルクの支出があったものとする（表6.6）。

　ケース1：租税負担能力の低下を意味するような支出（たとえば手術代のように，特殊な場合に生じる大きな費用負担）を上限なしに控除することが認められるものとすると，その控除による税額の減少は，納税者Ⅰでは1,000マルク，納税者Ⅱでは300マルクとなる。つまり，所得控除1マルク当

表6.6　所得税の各控除可能性の効果

		租税支払者Ⅰ	租税支払者Ⅱ
Ⅰ	所得控除		
	事前の状態		
	総所得	100000	30000
	限界税率	50％	30％
	現実支出	2000	1000
	控除額		
	ケースA：全額控除	2000	1000
	ケースB：1000マルクまで	1000	1000
	租税減免額（マルク）		
	ケースA：全額控除	1000	300
	ケースB：1000マルクまで	500	300
	控除額1マルク当りの減免額		
	ケースAとB	0.5マルク	0.3マルク
		（50％）	（30％）
Ⅱ	税額控除		
	事前の状態：上に同じ		
	控除額	250	250
	租税減免額	250	250

り,「富者」では0.5マルク,「貧者」では0.3マルクの税額減少が生じるのである。このように累進課税は所得控除を通じて,納税者にとってプラスの効果を与えるが,これは累進課税が所得の上昇を通じて与える納税者にとってマイナスの効果と対照をなすものである。こうした所得控除の形態は応能課税の観点から望ましい。

ケース2:所得控除に限度額を設けることで,さらに追加的な所得再分配効果をもたらすことができる。限度額を1,000マルクとすると,税額の減少は納税者Ⅰで500マルク,納税者Ⅱで300マルクとなる。

租税負担を軽減する方法には,所得控除の他に,**税額控除**による方法がある。所得控除が課税標準から差し引かれるのに対し,税額控除は租税債務額から控除される。たとえば,上述の例で,所得控除に代えて250マルクの税額控除を認めるというようなケースが考えられる。この場合,納税者Ⅰにも納税者Ⅱにも同額の税額の減少が生じる。税額控除は租税債務が生じなければ適用することができない。

免税もまた,広い意味では税負担を軽減するための方法のひとつである。所得税における免税とは,一定額の所得を課税標準の対象から除外するというものである。ドイツでは,最低限の生活費を保証するために,基礎控除が定められている。各国の税法にも同様の措置が見られる。ドイツにはその他に,児童扶養免税額などがあるが,こうした免税の効果は所得控除のケースと同様である。

図6.18は所得控除と税額控除の**所得再分配効果**の違いを示したものである。図中では,個人の税額がT,課税所得がZ,租税関数が$T=T(Z)$で示されている。上図は所得控除のケースを表したものであるが,控除額が同額($F_1=F_2$)である場合は,低所得層に適用される方が高所得層に適用されるよりも税額の減少が小さいこと,すなわち$T_2<T_1$であることが示されている。下図はすべての納税者に同額の税額控除が認められるケース($T_1=T_2$)を表しているが,これを所得控除に置き換えてみると,高所得層よりも低所得層に大きな所得控除($F_2>F_1$)を認めることに相当する。

個別の産業部門(造船,住宅建築,石油供給など)や特定の地域における

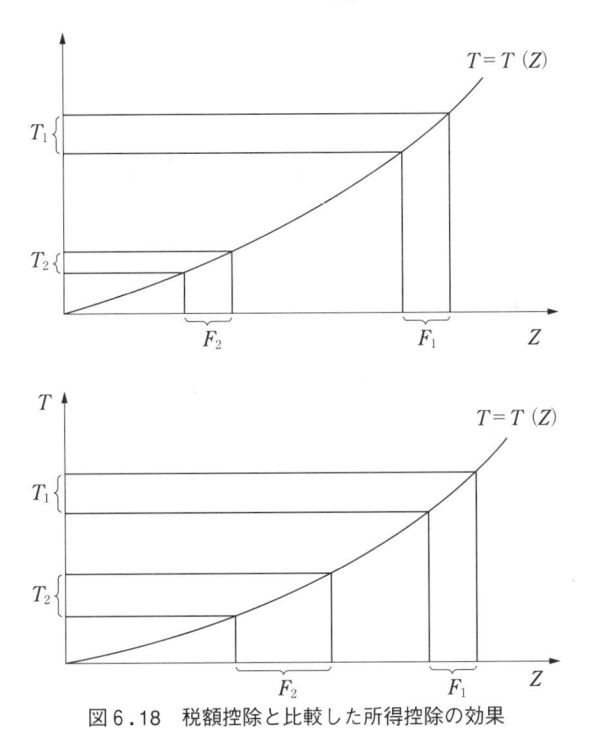

図6.18 税額控除と比較した所得控除の効果

　投資に対する租税優遇も，課税所得を減少させる措置のひとつである。租税優遇措置はとくに高所得者層に利益をもたらす。なぜならば，第1に投資ができるのは比較的高額の貯蓄ができる層だからであり，第2に高所得層は限界税率が高いため，税額の減少額が大きくなるからである。したがってこうした措置は経済政策上は有用であるが，所得再分配の観点からは問題がある。

　所得税の累進税率構造からは，インフレによって所得が名目的に上昇した場合，特別な種類の所得分配効果がうまれる。インフレが生じると，納税義務者は名目的に所得が上昇し，高い税率層に押し上げられる。そして租税負担が高まり，それだけ欲求充足可能性が低下する。こうした結果を回避するには，税率を「指数化」することによって租税負担がインフレ率に応じて自動的に低下するようにするか，あるいは定期的に減税することが必要であ

表6.7にはこうした所得税による所得再分配の方法がまとめられている。所得税による課税がこれらの措置を用いることにより差別的になれば、それだけ所得再分配の可能性は高まる。課税の差別化は所得税の仕組みを複雑にし、徴税費を高めるが、それはより高度な所得再分配を達成するための費用とみなすことができる。しかしながら、こうした費用は少ない方が望ましく、なかでもとくに公共収入の減少は可能な限り回避すべきである。それゆえ、こうした所得税による所得再分配のプラス効果とそれによって失なわれるマイナス効果とを比較検討し、もっとも効率のよいものを選択することが必要とされる。

所得再分配政策からみた所得税の利点は、それが累進税率構造と控除を通して再分配効果をもつように形成できるということであるが、これは所得税が個人的事情に結びつき、それを通して主体的な租税負担能力を捕捉するという点に根ざしている。それゆえこうした利点は、企業部門で営業に利用さ

表6.7 所得税の分配政策的形成の基準

確定すべき所得税の算定基準	可能な再分配の例
I　収入の種類から収入を算定 　　a）認定営業経費 　　b）広告費控除	特定収入の免税、たとえば失業補助 控除可能項目：営業車、建物減価償却費
II　以下の項目を控除 　　a）必要経費 　　b）特別支出 　　c）異常負担等々 　　d）その他の控除項目 　　　IマイナスIIから課税所得が得られる。	考えられる控除項目：職場への交通費、自宅の減価償却費、社会保険負担金、私的老齢・保健積立金、重病の費用 控除可能性全体が制限無しの控除から、率あるいは絶対額で制限される控除（必要な場合は所得制限を伴う）へ移行している。
III　税率	累進型、2分2乗制。高い基礎控除、たとえば労働者のための追加的免税額および減税。
IV　租税債務	課税標準からの控除から税額からの控除へ移行。

れる土地や建物に対する課税にはあてはまらない。企業課税は長期的には転嫁する可能性が大きいと考えられるが，その方向や規模は確定できないため，所得再分配政策に有効に利用することは不可能である。

b) 所得支出課税

一般消費税や個別消費税については，前述した支配的見解に従って，租税転嫁が長期的かつ継続的に行われると仮定することができる。したがって，その転嫁の仮定に基づいて所得再分配効果を明らかにすることが可能である。一般消費税は，生活必需品を**軽課**し，贅沢品を**重課**することによって所得再分配に寄与できる。最低限の生活に関わるような消費財については非課税とすることも効果的である。同様に個別消費税は，所得階層別に消費行動の特徴を知ることによって，逆進効果を緩和するように形成することが可能である。これは高所得者層が購入する奢侈品には高い税負担を，低所得者層が購買する割合の大きい生活必需品に低い税負担を求めることで実現できる。

しかしながら，いわゆる奢侈品税の導入には問題がある。第1に，**奢侈品**に課税するためには，租税回避が起こらないように税率を調整する必要がある。第2に，どの財が奢侈品であるかの見解は時間の経過とともに急激に変化することがある。第3に，奢侈品が低所得者層の羨望の的になるかもしれず，その場合，それに対する課税は望ましい所得再分配効果をもたなくなってしまう。小刻みな税率差を設け，それに適度な奢侈品税を組み込むように課税すれば，消費者が小規模な適応行動をとることが可能になるため，こうした問題が解消される可能性がある。

c) 資産課税

所得だけを再分配の対象とするのであれば，資産については，資産から生じる所得を所得税の対象に含めるだけで十分である。なぜなら，それによって資産所得に対し自動的に累進課税が適用されるからである。

資産所得の捕捉は，支払われた利子や配当のようにすでに実現されたもの

については比較的容易である。しかし，所有する土地や有価証券の値上がりといったような**未実現の資本利得**の場合，その捕捉には非常な困難がつきまとう。このため，未実現資本利得の課税に関しては，しばしば**分離課税**が用いられる。未実現資本利得の分離課税を，租税負担能力に応じたものにするのは非常に難しい。たとえば，全体の所得額からは租税負担能力があるとみなすことができない個人にも，未実現の資本利得が生じる可能性はある。それゆえ，未実現資本利得が全体の所得額と相関しないかぎり，未実現資本利得の分離課税は公平な所得再分配を実現させるための手段とはなりえない。こうした欠点は，資本利得に対する課税を総合所得税に組み込むことによって回避することができる。その場合，資産価値の上昇は実現された資産所得と同様に取り扱われ，累進課税の対象とされる。

これに対し，不平等な財産分配が所得分配におよぼすマイナスの効果を除去することが政策的に選択されるならば，資産そのものが再分配の対象とされ，資産課税の必要が生じる。**相続税**は，平等な財産分配を実現させるうえで，重要な手段である。相続税は，相続人が得た資産を課税標準とする**遺産取得税**と，被相続人が供する資産の総額を課税標準とする**遺産税**に区別されるが，再分配効果は課税標準が大きくなる遺産税の方が高い。

所得再分配のための租税政策は以下のように要約することができる。

(1) 所得再分配政策上，所得税はもっともすぐれた手段である。所得税には転嫁の可能性があるが，これは累進性を高めることによってある程度抑えることができる。
(2) 企業課税は，転嫁の方向と規模の予測が困難であるため，再分配政策の手段としては適しているとはいえない。
(3) 所得支出課税は，その大部分が消費者に転嫁されるため，所得階層別に消費行動の違いを利用することで，ある程度の差別化が可能である。しかしながら，所得に対する消費の割合は所得の上昇に従って低下するため，消費の範疇で行われる差別化には，大きな効果を期待することができない。

(4) 財産の分配状態は所得の分配に大きな影響を与えるため，資産課税は重大な所得再分配効果を有していると考えられる。しかもその効果は，高所得者層においてとくに強い。相続税，とりわけ遺産税タイプのものは，再分配効果を強化することに役立つ。また将来に所得をもたらす未実現の資本利得への課税も有用である。

II 支出政策上の手段

公共支出によってより公平な所得分配を実現するためには，公共支出が助成を必要とする低所得階層にとって有利になるように投入されなければならない。これに対する手がかりは，支出帰着の研究が与えてくれる。支出を種類ごとに個別に分析することによって，それぞれの種類の支出にいかなる分配効果があるかを明らかにすることができる。この場合，明らかに所得再分配効果が期待される移転支出だけではなく，公共財・サービス給付にも注目する必要がある。なぜなら，前述したように，それらもまた移転支出と同様，人的所得分配に影響を与えるからである。

補助金や社会保障給付の効果は，課税の効果からの類推によってある程度評価することができる。その帰着が不確実なために，企業課税が再分配政策手段に適さないのと同様，企業への補助金の場合も，企業がそれらをどのように使用するかについては不確実である。企業に，受け取った補助金を助成を必要とする低所得者層に再支出するよう義務づければ，所得再分配効果は生じると考えられるが，社会保障給付を通じて直接家計を補助する方が，受益予定者と現実の受益者とが一致する可能性が高いためより望ましいといえる。

所得税の場合，累進税率構造や控除によって所得再分配効果を発揮することができる。同様に，社会保障給付もまた，個人的事情を斟酌することができるため，再分配政策に適している。たとえば給付対象者に所得制限を設けることによって，補助の対象を本当に助成を必要としているものだけに限定することができる。

非貨幣的な社会保障給付は，低所得者層を扶助するひとつの方法である。たとえば国が食券を配付したり，低家賃の住居を提供したりすることがこれにあたるが，そうした方法によって移転支出の使途を定めてしまえば，資金を確実に所得再分配という目的に結びつけることができる。しかしながらこうした方法による社会保障給付は，使途の自由な社会保障給付に比べ，給付受領者が監督を受けるという点や，受領者の選好が望み通りに実現されないといった点で問題がある。

　社会保障給付の効果については課税からの類推が成り立つが，公共サービス給付については，租税との類似性は希薄である。

　サービスの生産において，公募や競争を通じて非機能的な所得分配や不公正な所得分配が回避されるならば，公共サービスはその生産過程を通して所得再分配に寄与することができる。ところが人件費や物件費の中には，意図的な利益供与が含まれることがあり，これには所得再分配を阻害するケースがある。ゆえにそれらの経費が公共活動の公開性，透明性，コントロール可能性の原則に適合しているかどうかが問題とされる。この観点から，軍事部門や建設部門，そして公務員給与体系の中に，整理する必要のある非機能的所得が生じていないかどうかを常に検討することが必要である。

　より重要な所得再分配効果が，公共サービス給付（実物移転）に見られる。公共サービス給付の再分配政策への利用方法としてまず考えられることは，低所得者層を有利にするようなインフラストラクチャーの整備を進め，高所得者層に利用されるサービスについては抑制することである。一般的には，教育，レジャー，住宅，保健の各部門における公共サービスに所得再分配効果があるとみなされているが，この種の政策手段が必ずしも人的所得分配と直接的な関連をもつとは限らないことには留意しておかなければならない。

III. 負の所得税

　低所得者層の負担を軽減するために所得税の減税を行ったとしても，生活保護者のように課税所得がないものはその恩恵を受けることができない。この問題を解決するために，所得額がある一定限度を下回る場合，租税を徴収する代わりに社会保障給付金が支給されるような，所得課税と社会保障給付の連結システムが理論的に考えられている。「負の所得税」と呼ばれるこの仕組みには，その支持者によれば，次のような利点がある。①社会保障と所得税という二重組織が解消される。②社会保障給付を賃金と直接リンクさせることができるため，社会保障制度がより透明なものとなり，行政費が節約される。③複雑な申請手続き，心理的障害，限界租税負担による労働意欲の喪失などがなくなる。逆に批判される点としては，国が社会保障給付金の条件や使途に関して干渉する可能性を失なうことがあげられる。また給与所得者以外の人に対しては，追加的に多くの規則を設けることが必要となり，制度が複雑になる。さらに，現行の移転的支払いの仕組みがあまりに複雑であるがゆえに，改革の実現可能性が小さいともいわれている。

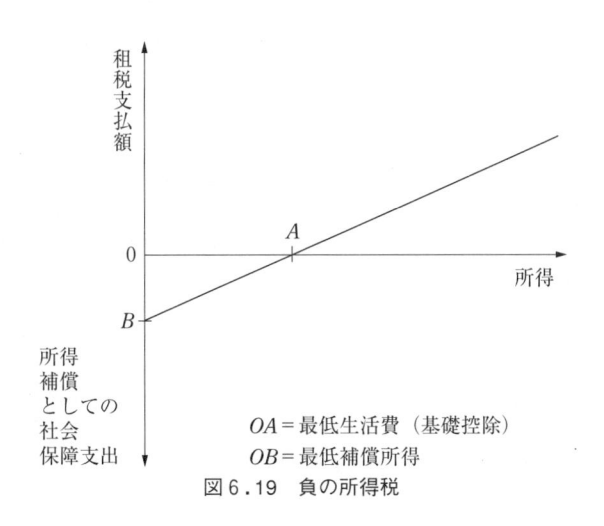

OA＝最低生活費（基礎控除）
OB＝最低補償所得

図6.19　負の所得税

負の所得税は，社会保障給付と単一税率の所得税との結合として理解でき，これは図6.19のように示すことができる。図は，所得が点Aより大きい場合には通常の所得税が課され，小さい場合には負の値の所得税が課される，すなわち「負の所得税」が支給されることを意味している。個人的事情（たとえば児童数）の考慮は曲線の右方への平行移動によって可能である。負の所得税の有効性は，所得を獲得しようとする意欲が損なわれない点にある。

第6章 注
1) CDUのベルリン・プログラム，1974年版，第66項。
2) SPDの基本プログラム，Bad Godrsberg 1959，16ページ。
3) 自由民主党は，国民個人の負担能力に従った，経済的な勤労意欲を弱めない「公平な租税システム」を要求した（FDP，ドイツの実践政策—FDP構想，Nürnberg 1969, 1969, 26ページ）。
4) これについては，Hagedorn. R., Theorie der Steuerhinterziehung, in: Wirtschaftswissenschaftliches Studium, 20.J.G., 1991, 523ページ以下。
5) 広義の転嫁は，租税衝撃の瞬間から課税へのあらゆる適応の最終点にいたるまでのすべての適応現象が考慮される場合とされる。
6) たとえば，キログラム当たりxマルクというように，財の物的量に課せられる従量税と並んで，財の価格や売上に課せられ，たとえば販売価格の％として徴収される従価税がある。
7) この分野への入門書として，たとえば，Stigliz, J.E., und Schönfelder, B.,Finanzwissenschaft, 1. deutschsprachige Aufl., Müchen-Wien 1989, Kapitel 18 und 19.
8) Huppertz, P. H., und Wartenberg, U., Wirkt die Umsatzsteuer verteilungsneutral?, in: Wirtschaftsdienst, 58. Jg., 1978, S. 395ff
9) Kaiser, H., Die Mehrwertsteuerbelastung privater Haushalte in der Bundesrepublik Deutschlnad, in : DIW-Vierteljahresheft zur Wirtschaftsforschung, 1989, Heft 1, 24ページ以下。とくに27，28ページと34，35ページ。
10) Harberger, A.C., The Incidence of the Corporation Income Tax, in : Journal of Political Economy, Bd. 70, 1962, 215ページ以下（Taxation and Weifare, Boston 1974, 第7章に再録）。入門については，Benkert, W., Das Harberger-Modell—Versuch einer verbalen Darstellung, in: Das Wirtschaftsstudium, 10. Jg., 1981, 249ページ以下および299ページ以下。
11) 個別税の帰着に関する初期の実証研究成果を概観したものに，Break, G.F., The Insidence and Economic Effects of Taxstion, in: Blinder, A. S., u. a., The Economics

of Public Finance, Washington, D. C. 1974, 138ページ以下がある。

12) Krzyzaniak, M., und Musgrave, R.A., The Schifting of the Corporation Income Tax. An Empirical Study of Its Short-Run Effect Upon the Rate of Return, Baltimire 1963. このモデルおよび批判, また非計量経済学的な固有の研究のまとめについては, Schreiber, K. F., Zur Aussagekraft empirischer Untersuchungen der Überwälzbarkeit der Körperschaftsteuer, in : Finanzarchiv, NF Bd. 29, 1970, 54ページ以下。

13) Gordon R. J.,The Incidence of Corporation Income Tax in US Manufacturing 1925-62, in : American Economic Review, Bd. X VII, 1967, 731ページ以下およびSebold, F. D., The Short-Run Schifting of the Corporation Income Tax : A Simultaneous Equation Approach, in : The Review of Economics and Statistics, Bd. LXI, 1979, 401ページ以下。

14) 源泉徴収法が用いられている場合は, 租税は生産者の要素投入課税とみなされる。したがって, 図では賃金への課税は労働需要曲線の低下として表される。そうでなければ, SSの (接点Gへの) 左方移動によっても表されるであろう。

15) 法定疾病保険の具体例については, Henke, K-D., und Behrens, C., Umverteilunswirkungen der gesetzlichen Krankenversicherung, Bayreuth 1989.

16) いわゆる社会保障予算にまとめられているサービスの詳細については, Sozialbericht 1990, Bonn 1990, 103ページ以下。

17) 租税負担配分に関する初期の経験的研究の概観については, H.C., Tax Incidence and Income Redistribution, Detroit 1971, 155ページ以下。

18) Hake, W.Umverteilungseffekte des Budgets, a. a. O., 241ページ以下。

第7章
好況と不況における財政政策

A. 景気政策目標の設定

Ⅰ. 財政の需要充足機能から安定化機能へ

　財政政策と景気動向は1929年の世界恐慌までは無関係であるとみなされていた。景気変動に応じて租税の自然増（減）収が観察されたが，この事実を景気対策の手段として利用することはなかった。むしろ伝統的な均衡予算原則が貫かれ，公債発行と中央銀行借入を原則として禁止し，租税と代償のみで資金調達すべきだとされていた。しかし，このような**需要充足財政**が年度内均衡予算に固執すると，好景気の税収増加を追加支出や減税にまわし，不景気の減収を支出削減や増税で対応するので，かえって景気の上昇と下降が激しくなってしまう。

　J.M.ケインズの景気政策理論の登場により，財政の**景気安定化機能**が一般的に認められ，租税のほかに資本市場での債務収入なども容認されはじめたので，予算の単年度均衡の原則は絶対視されなくなった。財政手段の景気政策的投入はフィスカル・ポリシーと呼ばれている。近年，マネタリストが財政政策の効果に異議を唱えているが，この問題はFⅡで取りあげる。失業と物価上昇の同時発生（スタグフレーション）という難問も後に論ずる（EⅢ）。

　この2つの反論があるが，本章では主として，安定した物価水準のもとでの失業と完全雇用のもとでの物価上昇という明白な景気状況を想定する。さて，財政政策の景気安定化機能を発揮させるためには，景気政策目標を正確

に決定する必要がある。以下本章では，国民経済計算における公共財政の位置づけ（B），景気安定化に向けた財政政策の目標と手段の作用関係（C），それに基づく財政政策の戦略の展開（DとE），そして最後に財政の景気効果に対する懐疑の順に論ずることにする。

II. 景気政策の目標設定とその操作化

手段を投入する前に，景気状況を測定し，景気政策の目標を設定することが必要である。この目標を測定可能な量に置き換えておくと，それは目標の達成とリスクの程度の尺度として，また財政政策措置の成功指数として役立つことになる。フィスカル・ポリシーの分野では，目標の発見とその操作化はすでに大きく進んでいる。景気政策の望ましい目標について一般的に認められているのは，通常つぎのような個別的メルクマール，つまり**魔法の三角形**と呼ばれる完全雇用，物価水準の安定および対外経済均衡である[1]。

以下で**完全雇用**という場合，それは生産要素の完全利用に関連する。設備稼働の問題も発生しうるが，短期分析では主として「労働」要素のみが取りあげられる。完全雇用の目標は年間平均失業率が一定のパーセンテージを超えないとき[2]，達成されたとみなされる。この平均失業率は需要不足ではなく，構造的制約によって産業部門および地域ごとに異なるケースもあることに注意すべきである。

物価水準の安定化の指標として，しばしば生活費に関する物価指数が使われる。というのは，それが住民の生活条件にもっともよく適合するからである。GNPに含まれるすべての財貨とサービスの物価指数が用いられることもある。物価指数は安定していれば理想的であるが，現在では2〜4％ほどの上昇はすでに目標を達成したとみなされる。

物価上昇はさまざまなマイナス効果をもたらす。たとえば，インフレは収益見通しを困難にし，投資のリスクを大きくするので，短期的には雇用水準，長期的には経済成長に悪影響をおよぼす。物価上昇に連動して賃金や年金給付が引き上げられない場合，社会政策的に望ましくないマイナスの所得

分配効果が生じてしまう。

対外経済均衡の目標は国際収支の均衡と外国経済の影響の大幅な抑制によって追求されるが，他の2目標と成長目標を阻害しないことも含まれる。それゆえこれらの量を操作する場合，国際収支の絶対値と国民経済計算の対外寄与度[3] が用いられている。

B. 国民経済計算における公共財政

Ⅰ. 国民経済計算における国の生産活動

景気循環論と国民所得統計から発展した国民経済計算は国民経済の各部門間を流れる財貨，所得および支出のフローを意味し，景気の診断と予測にとって不可欠なものである。

さまざまな国家活動のうち，国民経済計算の観点から興味あるのは財貨・サービスを生産し，その結果所得を創出する活動である。したがって，収入と支出に基づく経済活動だけが把握され，法律や規則を制定する「立法活動」は行政費用を除くと国民経済計算では考慮されない。多くの公共サービスは，たとえば交通，教育，安全保障の分野におけるように，無償で供給されるのがふつうである。これはそれらの市場評価が不可能であることを意味する。そのため，国の生産活動は市場でのアウトプット評価に代わって，予算上の経費によるインプット評価で行わざるをえない。ただし，この欠陥を修正するために，連邦鉄道や連邦郵便のような連邦産業および自治体の供給企業は定義上「一般政府」ではなく，「企業」の部門に属している。「国家部門は国民経済計算において，その課題が主として社会全体に固有なサービスを供給し，主に強制公課で資金を調達するすべての組織を含む。‥‥国家に数えられるのは公共団体と社会保険である」[4]。

国家は公共財・サービスを生産するために，民間企業と同じように仕入れ（財貨の購入）を行い，これに価値（公務員の賃金・俸給にほぼ等しい）を

付加する。この国の生産物価値は市場価格が存在しないので，その生産に必要な経常的経費，つまり物件費と人件費を基準として測定される。それは公共給付へと「変形」され，その小部分は手数料や負担金を徴収して「販売」されるが，大部分は無料で市民に供給され，「国家消費」と呼ばれる。

　国の生産活動の規模と構成を国民経済計算において表現する理由としてつぎの4つが考えられる。まず，景気政策的分析はこれに基づいてどれくらいの財政フローを国民経済に投入すべきかを見積もることができる。つぎに，成長政策や構造政策との関連において，国民経済計算のデータは任務領域別および支出項目別に任務遂行の重点の変化（例：社会保障の増加または公共投資の減少）を明らかにする。第3に，教育や保健サービスに関するデータは福祉尺度として，時系列比較や州間比較に利用される。最後に，国家収入の動向に関する知識と分析は債務整理の見積もりの前提となる。

Ⅱ．国民生産物測定における国家

　表7.1は国民総生産を経済循環の流れのなかの生産，分配および支出の3局面において測定したものであり，国家財政がそれぞれの局面に関係づけられている。

a) 生産勘定
　この勘定では，一定期間に生産された財貨・サービス（要素所得または価値創造）が表示される。商品を生産する工業がもっとも大きな値を示し，それにサービス業，商業・運輸業，国家そして農業が続いている。1991年の2.6兆マルクの総価値創造に対する国家の寄与は10.3%であった。

b) 分配勘定
　生産から生じた所得は被用者の非独立労働所得と事業所得および資産に分配される。国家は分配勘定において純額（公的資産収入＋公営企業利潤－公債利子）で示されるにすぎず，この項目は利払いが大きいとマイナスになる

表7.1 国民生産物の生産，分配および支出，ドイツ連邦共和国，1980年と1991年

	1980年		1991年	
	10億DM	%[1]	10億DM[2]	%[1]
I 国民生産物の生産				
農業，林業および漁業	30.9	2.1	32.8	1.3
工業	639.4	43.1	983.6	37.4
商業および運輸業	226.0	15.2	373.9	14.2
サービス業	330.2	22.2	795.5	30.2
国家	172.2	11.6	270.8	10.3
その他	82.7	5.6	156.0	5.9
国内総生産	1481.4	99.7	2612.6	99.3
対外収支[3]	+4.3	+0.3	+18.6	+0.7
国民総生産[4]	1485.7	100.0	2631.2	100.0
II 国民生産物の分配				
非独立労働所得[5]	842.1	56.7	1422.1	54.0
事業活動所得および資産	307.3	20.7	586.7	22.3
a) 民間	316.0	(103.9)	624.9	(106.5)
b) 国家[6]	−11.8	(−3.9)	−38.2	(−6.5)
国民所得[7]	1149.4	77.4	2008.8	76.3
間接税[8]―補助金	163.0	11.0		
減価償却	173.3	11.7		
国民総生産[4]	1485.7	100.0	2631.2	100.0
III 国民生産物の支出				
民間消費	834.0	56.1	1420.7	54.0
設備投資	338.0	22.6	565.1	21.4
在庫投資	18.9	1.3	−8.6	−0.3
対外寄与[9]	−3.1	−0.2	186.0	7.1
国家消費	297.9	20.1	468.1	17.8
a) 民生向け	257.5	17.3		
b) 防衛費	40.4	2.7		
国民総生産[4]	1485.7	100.0	2631.2	100.0

[1] 合計誤差は端数処理による　　　　　　　　　[2] 暫定値
[3] 国内と国外の間の就労所得および資産所得の差額　　[4] 市場価格表示
[5] 社会保険雇用主負担分，公務員扶助の仮設的負担，企業の福利厚生費などを含む
[6] 公債への利払いを控除しているので，1980年と1991年はマイナス値
[7] 要素費用表示の国民純生産
[8] 生産物税，控除不可の売上税および輸入品課税
[9] DDRおよび新連邦州との製品・サービス取引を含む輸出入差
出所：Monatsberichte der Deutschen Bundesbank, 37. Jg., 1985, Nr.12, S.68 und 45. Jg., 1993, Nr.3, S.78.

ことがある。このように計算された**国民所得**（要素費用表示の国民純生産）に間接税を加え，補助金を差し引くと市場価格表示の**国民純生産**となり，それに減価償却を加算したものが**国民総生産**である。主要な国家収入は所得税と法人税の直接税として民間の総所得から流入することになる。社会保障負担のうち雇用者分は非独立労働所得に含まれている。

c）支出勘定

生産勘定が成長政策の側面から，分配勘定が所得・社会政策の側面から考察されるのに対し，1年間の**国民支出**（＝総需要）の大きさと内訳けを示す支出勘定は景気政策の観点から関心をもたれる。というのは，それが消費や投資のような景気政策上重要な経済量に関する情報を与えるからである。

国家はその消費と投資によって**支出勘定**と関係する。国家消費は経常的生産用の仕入れと国民生産物への国の寄与分を加えたものから，行政給付の有償譲渡と自己建造施設を差し引いて算出される。このように計算された国家消費の評価には問題がなくはない。公的に生産される財貨とサービスは有償であれ，無償であれ，最終的に企業と家計によって請求されるものだからである。そこで，国民経済計算は無償で供与するすべての公共給付を企業と家計の消費に区分せずに「**国家消費**」として示している。この数値は国の**人件費**（＝公務サービス需要）と**物件費**（＝財貨購入）とほぼ一致するので，需要指向的な景気対策の重要な政策変数となる。

図7.1をみると，国家消費と公共投資の規模がわかり，国民総生産に対する国家支出の比重も読み取ることができる。国家消費は予算上の要素としては家計向けの人件費と企業向けの物件費に分類されるので，支出勘定のカテゴリーから予算の構成要素に直接移行でき，これらの部門を狙った措置が可能となる。

Ⅲ．国民経済計算における国家の収入と支出

財政資金のフローは国民経済計算では，表7.2のさまざまな項目が示す

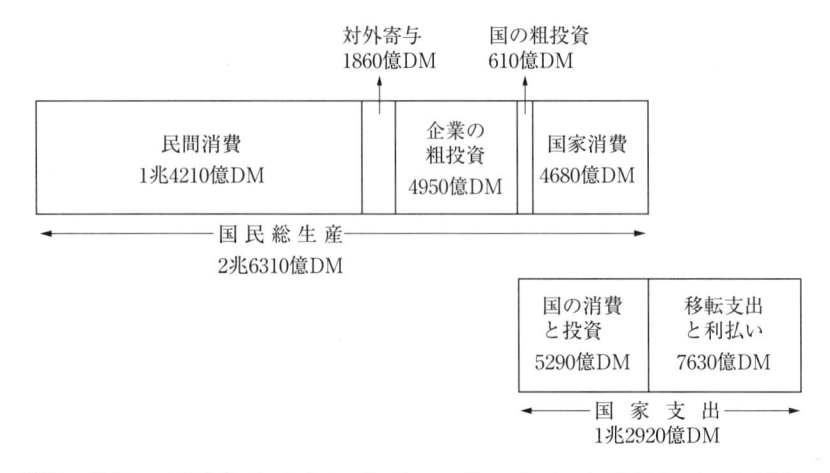

216 第7章 好況と不況における財政政策

```
                対外寄与        国の粗投資
                1860億DM        610億DM
                   ↑              ↑
┌─────────────────────┬──────────┬──────────┐
│                     │  企業の   │          │
│    民間消費         │  粗投資   │ 国家消費 │
│   1兆4210億DM       │ 4950億DM │ 4680億DM │
└─────────────────────┴──────────┴──────────┘
←──────────── 国 民 総 生 産 ────────────→
                2兆6310億DM

                              ┌──────────┬──────────┐
                              │  国の消費 │ 移転支出 │
                              │  と投資   │ と利払い │
                              │ 5290億DM │ 7630億DM │
                              └──────────┴──────────┘
                              ←──── 国 家 支 出 ────→
                                     1兆2920億DM
```

出所：つぎの2つから合成。Statistisches Bundesamt, Hrsg., Fachserie 18, Volkswirtschaftliche Gesamtrechnungen, Reiche 1.3, Konten und Standardtabellen 1991, Hauptbericht, Stuttgart 1992, S.235, 242, 251, 274.

図7.1　国民総生産と国家支出，1991年

ように，いくつかの場所で把握される。ひとつの重要な下位分類は経常収支と資産収支の区分である。前者では**経常収入**（資産所得＋経常移転受取り）と**経常支出**（公債利子＋経常移転支払い＋国家消費）を収支決算したものが国家の貯蓄を形成する。他方，国の貨幣資産と実物資産はすべて資産勘定で把握され，資産移転の受払いと**純投資**（粗投資−減価償却）で表示される。経常勘定から移行した貯蓄と資産収支の純計は当然財政収支（1991年の場合，936億DMの財政赤字）に一致する。

表7．2ではさらに，さまざまな「移転」を資産所得と変形支出に対比することができる。移転は租税，社会保障負担，資産移転として国家に流入しようと，あるいは補助金，社会的給付，資産移転として支払われようと，再分配を意味する。これと反対に，資産所得の受取は**要素報酬**の問題であり，人件費と財貨購入はそれぞれ労働要素への支払いと生産物への代価を意味する。

近年，公債への利払いの上昇が著しい。それは要素報酬，つまり国の価値

B. 国民経済計算における公共財政　217

表7.2　国民経済計算における国家の収入と支出，ドイツ連邦共和国，
1980年と1991年，100万DM

	1980年	1991年
収入	679390	1198860
資産所得の受取り	16750	33680
経常移転の受取り	645920	1139260
間接税	193390	342140
直接税	187750	316100
社会保障負担	248610	449320
その他の経常移転	16170	31700
資産移転の受取り（例：相続税）	7230	7910
減価償却	9490	18010
－支出	722360	1292470
公債利子	28550	71900
経常移転の支払い	309140	626510
補助金	30530	46650
社会的給付	249320	397350
その他の経常移転	29290	182510
資産移転の支払い（例：投資補助金）	33290	65120
国家消費（経費）	297790	468070
経常生産用財貨購入（仕入れ）	166570	285940
非独立労働所得の支払い（人件費）	162660	252570
その他の項目[1]	－31440	－70440
粗投資	53590	60870
新規施設の購入[2]	50450	59550
その他	3140	1320
＝財政収支（＋黒字，－赤字）	－42970	－93610
貯蓄	27190	6460
経常収入	662670	1172940
－経常支出	635480	1166480
資産移転の収支	－26060	－57210
－純投資	44100	42860

[1] 減価償却＋生産物税＋自己建造施設－行政給付の販売
[2] 自己建造施設を含む

出所：1980: Statistisches Bundesamt, Fachserie 18, Volkswirtschaftliche Gesamtrechnungen, Reihe
　　　1.3, Konten und Standardtabellen 1988, Hauptbericht, Stuttgart 1989, S.276.
　　　1991: Statistisches Bundesamt, Fachserie 18, Volkswirtschaftliche Gesamtrechnungen, Reihe
　　　1.3, Konten und Standardtabellen 1991, Hauptbericht, Stuttgart 1992, S.274

創造の一部とはみなされない。信用調達が公共投資のためにのみ実行されるならば有意義かもしれないが、債務収入の目的結合が保障されていなければ避けるべきものである。それゆえ、公債利子は国民経済計算において別に記載されるのである。

支出と収入による財政フローの分類は所得の発生と使用の把握を優先している。これに対し、**任務領域別分類**は国民経済計算では追加的に掲げられるにすぎないが、財政フローの最終目的つまり国の機能を明らかにする。この場合は公共収入が目的拘束禁止の原則のためにほとんど区分できないので、予算や財政統計にみられるように、主として公共支出が任務領域の項目別に分類されるのが一般的である。なお、国の任務は国家消費（現物給付）と**経常移転支出（貨幣給付）**のどちらかの形で実施されるわけだが、両者の比重は領域ごとに異なる。たとえば1976年の場合、保健制度では現物給付が圧倒的であったのに対し、社会保障の分野では貨幣給付が9割を占めていた。

以上のように、国民経済計算は国の収入と支出について多くの解釈を可能としているが、その基礎にあるのはCⅡで論ずる経済循環理論である。

Ⅳ. 家計の可処分所得調査における国家

家計の**可処分所得**の大きさを測定するためには、国民生産物勘定における市場価格表示の国民総生産[5]から出発して、10のステップを必要とする。まず、当期の生産に含まれない減価償却を差し引いて市場価格表示の国民純生産を計算する。そこから、生産過程で所得を発生させたかどうかを基準に、売上価格に転嫁している間接税を控除し、価格低下の効果をもつ補助金を加算したものが要素費用表示の国民純生産であり、国民所得とも呼ばれる。

国民所得は国の企業活動と資産からの所得と法人企業の留保利益を引かれ、公債利子を加えられて民間家計の総所得となる。さらに、家計は国から移転支出を受取り、他方国に対して直接税、社会保障負担およびその他の経常移転[6]を支払うことになる。これらの加減算を行い、最後に残った数量が民間家計の可処分所得である。1991年において、家計の可処分所得は国民総

生産に対して60%の比率であった。

以上の10個の修正項目のうち，7つが国の活動に関係する。景気政策のために可処分所得を左右しようとする場合，数多くの介入の可能性が国に与えられる。同年，家計の平均貯蓄性向は10.1%であった。可処分所得の支出に関する定義方程式 $Y=C+S$ は景気施策上重要な循環理論の出発点になっている。ともあれ，国民経済計算が経済政策のための決定根拠を示し，しかもその意義が増大していることは明らかである。

C. 財政政策手段と戦略的要因

I. 目標と手段の作用関係：戦略要因

財政政策手段の効果を分析する場合，目標と手段の作用関係を一般論としていかに説明すべきかという方法論が重要である。完全雇用や物価安定といった景気政策目標は，たとえば社会的支出が再分配目標に直接役立つのとは違って，手段を直接それに向けるのは適切ではない。むしろ，手段を総需要の構成である消費や投資のような中間的数量に向けることが必要である。これらの数量は戦略要因と名づけられ，目標と手段に関係する。戦略要因を効果分析に組み込むと，図7.2に描いたように，3つの可能性に区分することができる。

第1に，手段が中間的戦略を経ずに直接目標におよぼす効果を分析できるが，ここでは無視する。第2の分野は戦略変数を導入し，これらと目標との関連を分析することである。この段階では，民間消費，民間投資，利潤，可処分所得などの戦略要因と景気目標の関係が景気政策の枠内で論じられる。景気変動の発生を過剰投資や過小消費で説明し，その治療策を消費の拡大と考える景気理論がその例である。分析の第3レベルは租税や支出のような財政政策手段が戦略要因におよぼす効果を調べることである。かくして，戦略要因と目標の間の効果が検証可能であるとすれば，個別手段の効果は目標に

目　　標　　　1　2　　3　　4　　…など

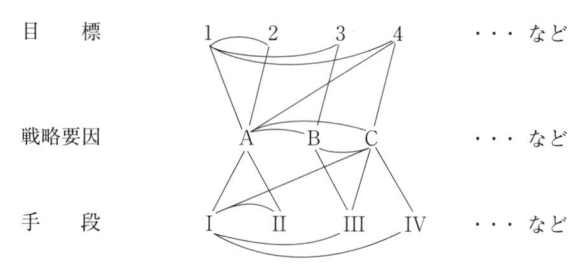

戦略要因　　　　A　B　C　　…など

手　　段　　　I　II　III　IV　…など

手段→他の手段
　　仮説：減価償却軽減の許可は短期的に税収を減少させ
　　　　　そのかぎりにおいて国庫目標を侵害する。
手段→戦略要因
　　仮説：減価償却軽減は投資に刺激的効果をおよぼす。
戦略要因→戦略要因
　　仮説：その投資刺激は企業消費を減らす。
戦略要因→目標
　　仮説：その投資は雇用の増大に通ずる。
目標→目標
　　仮説：雇用の増大はより大きな経済成長をもたらしうる。
　　　　図7.2　一般的目標・手段関係の構成

対して直接的関係をもつことになる。さらに，目標，戦略および手段が同一レベルで相互に影響しあうことも考慮すべきである。以上の理論的な効果の流れを不況克服のための減価償却を例にして説明すると，図7.2の下段のようになる。

II．公共支出と収入の所得と雇用におよぼす効果：
　　単純な乗数モデル

　需要指向的景気政策にとって興味があるのは，需要の構成要素である戦略要因が財政措置からどのような影響を受け，総需要をいかに変化させるのかという問題である。このような政策介入を必要とするのは，総需要が価格安定を保障するには高すぎるインフレーション状態と完全雇用を達成するには低すぎるデフレーション状況の2つのケースがある。以下では第2のケース

が主として想定される。

a) 公共支出・収入の変化の支出国民総生産に対する効果

ある期に創出された所得 Y がすべて需要となることから出発してよいであろう。これは消費財需要 C ，投資財需要 I ，国家消費（人件費と経常的物件費）という形の国家需要 St に分割できる。外国の影響を考慮しないとすれば，国民所得の大きさは次式で決定される。

(1) $Y = C + I + St$

I はモデル内の他の変数に影響されず，外生的に決まるものと仮定する。St も外生的に決定される自律的変数であるとする。C については，消費が所得の上昇に対して比例以下で増大するというケインズの消費関数が仮定され，次式で表現される。

(2) $C = a + bY$, ただし $a > 0$ および $0 < b < 1$

この関数は図7.3において，横軸 Y から C の距離をもつ直線として描かれている。a は所得がゼロのときの独立消費であり，b は所得1単位の増加に対する消費増加分の比率（限界消費性向 $\Delta C / \Delta Y$）を意味する。この場合，b が一定であっても，平均消費性向 C/Y は所得の上昇につれて低下することになる。2式を1式に代入すると，(2a) $Y = a + bY + I + St$ またはそれを Y で整理して次式をえる。

(3) $Y = \dfrac{a + I + St}{1 - b}$

需要の関連はこのように簡単に表せる。総需要関数 N は外生変数の I と St を C 直線に平行に上乗せした形で描かれる。なお，貨幣数量，利子率および物価水準の影響は発生しないと仮定されている。

反循環的（補整的）財政政策の理論は図7.3を用いて図解することができる。点 Y_{vb} は完全雇用時に可能な国民所得水準を意味する。もし現実の国民所得が完全雇用の所得水準より線分 $Y_{ub}\,Y_{vb}$ だけ下回っているならば，完全雇用の達成に必要な総需要 N_{vb} に対し，線分 AB だけの需要が不足していることになる。このデフレーション・ギャップは経済の活性化措置により埋められ

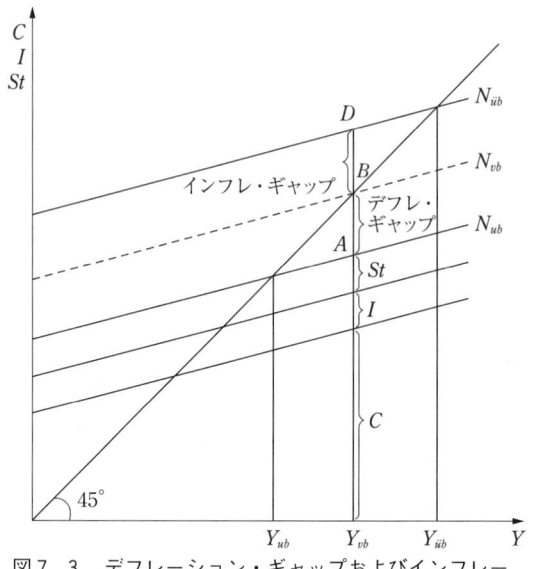

図7.3 デフレーション・ギャップおよびインフレーション・ギャップ

ねばならない。反対に，実現した国民所得$Y_{üb}$がY_{vb}を超えている場合，総需要$N_{üb}$が生産能力のフル稼働時の生産を線分BDだけ上回っているので，このインフレーション・ギャップを除去する収縮的景気政策が必要となる。いわゆる「フィスカル・ポリシー」は財政手段の投入によって総需要のギャップを調整し，完全雇用国民所得という目標の達成をその課題とするものである。

このモデルにおいて，民間消費，投資および国家需要は戦略要因として財政政策の対象となる。国民所得が完全雇用水準から離れた場合，N_{ub}の上方シフトまたは$N_{üb}$の下方修正のために国家，企業または家計の需要量を変化させることが要請される。したがって，需要指向的財政政策の課題はY_{vb}の実現を目標として，デフレ・ギャップを充足し，インフレ・ギャップを解消するように公共支出と収入を形成することにあるといえる。

ここで，公共団体が自身の需要量を変化させるとき，どのような効果が国

民所得におよぶのかを問題にする。Stの限界変化から生ずるYの限界変化を調べるには，3式をStで偏微分すればよい。

(4) $\dfrac{\partial Y}{\partial St} = \dfrac{1}{1-b}$

$1/(1-b)$は財貨・サービスへの国家支出の変化がどれくらいYを変化させるのかを意味しているので，**国家需要乗数**と呼ばれる。限界消費性向bは1と0の間の値をとるので，この乗数は1よりも大きい。$(1-b)$は限界貯蓄性向であるから，所得はその逆数倍増えると表現してもよい。いま$b=0.8$とすれば，国民所得は国家支出の追加額の$1/(1-0.8)=5$倍だけ増加することになる。なおこのケースでは，歳出増加の財源として増税ではなく，公債収入が想定されている。

つぎに，3式をIで偏微分すると5式（投資乗数）が導かれる。利潤税の軽減などで民間投資をうまく刺激できれば，同じように投資の増加に関連して**乗数効果**が発生する。

(5) $\dfrac{\partial Y}{\partial I} = \dfrac{1}{1-b}$

財政政策が貯蓄誘因を弱め，結果的に限界消費性向の上昇にうまく成功すれば，かなり異なった影響がうまれる。その効果は3式をbで微分した6式で明らかにできる。

(6) $\dfrac{dY}{db} = \dfrac{a+I+St}{(1-b)^2}$

これはbの上昇が貯蓄性向の2乗の逆数倍で国民所得に転換することを意味する。図7.3で説明すると，StとIの増加は直線を単に上方に平行移動させるにすぎない。これに対し，bの上昇は総需要曲線をそれと縦軸との交点を軸に時計回りと反対方向に回転させるので，わずかな増加であっても多大な影響を与えるのである。

これまでの議論をより現実に近づけるために，さらに3つの仮定を追加する。まず，公共団体が所得を課税標準としない租税V（例：人頭税）を徴収すること[7]，さらにStに対し外生的に決まる移転支払いTrが給付されるこ

と，および家計の消費Cが可処分所得Y_vに依存することにする。これらの条件を考慮すると，消費と可処分所得は7式と8式のように表現される。

(7)　$C = a + bYv$

(8)　$Yv = Y + Tr - V$

これらを2a式に代入して整理すると，9式をえる。

(8a)　$Y = a + b(Y + Tr - V) + I + St$　　または

　　　$Y - bY = a + bTr - bV + I + St$　　ゆえに

(9)　$Y = \dfrac{a + bTr - bV + I + St}{1 - b}$

国家需要と投資の変化に関する乗数は，9式のIとStに関する偏微分がともに$1/(1-b)$であるから，前出のものと同一である。しかし，9式をTrとVで偏微分すると，以下のような異なった**移転支出乗数**と仮定上の人頭税Vの租税乗数が生ずる。

(10)　$\dfrac{\partial Y}{\partial Tr} = \dfrac{b}{1-b}$

(11)　$\dfrac{\partial Y}{\partial V} = -\dfrac{b}{1-b}$

移転支出乗数は国家需要乗数よりもb倍だけ小さく，その**所得創出効果**はその分だけ減少する。租税乗数は移転支出乗数と同じ大きさであるが，購買力を奪うのでマイナスの符号が付くことになる。

b)　均衡予算の増大の効果

モデルを少し拡張すると，予算が均衡し，歳出の拡大を増税で賄うとき，何が起きるのかという問題を立てることができる。少し考えるだけでは，追加的に徴収した税収をそのまま追加支出として再び経済循環に還元するので，国民所得に何の変化も生じないと想像するかもしれない。しかしこれまでに導出した乗数を使うと，国民所得に対する2つの効果が相互に中立的でないことを証明できる。公共収入を租税Vの増税で徴収し，この収入で同額の公的財貨・サービス支出を賄うとすれば，国家需要乗数(4)の所得拡張効果

と租税乗数(11)の所得縮小効果はつぎのように結合される。

(12) $\dfrac{1}{1-b} + \left(-\dfrac{b}{1-b}\right) = \dfrac{1-b}{1-b} = 1$

この場合，たとえば5,000万DMの予算拡張はこの額に１を掛けるので，総所得を同額だけ増加させる。このような均衡予算の結果はハーベルモ定理[8]と呼ばれる。しかし，国家需要の代わりに移転支出を歳出に選ぶと，13式のように乗数がゼロとなり，ハーベルモ定理が成立しなくなる。

(13) $\dfrac{1}{1-b} + \left(-\dfrac{b}{1-b}\right) = 0$

総需要への効果についてこのような違いが生ずる理由は，仮定により国家需要はその全額が需要になるのに対し，移転支出はその一部が貯蓄され，限界消費性向に対応する所得だけが需要となることにある。

さらに，所得に依存する租税を比例所得税として導入すると，国民所得の増大は別の数値をとる[9]。この租税は税率をt（ただし$0<t<1$）とすれば，可処分所得をつぎのように変化させる。

$Yv = Y - tY + Tr - V$　　または

(14) $Yv = (1-t)Y + Tr - V$

国民所得方程式は8a式に代わって，今や以下のようになる。

$Y = a + b[(1-t)Y + Tr - V] + I + St$　　または

$Y = a + bY - btY + bTr - bV + I + St$　　または

(15) $Y = \dfrac{a + bTr - bV + I + St}{1 - b + bt}$

ここで，再び支出Stと収入Vが同時に増加するケースをとりあげる。追加される仮定は一定税率tの比例所得税を導入したことだけである。しかし，それが単に存在することにより，以下のように各乗数の値は違ってくる。

(16) $\dfrac{\partial Y}{\partial St} = \dfrac{1}{1 - b + bt}$　　（国家需要乗数）

(17) $\dfrac{\partial Y}{\partial Tr} = \dfrac{b}{1 - b + bt}$　　（移転支出乗数）

(18) $\dfrac{\partial y}{\partial V} = -\dfrac{b}{1-b+bt}$ （租税Vの租税乗数）

それぞれ分母にbt（限界消費性向×比例所得税率）が加えられるので，3つの乗数はすべて低下し，比例所得税が存在しないケース（4式，10式および11式）よりも小さくなる。これは2つの公共支出項目の相対的に小さな需要拡大効果を意味するが，同時に租税乗数も低下するので，より小さな課税の所得抑制効果ですむことになる。さらに，Stの拡大をVの増加で賄う均衡予算の場合，新しい国家需要乗数と租税乗数からつぎの結合効果がうまれる。

(19) $\dfrac{1}{1-b+bt} - \dfrac{b}{1-b+bt} = \dfrac{1-b}{1-b+bt}$

これは仮定により0と1の間のプラスの値をとる。ただし，消費性向bまたはtがゼロという極端なケースでは，この値が1となる。現実には所得税が存在するので，新たに創出された所得から追加的税収が生ずる。予算を均衡させるためにこの増収分に見合うだけ歳出を引き上げる場合，この効果を考慮すると，さらにハーベルモ定理が妥当する追加的ケース[10]が発生する。

最後に，租税Vがすべて移転支出Trの財源に予定される均衡予算を問題にする。2つの新しい乗数から生ずる結合効果は次式のように完全に相殺され，ゼロになってしまう。

(20) $\dfrac{b}{1-b+bt} - \dfrac{b}{1-b+bt} = 0$

以上の乗数分析の結果を一覧の形にまとめたのが表7．3である。4つの分離した支出乗数（4, 10, 16, 17）の場合，租税の引き上げはなく，中央銀行借入によって財源調達が行われる。2つの分離した乗数（11, 18）は租税Vの増徴により2つの税制に発生するものであり，支出拡大ゼロから生ずる税収増は凍結されると考えればよい。とくに重要なのが結合した乗数である。つまり，国家需要と移転支出の拡大を租税Vで賄うとき，所得に依存しない税制だけのケース（12, 13）と比例所得税も導入されるケース（19, 20）の乗数である。国家需要拡大の所得効果はともに移転支払いの効果よりも大

表 7.3　支出と収入の変化に関して導出された乗数の比較

収入 (=支出の財源)　＼　支出	I 増税なし (例:中央銀行借入)		II 所得に依存しない租税Vの引き上げ	
	1. 所得に依存しない税制 (例:人頭税)	2. 比例所得税制 ($0 < t < 1$)	1. 所得に依存しない税制 (例:人頭税)	2. 比例所得税制 ($0 < t < 1$)
A 国家需要 St の拡大	$\dfrac{1}{1-b} > 1$ (4)	$\dfrac{1}{1-b+bt} > 1$ (16)	$\dfrac{1}{1-b} + \left(\dfrac{-b}{1-b}\right) = 1$ (4) + (11) = (12)	$0 < \dfrac{1}{1-b+bt} + \left(\dfrac{-b}{1-b+bt}\right) < 1$ (16) + (18) = (19)
B 移転支出 Tr の拡大	$\dfrac{b}{1-b} > 0$ (10)	$\dfrac{b}{1-b+bt} > 0$ (17)	$\dfrac{b}{1-b} + \left(\dfrac{-b}{1-b}\right) = 0$ (10) + (11) = (13)	$\dfrac{b}{1-b+bt} + \left(\dfrac{-b}{1-b+bt}\right) = 0$ (17) + (18) = (20)
C 支出拡大なし (例:中央銀行に凍結)			$\dfrac{-b}{1-b} < 0$ (11)	$\dfrac{-b}{1-b+bt} < 0$ (18)

カッコ内の数字は本文中の方程式を示す。

きい．いずれにせよ，その最大の乗数効果は財源を中央銀行借入によって賄うときに発生する．

最後に予算フローのなかで乗数効果の相違を示すために，従来の仮定（$b=0.8$, $t=0.3$）のもとで50億DMの国民所得増加を実現すべきだとしよう．表7．4から，同水準の需要効果を実現するために，投入される手段しだいで必要な支出額が異なることが読み取れる．最大の効果は中央銀行からの資金調達で国家需要の増加を賄うときにうまれ，その必要額は10億DMです む．移転支出を手段に使うと，12.5億DMが必要となる．財源調達方法として租税Vを選ぶと，移転支払いは比例所得税の有無に関係なく，拡張的効果を発揮することができない．国家需要の場合，プラスの効果を実現できるが，人頭税でちょうど1倍であり（ハーベルモ・ケース），比例所得税で2倍強の支出額を投入しなければならない．

これまで述べた考察は不況期に必要な拡張的政策であった．しかし，それらの仮定と効果はインフレーション期の収縮的財政政策に逆類推的に適用することができる．つまり，支出拡大とその資金調達に代わって，支出削減，増税およびその結果生ずる予算剰余が登場すればよいのである．

c) 乗数過程におけるその他の決定量

以上の乗数分析は一連の仮定のもとでのみ妥当した．ここで，民間の投資

表7．4 50億DMの需要増に費すべき支出額

(単位：100万DM, $b=0.8$, $t=0.3$, ESt=所得税)

支出項目	必要な支出額	財源調達方法	乗数 数値	式	需要効果
St	1000	中央銀行（EStなし）	5	(4)	5000
St	5000	V(EStなし)	1	(12)	5000
St	10989	V(EStあり)	0.455	(19)	5000
Tr	1250	中央銀行（EStなし）	4	(10)	5000
Tr	不定	V(EStなし)	0	(13)	なし
Tr	不定	V(EStあり)	0	(20)	なし

財需要，外国の影響および貨幣供給の効果を一定であるとした3つの仮定について簡単に調べてみる。

民間投資が財政措置によって変化しないという仮定はもはや現実的でない。公共投資が民間投資に代替すれば，後者が減少することは明白である。投資は課税からも影響をうける。たとえば企業への利潤税を引き上げる場合，企業は短期的にそれを転嫁できないと予想すれば，おそらく投資活動を縮小させるであろう。同じように，家計への増税は消費財需要の減少を通じて企業の利潤期待に，それゆえ投資意欲に望ましくない効果を与えるかもしれない。

対外経済の影響を除外する「閉鎖経済」はマクロ経済学の初期の考察においてよくある仮定である。しかし，国内に関係する公共措置は同時に国内と外国との間のフローにも影響するのがふつうである。この問題はDⅡにおいて所得効果と利子効果を考慮しつつ論ずることにする。

これまでの考察では，乗数効果は貨幣供給から影響をうけないと仮定されてきた。つまり，財政政策が引き起こす国民所得の増大は貨幣数量の並行的動向を伴うことが暗黙に想定されていたのである。しかし現実には，貨幣の流通速度が一定で他の事情が等しければ，所得の増大に対応して，このフローの資金調達に必要な貨幣数量は上昇していなければならない。

D. 国民所得への効果を考慮した予算の財政政策的投入

Ⅰ. 自動安定化効果をもつ財政政策

総需要を操作する財政手段の投入は，前述の支出拡大や増税のように，景気状況に応じた**裁量的変更措置**の形態で行われる。しかし，いくつかの予算項目は変更を加えなくても，自動的に景気安定化に寄与する。たとえば，所得税は累進税率になっているので，その税収は課税標準と税率を改正しなくても，国民所得の上昇につれて比例以上に増大する。他方，失業手当は国民

生産物の減少および雇用の低下とともに増加する。

　国民経済の変化に連動する歳出や税収の変化の効果について，まず課税のケースから調べてみよう。これには2つのステップが考えられるが，第1に，国民所得Yの伸び率に対する税収Tの変化率である租税収入弾力性Etが測定される。

$$Et = \frac{\Delta T/T_0}{\Delta Y/Y_0}$$

　ここで，T_0とY_0は前期の数値であり，ΔTとΔYは今期の増加分を示す。この値は個々の租税だけでなく，税制全体についても計測できる。1より大きいEtは租税立法上の措置を加えなくても，ブーム期において経済成長率以上の割合で税収をもたらし，リセッション期においてそれ以下の割合でしか税収をもたらさないことを意味する。景気感応的な利潤課税の場合，この数値は短期的に景気循環とともに変化するが，国民所得に対する利潤の比率が景気のサイクルを通じて一定であれば，長期的には1に近い値に落ち着くはずである。

　第2に，租税収入弾力性の自動的景気安定化（「ビルトイン・スタビライザー」）効果の程度はその税収の大きさに依存する。収入の少ない租税は非常に弾力的であっても，経済全体の変動に与える影響は小さい。したがって，税収規模の変化を把握するために，絶対的変化である租税伸縮性$Ft = \Delta T/\Delta Y$が補完的に計算されている。

　こうした課税の自動的景気調整機能の前提条件は租税の増収を凍結することである。税収増を支出にまわして使うと，ビルトイン・スタビライザーの長所は短所に転じてしまうであろう。一般的にいうと，税収弾力性はつぎの3つの程度に依存する[11]。すなわち，どの程度まで課税標準が景気感応的か，どの程度まで税率は累進的か，およびどの程度までその他の租税技術形態が増収の規模と時点に影響するのかである。

　税収の自動伸縮性はさらに2つの副作用をもたらす。不況を脱する局面において，累進的租税構造から生ずる比例以上の増収が景気回復を遅らせてしまうことがある。これがフィスカル・ドラッグ（財政障害）と呼ばれるもの

であり,それ相応の補整的支出拡大または減税によって対処しなければならない。もう1つは同じ現象を国庫の側からみたもので,追加的収入(財政配当)をもたらす効果である。

つぎに,公共支出とくに移転支払いについても自動安定化効果が考えられる。いくつかの社会的支出の算定は景気上昇局面と好況期に減少し,景気下降局面と不況期に増大するように形成されている。たとえば,失業者への給付と社会的弱者への援助は好況時により少なく,不況時により多く請求されるものである。これらの支出が景気対抗的に作用することはすでにいうまでもない。

歳入と歳出の自動伸縮性は景気政策に一定の役割を果たせるが,問題点も指摘されている[12]。つまり,経済危機を事前の措置によって予防するために,効果が量的に十分かどうか,自動的作用の開始が算定基準の変更のために遅れないかといった疑問である。

財政政策をより自律的に運営する構想として,「定式的伸縮性」が提案された。これはある指標が景気対策の必要性を発信したとき,対抗措置を「自律的に」発動させる制度である。この場合,行政府は追求すべき目標値と実績値の乖離を埋める政策を事前に立法府から与えられ,その範囲内で景気安定を実現することになる。しかし,定式的伸縮性のアイディアが有望であっても,効果にラグが伴うことや事前の景気政策の立案も容易ではないという問題は残ったままである。財政の自動安定化装置のこうした困難のために,西側諸国では以下で論ずる**裁量的財政政策措置**が中心となっている。

II. 不況対策としての裁量的財政政策

過小雇用の状態の原因が総需要の不足にあり,その景気後退を克服すべきだとしたら,総需要を刺激して活性化させることが必要である。その拡張的戦略として支出拡大と租税軽減を区別して論ずる。

a) 拡張的支出政策

乗数分析において,国家需要(国民経済計算上の国家消費)と移転支出という公共支出の分類が景気政策にとって重要であることを示した。前者が物件費と人件費に,後者が企業への補助金と家計への社会的支出に区分されうるので,これらの支出項目の総需要への効果を順に説明する。

1. 物件費と人件費

物件費は長い間景気を操作する財政政策手段の中心的な存在であった。そのなかで公共投資(たとえば道路,学校,病院などの建設)は,「『公共事業』がただちに現代の『フィスカル・ポリシー』と同一視される」[13] という印象が生まれるほど強調された。その重要性は,投資およびその他の物件費が他の手段と違って,自ら総需要の構成要素になることを考えれば明らかとなる。物件費の場合,家計に配分決定が委ねられる社会的支出とは対照的に,その全額が第1期に需要効果をもつからである。さらに,物件費は産業部門別,地域別および事業規模別に区分して使えるという利点をもつ。それゆえ,この国家経費は部門や地域の構造問題の程度に応じて,差別的に投入できる手段として使われている。

景気政策に役立つ公共投資にも技術上の欠点がある。まず,緊急に必要な措置が官僚主義の長い計画と執行の段階で遅れてしまうことが指摘された。このようなプロジェクトの投入ラグや公的資金の配分ミスは中期財政計画を導入し,有効な政策手段を早い時期に計画し,要請しだいで使用可能にしておけば,回避することができる。つぎの難点は実行の正しい時機の選択である。公共投資は高い所得効果をもつので,それが望ましい景気局面で発現するかどうかは適切な投入のタイミングに左右される。

人件費の引き上げは公務員家計の限界消費性向に応じて需要を増加させるので,移転支出の増加と同じ効果をうみだす。ただし,生産性に変化のない公務活動により多くの報酬を支給することは,民間労働者に対する雇用上の差別待遇となるので,事実上問題にならない。これに対し,公共部門の被用者数の増加,とくに期間限定的な労働集約的事業は実行可能な拡張効果をもつ手段である。これには,雇用される人々から失業者としての社会的恥辱を

取り除くだけでなく，公共団体の側でも賃金と失業手当の差額だけを追加負担すればすむという長所もある。

2．家計と企業への移転支出

家計への移転支出は受領者の消費性向分だけ需要を増加させる。したがって，彼らの消費性向の測定はその需要効果を判断する際の中心的問題となる。その場合，平均消費性向を調べるだけでは移転支出の景気効果を判定できない。追加所得の支出が平均的消費行動から偏るからである。移転支出の追加分はとくに期待に依存する。それが不況期にはマイナスの将来期待のために消費されず，貯蓄や借金の返済に使われることさえありうる。さらに，限界消費性向は受領者がそれを一回限りの給付と知覚するのか，それとも恒常的所得と認識するのかによっても左右される。

社会的支出の景気効果を高める実践的措置の事例として，子供数の多い家計への長期的援助，耐久消費財の購入のような支出目的の特定化などが考えられる。しかし，たとえ不況期においても景気回復への期待をうまく喚起できなければ，これらの措置は効力を失うであろう。この期待変更は短期または長期という家計の所得期待の期間の長さ，景気政策措置の全体および個別的支出政策の形態に依存する。

補助金はそれをできるだけ上回る投資を誘発することに意味がある。企業に投資支出を義務づける多くの補助金は投資資金の一部を補給するもの（いわゆる**資金調達補助**）であり，その需要効果は補助金額の数倍に達する。ただし，追加的投資が決定どおり行われること，および補助金がなくても実行されること（**連動効果**）を確認するのは難しい。

全体的にみると，家計と企業への移転支出は物件費ほど景気政策に対して効果的でない。国家需要がダイレクトに国民所得効果を発揮するのに対し，移転支払いの需要効果は受領者の支出決定に左右されるからである。

b) 拡張的租税政策

租税は他の公共収入項目に比べ規模の面でとくに景気政策上重要である。租税負担を軽減して所得増大を実現する場合，個々の租税を廃止しないとす

れば，税率の引き下げと課税標準の縮小という2つの方法が考えられる。

1．所得税と利潤税

所得税とくに賃金税は消費に効果をおよぼすのに最適である。所得税減税が消費拡大につながる可能性は中位または低位の所得グループにおいてもっとも大きい。他方，高所得者の減税は短期的には彼らの貯蓄を増加させるだけである。さて，減税の需要効果は再び納税者の限界消費性向に依存する。減税が単年度ではなく，多年度にわたって適用されると人々に知覚されるとき，この効果は大きくなる。不況期の減税は，限界消費性向が所得の上昇につれて低下する場合，低い所得層の負担軽減によって最大の効果を発揮する。このような減税方式は低所得者を優遇するという意味において所得再配分的にも作用する。

所得税負担を軽くする簡単な租税技術は税率の直線的引き下げである。この場合でも，低い所得層は追加的負担軽減を受けることができる。また，諸控除の合計からなる**課税最低限（免税額）**を引き上げることももうひとつの方法である。ただし，所得税を免れた納税者が好景気になって再び課税領域に組み入れられるならば，それは行政的に浪費であり，後に強い租税抵抗を招くことになる。さらに，納税の時期を延期する方策がありうることを指摘しておきたい。

同様の考え方が利潤課税にも当てはまる。法人税の税率引き下げが投資に刺激効果を与えるかどうかは，企業家の将来期待に依存する。この法人税軽減は投資活動に直接適用されるわけではないので，減税による追加資金が借入の返済や流動性準備に使われてしまうこともある。減税によって将来期待が改善されれば，そこから投資への効果が生ずることは十分ありうる。企業家が将来より多くの生産物を販売し，利益を増やせるという景気見通しのもとで，設備投資は拡大するのである。ただし，法人税軽減は彼らの将来期待を決定する多くの指標のなかのひとつにすぎない。

企業領域での拡張的租税政策のうちもっとも古い方法は，税法で認められる**減価償却**の項目と比率を変更することである。減価償却額は費用であるから，課税標準を縮小させ，租税債務を小さくする。税法が正当な償却額を超

過する引当金を認めたり，特別償却を一定期間内に生産された償却資産のみに適用することは，とくに投資需要の活性化に対し効果的である。また減価償却優遇の代わりに，新規の投資費用の一部を税額控除することももうひとつの選択肢である。

　前述の2つの措置は課税利潤をあげている企業だけに適用できるものであるが，利益のない企業を優遇する手段として**投資補給金（投資ボーナス）**がある。これは一定の投資支出の証明に基づいて供与されるもので，景気政策的に有効である。しかし，利益をあげられない企業を長期にわたって助成すると，成長政策の観点からマイナスの影響が残ることになる。

　これらの投資促進措置がどれくらいの効果をもつのかは，企業の投資決定に対する租税優遇政策の重要性に依存する。投資関数の要因変数としては，租税のほかに，販売見通し，GDPの将来動向，利子率，政治的雰囲気などがあげられるであろう。さらに，消費需要の活性化が間接的に投資を誘発することがある。この「加速度効果」は不確実で，時間的遅れを伴うかもしれないが，在庫品の販売や生産設備の完全利用を通じて投資活動を刺激するはずである。

2．売上税と消費税

　売上課税および消費課税の軽減措置は一見すると，消費が総需要の主要な構成要素であるから，拡張的景気政策の適切な手段であるようにみえる。しかし，減税が消費者まで行き渡らず，企業の流動性の増加にとどまることを否定できない。これが企業利益にプラスに作用するので，投資を促進するかもしれないが，その投資効果は前述の法人税の変更による効果よりも弱いであろう。他方，間接税の税率引き下げの消費効果はこの措置を適用する市場の競争状態に左右される。消費税減税が競争市場において価格を下落させ，消費者が価格を重視して行動を決定するならば，減税は大きな需要効果をうみだす。そうでなければ，効果はその程度に応じて小さくなる。

c）予算赤字の資金調達

　景気政策の名のもとに歳出拡大，減税または両手段を同時に行う場合，発

生する歳入不足をいかに埋め合わせるかという問題が起きてくる。乗数分析が示したように，支出増大と租税軽減の効果は，予算収支を均衡させることから生ずる対抗的な効果（相殺効果）を赤字財政によって回避するときに，もっとも強くなる。

1．剰余金の取り崩しと中央銀行引き受け公債（貨幣創造）

国家は中央銀行に現金を準備してあれば，それを使って歳入不足を埋めることができる。このケースでは，民間部門に相殺効果が発生せず，利子を支払う必要もない。現金準備がない場合，中央銀行からの借入で赤字を賄う方法が考えられる。この実務は中央銀行が国家に対し資金を振り替えるか，または債務額を貸方に記帳するだけであり，債務調達の決定とその利用との間の時間的間隔を最短にする。しかしドイツでは，中央銀行による**直接的公債引き受け**は禁止されている。これに対し，景気調整準備金を積み立てたり，取り崩したりすることは法律によって可能である。したがって，現金準備がない，または不足している場合，国は民間で公債発行することになる。

2．民間部門での公債消化

まず家計が公債に応募するケースを考えると，貯蓄の増加（消費の放棄）となるのか，それとも単に一定の貯蓄量を再編成するだけなのかが問題になる。しかし今のところ，不況期に望ましくない貯蓄増加は経験的に証明されていない。むしろ，貯蓄形態の多様化が起きたのである。これは民間の銀行預金の減少および同額の国家預金の増加を意味する。そこから民間投資へのマイナスの効果が生ずるとしても，国の資金使用が再び銀行への流動性補給となることを考慮すべきである。したがって，家計からの信用調達が消費を低下させなければ，総需要に対するマイナスの影響は生じない。

民間の信用機関が公債証書を買う場合，余剰の第１次流動性（現金または中央銀行預金の形態での余剰準備金）を使えないと仮定すれば，彼らはその十分な現在高を再び確保しなければならない。これは満期になる信用を延期しないという形で行われるので，銀行の貸借対照表において債務者が民間企業から国家に入れ替わることになる。つまり，国がリセッション期の赤字を民間の投資資金の減少によって賄うのである。しかし現実には，不況状態に

おいて銀行に余剰準備金が存在するので,公債発行がそれを取り崩すことはないだろう。その存在が十分でなければ,拡張的金融政策（最低準備率の引き下げ,公開市場購入など）によって信用機関の流動性を増強すべきである。

また,保険会社や住宅貯蓄組合などのような他の企業も多額の資金を公債に投資している。ここで民間の資金需要を押し出すような利子を誘発する効果（いわゆる「クラウディング・アウト」）が問題となるが,国が民間の投資家と資金面で競合せず,そして景気が回復プロセスにあるかぎり,民間部門で公債を発行しても,それは起こらないであろう。他方,国の信用請求が利子率の上昇を引き起こすかどうかを経験的に検証しようとしても,それは非常に困難である。利子が新規国債に関係なく上昇したり,あるいは中央銀行政策,景気状態,外国の利子動向などの要因が利子率の変動に影響するからである。

最後に,信用機関からの債務調達と中央銀行借入を比較する。前者には,たとえ金融政策の流動性補給によって相殺効果をうまないように配慮しても,いくつかの経済的欠点がある。第1に,銀行システムを経由する迂回路は時間のロス,それゆえ景気回復の遅延を伴う。第2に,2次的流動性の増加が後の好況期における収縮的金融政策に不都合な影響をおよぼす。第3に,利払いが銀行の収益を改善し,株主の所得を高めるので,分配政策上望ましくない。これらの欠陥があるからという理由で,中央銀行借入の禁止を解くことにすると,発券銀行信用への直接的介入が政治的に乱用される恐れがあり,また歴史的にそうであった。

Ⅲ. 景気過熱対策としての裁量的財政政策

国民経済が需要制約的なインフレ状態にある場合,総需要を完全雇用水準に戻すために,輸出入の影響を再度無視すれば,他の3要素に働きかける財政政策が必要である。以下で支出削減と増税を論ずるが,この収縮戦略から生ずる予算剰余も議論すべきである。

a) 支出削減

好況期に公共支出を削減することは乗数分析によって弁護される。しかし，歳出が下方に硬直的である，つまりその80〜90％が法律や規則に拘束され，短期的に支出を切り詰める余地がないという技術的・行政的批判がある。たしかに，移転支出の分野での削減は容易に実施できない。既得権思想の高まりや社会政策的理由のために，社会的支出はほとんど不可逆的になっており，景気政策上の根拠があってもそれを引き下げることは困難である。同じ考えは人件費にも当てはまる。ブーム期には民間の給与も上昇しているので，公務員の賃金・報酬を抑制することは難しい。可能な手段は定員の空席を埋めないことぐらいである。

したがって，支出面からの需要縮小効果の実現をめざすならば，主として物件費を削らねばならない。その削減方法としては，絶対額を削るだけでなく，プロジェクトの実施を延期するという形の相対的削減も考えられる。景気政策上は，短期の事業計画の延期または中断がとくに有効である。しかし，公共投資比率の低下は社会資本の持続的整備を国家目標とする政治サイドから，利害が対立するものだと疑問視されることがある。その意味で，公共投資は「景気超越的」である。

他方，さまざまな国の任務はその達成のために経費，とくに投資額を同等に必要とするわけではない。行政改革，法律改正，民営化など小さな費用で実現できる任務もあれば，交通，防衛，産業助成といった多額の予算を要する任務領域もある。そこで，任務達成の総枠を変えないで，不況期に**支出集約的任務**，またブーム期に**支出節約的国家事業**を優先させる可能性が開かれてくる。

この予算効果の異なる政策任務間の代替は，2つの景気局面において支出の規模と構成の変化をうまくバランスさせれば，効果的な景気対策手段となる。ただし景気過熱状況が相対的に長すぎる場合，支出集約的経費の削減がインフレの抑制に貢献するが，教育や交通といった他の国家任務を低水準のまま放置するという目標衝突が起こる。これは価値判断を必要とする問題である。

b) 増税

　所得課税と利潤課税は**収縮的租税政策**の展開においても舞台の前面に登場する。賃金税や所得税の増税の消費への効果は，不況期の減税のケースよりも小さいかもしれない。もっとも効果的な手段は低所得層に対する増税である。その理由は，彼らの限界消費性向が相対的に高く，貯蓄取崩しや借入の可能性が小さいからである。この景気対策増税は逆進負担となるので，再分配目標と矛盾するが，その打開策として景気下降段階で還付（利払いを含む）を予定することが考えられる。さらに，所得税の増税が労働組合の賃上げ要求の論拠となって，所得が再び上昇してしまうという問題もある。

　企業への増税には，投資の減少という**需要縮小的効果**が期待される。法人税率の引き上げや減価償却可能性の縮小がこの効果をもつかどうかは企業の収益予想に依存する。他方，増税分の価格への転嫁は需要の価格弾力性に左右されるが，その転嫁が行われると，より一層の物価上昇を招くという問題がある。それゆえ，インフレ懸念から消費がさらに強くなったり，租税転嫁がマイナスの分配効果をもつことに配慮を加えるべきである。

　売上税と消費税の増税についてもこの転嫁に関する考察が当てはまる。この増税は需要の価格弾力性しだいで消費を縮小させる効果をもつが，その効果は再び賃金上昇をもたらす価格効果と比較されねばならない。

c) 予算剰余の使用

　前述の収縮的財政政策は国に予算剰余をもたらすことになる。この財政黒字は景気適合的に使用すべきである。経済安定法（第5条〔2〕，第15条）はこのケースについて**景気調整準備金**を積み立て，景気下降期にそれを取り崩すよう規定している。これに対し，追加収入を特別勘定に繰り入れ，その使用を特定の景気状況に結びつけない方策がある。さらに，連邦が余剰金を中央銀行に対する公債償還に使用することも景気中立的である。これらの措置は貨幣破棄と等しく，そのため民間部門に需要効果をうみだすことはない。

　また，財政黒字を信用機関保有の公債の償還財源とすることが景気中立的

使用だとされる場合もあるが，これは銀行部門の流動性を補給するので，景気政策上望ましくないであろう。

民間信用機関への公債償還との関連で，投資抑制的な公債政策を説明することができる。これは国が長期債券を早期に売却し，その資金で短期債券を償却する戦略である。このような償還期限構成の長期化（短期債から長期債への代替）によって，長期の利子率が上昇し，短期の利子率が低下する。そのため投資向けの長期資金は高い費用のかかるものとなり，そのことが景気過熱にブレーキをかけるように働くのである。債務残高を所与として公債の満期構成を変更するこのような公債管理政策は，反対の措置によって不況期に拡張的手段としても応用できるが，高い公債残高をもつ国々において景気政策上より有効である。

IV. 財政の景気効果を判定する構想

a) 予算コンセプト要請

前述した財政の景気分析において，個々の支出と租税の資金フローの効果，公共団体の総収入および総支出の作用，信用資金調達の程度などが議論された。これらの財政政策の景気効果を判定することが必要となるが，そのための構想が正確性と妥当性をもつためには，つぎの3点に関する証言が要請される。

すなわち，第1に，現在の景気状態（実績）および望ましい景気状態（目標）を達成するための変数，たとえば必要な需要変更額（治療），第2に，この変数におよぼす個々の財政資金フロー（手段）の影響，たとえば民間需要や価格水準への支出と租税の効果，そして第3に，予算総額に占める個々の支出と収入の望ましい比率および赤字と黒字の合目的なサイズである。現実には，唯一の予算構想であらゆる情報が利用できるわけではないので，以下でいくつかのコンセプトを選択して論ずる。

b) 選択的予算構想
1. 財政収支差額

そのひとつが財政収支差額である。この伝統的考え方によると，予算の景気効果は予算収支差額とその変化によって測定される。前期と比較した財政赤字の拡大または財政黒字の縮小には拡張的効果が，反対に赤字の縮小または黒字の拡大には収縮的効果があったと判定されるのである。

財政収支差額の構造とその決定要因を明確にするために，ドイツでは1969年以来，財政収支一覧[14]が公表されてきた。これは，表7.5が示すように，新規債務調達と償還額との差，年度中の現金の過不足，発券銀行の特別勘定と景気調整準備金の残高動向および造幣の名目価値と印刷費用の差をまとめたものである。財政収支差額とその一覧表は財政の赤字または黒字に関する実際の動向を示すだけでなく，公債発行の増額と限界についての議論に有益な情報を提供している。

2. 景気中立予算

景気中立予算は予算の景気効果を測定するためのもうひとつの構想である。これは民間の家計と企業が中期的に慣れている経済動向に対応した公共支出，租税および公債の水準を計算したものである。1968年に専門家委員会

表7.5 財政収支一覧と連邦予算の関係

収　入	支　出	
租　税	財貨・サービス購入	連邦予算
手数料	移転支払い	
分担金	（公債利払いを含む）	
営利収入など		
負の財政収支残高	正の財政収支残高	財政収支一覧
内　訳		
±純新規債務／償還		
±現金不足／余剰		
±準備金の取崩し／積立て		
＋造幣収入		

によって提案され，その後毎年，各年度の現実の予算とこの仮想的予算の比較が試みられてきた。景気中立予算は，国民経済が緊張なく安定していれば，民間経済主体が期待と配分計画を変更する理由がないので，安定化政策を必要としない景気適合的な予算となる。一方，景気変動がある場合，それは現実の予算の効果を測る尺度として役立つ。両者の差は「景気インパルス」と名づけられている。このコンセプトの成果をあげるには，以下の4つの段階が手順として必要である。

第1段階として，経済主体の習慣的状態が刻印されている基準期間を設定する必要がある。中期的に慣れたこの期間の状態と各年度の予算政策との乖離を測定することがその目的だからである。たとえば，1966年～1977年平均からなる1978年の12年間基準期間は1986年まで年次経済報告に使われた。

第2段階の作業は，民間経済が慣れていた基準期間における財政経済の初期状態を確定することである。このために3つの**財政経済比率**，すなわち潜在的国民生産物に対する国家支出の割合（**国家比率**），国民総生産に対する現実の租税収入の比率（**国民負担率**）および潜在的生産に対する調整済み財政収支差額の割合（**景気調整済み公債収入比率**）が計算されている。

第3段階では，不況だと仮定されたある年度の現実予算から景気中立的予算額を算出することになる。専門家委員会が中立的だと理解するのは，国民経済の潜在的生産能力の完全稼働が中期的にみて正常だとみなされている状態から乖離していない仮想的予算である。中期的正常見通しを意味する基準期間の初期状態が観察年度の量に応用されるのだが，この中期的傾向はある程度書き直され，そして観察値がその修正値からどれくらい乖離しているのかが把握されるのである。

c）景気中立予算を応用した証言：予算尺度

1．景気インパルス

さらに，第4段階で観察年の現実予算から景気中立予算を差し引いて景気インパルスを算出する。この値がプラス，つまり現実予算額が中立予算額を上回っていれば，拡張的推進力が働き，マイナスであれば，縮小的インパル

スが生じているのである(参照,表7.6)。なぜなら,たとえば+の符号はその額だけ経済主体の期待と決定を拡張的方向に変化させるので,総需要促進的に作用するからである。この拡張的インパルスは1990年において560億マルクであった。

予算の景気効果を判断する尺度として景気中立予算を財政収支差額と比較してみると,その年度の景気状態の考慮(景気中立部分の算出)と景気効果の拡張的または収縮的方向およびその大雑把な程度(景気インパルス)を明確にできることはその利点である。しかし,景気インパルスの値が,ゼロになるはずの完全雇用のケース以外に,どれくらいの大きさになるべきかは未解決のままである。すなわち,この構想は景気診断上の証言力をもつだけで,景気政策的な財政措置に行動指針を与えることができないのである。

なお,専門家委員会は1991/1992年の年次経済報告から景気インパルスの調査を放棄した。ドイツ統一による国民経済の構造的崩壊が原因で,決定的な方法上の根拠,すなわち習慣性命題を表現する基準期間の設定が不可能に

表7.6　公共予算の景気インパルス[1]（＋：拡張的, －：収縮的), ドイツ連邦共和国, 1984年〜1990年, 10億DM

	1984年	1986年	1988年[2]	1989年[2]	1990年[3]
Ⅰ 景気中立予算からの算出					
景気中立予算額	554.5	593.2	635.2	677.0	687.0
現実の国家支出	557.4	600.8	644.1	666.6	743.0
景気インパルス	＋2.8	＋7.5	＋8.9	－10.4	＋56.0
Ⅱ 予算赤字からの算出					
景気中立予算の赤字	30.6	27.0	37.9	21.2	17.0
現実の予算赤字[4]	33.5	34.6	46.8	10.9	73.0
景気インパルス	＋2.8	＋7.5	＋8.9	－10.4	＋56.0

[1]国民経済計算の定義による公共団体
[2]暫定値
[3]専門家委員会の見積り
[4]連邦銀行利潤の変則的動向と関連する過大・過小収入を含む
出所：Sachverständigenrat zur Begutachtung der gesamtwirtschaftlichen Entwicklung, Jahresgutachten, 1990/91, Stuttgart und Mainz 1990, S. 146 und 148.

なってしまったからである[15]。

　これとは別に，景気インパルスは前述の景気調整済み公債収入比率からも計算できる。まず，過年度に関するこの数値を観察年度の潜在的生産能力に適用して，「通常」とみなされる景気中立的な赤字額を算出する。そして，これを予算の変更で生じた現実の赤字と比較すれば，再び景気インパルスがえられる（表7.6のIIをみよ）。これは本質的に景気政策的に作用する公債収入の部分の表現である。

2. 構造的赤字

　この景気インパルスからもうひとつの予算尺度である「構造的赤字」の構想が考案された。これはその計算を直接インパルスの値から始め，そこから景気循環のなかで自動的に整理されるはずの量を控除した値である。この構造的赤字は「正常な」公債収入を超えて景気サイクルのなかで除去されないものなので，赤字を中期的に高すぎるとみなす予算尺度となる。それゆえ，構造赤字の額はそのまま赤字削減のための予算政策措置の要請と結びつくのである。

　専門家委員会が構造赤字を公表したのは1985年であったが，早すぎるとも批判された[16]。1991年以来，これも前述の景気インパルスと同じ理由で計算されていない。しかし，その後ドイツの財政赤字の規模がさらに膨張したので，専門家委員会はその債務整理のために数量的判定に代えて，定性的な尺度を示している。それは分配目標およびとくに成長目標のための予算項目を重要視させるものである。

E. 財政政策と金融政策の関係

I. 所得効果と利子効果を考慮した財政政策の役割

a) 公共支出・収入の変化が国民生産物と利子におよぼす効果

　前節までの分析は財貨市場での所得効果だけを論じてきたが，それに利子

E. 財政政策と金融政策の関係　245

の効果も追加すべきだとすれば，貨幣市場での事象も考察に加えねばならない。財貨市場と貨幣市場における同時的需給均衡は2つの変量によって決定されるが，これはJ.R.ヒックスに遡る「**IS–LM図解**」[17]を手がかりにうまく説明できるものである。図7．4において，横軸は実質国民所得（＝国民生産物），縦軸は利子率を表す。

IS曲線はその線上の国民所得と利子率の組合せにおいて財市場の需要と供給が均衡していることを示す。これが右下がりになる理由は，高い国民所得水準では財貨供給と消費需要のギャップが大きくなり，この需給格差が利子依存的と仮定される大規模な投資需要Iにより埋め合わされねばならず，そして投資は利子率が低いときにのみ増大するからである。同じように，低い国民所得には高い利子率が対応する。

所得使用方程式$Y=C+I$により，貯蓄Sとは国民所得のうち消費されない部分であるから，この事態は均衡条件「貯蓄＝投資」を説明することになる。図7．4のIS曲線上の右下の均衡は，高い国民所得と高い貯蓄性向のために貯蓄が大きく（図7．3における45度線と消費関数との垂直差を参照），同様に低い利子率のために投資が大きいことによって実現する。反対に左上では，貯蓄が低い所得のために小さく，投資需要が高い利子のために小さくなっている。

図7．4のLM曲線は，その線上の実質所得と利子率の組合せにおいて貨幣市

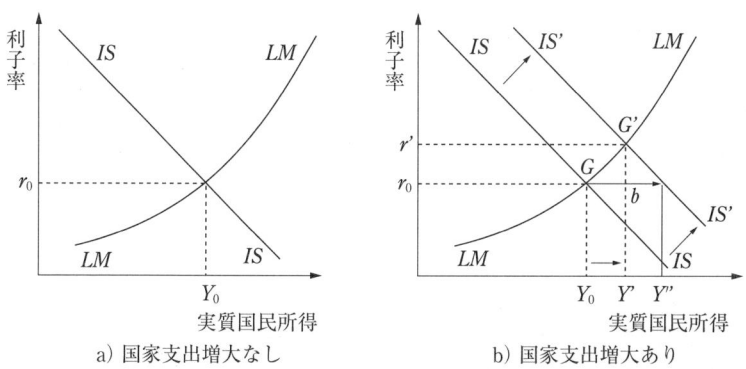

　　　　　a) 国家支出増大なし　　　　　　　　b) 国家支出増大あり
図7．4　国家支出増大の有無のケースにおける財貨市場と貨幣市場の同時均衡

場の需要Lと供給Mが均衡していることを示す。この場合，貨幣需要は2つの要素から構成される。1つは国民所得と正の関係で変化する取引目的用の貨幣需要である。2つ目は投機目的のための需要であり，これは利子率と反対方向に変化する。さて，貨幣供給は中央銀行から外生的に与えられるものと仮定される。そのため，貨幣需要の一方の要素は他方の要素を犠牲にしてのみ増加できることになる。国民所得が大きい場合，取引用の貨幣需要が多くなり，その結果投機目的のための需要が圧迫されるので，利子率は上昇するはずである。反対のケースでは，小さい国民所得が低い利子率に対応する。したがって，貨幣市場の均衡を表わすLM曲線は実質国民所得・利子率図において右上がりの形状を示すことになる。

IS曲線とLM曲線はともに利子率と実質国民所得だけで論じられるので，図7.4aのように合成することができる。両曲線の交点は，利子率r_0と国民所得Y_0において財貨市場と貨幣市場の両方で需要と供給が同時に均衡していることを意味する。

この理論を応用して，財政支出の増加が両市場の同時均衡においてどのような効果をもつのかを議論する。まず，Y_0は（図7.3の点Y_{ub}と同じく）不完全雇用下の均衡国民所得であり，それをY''の水準まで拡大することが望ましいとする。これは，財市場で（矢印bの長さに相当する）所得効果をうみだすように国家需要を拡大し，IS曲線を右にIS'までシフトさせることによって実現する（参照，図7.4b）。このケースにおいて国民所得がY''ではなく，Y'までしか成長しない理由は，所得増加に伴う貨幣の取引需要の増大が利子率を上昇させ，その結果利子に依存する民間投資が減少するからである。換言すると，拡張的財政政策が利子率の作用を考慮したとき，財市場だけの乗数効果よりも小さくなるのである。こうした貨幣市場からの制約のほかに，価格水準一定という前提をはずした場合，どのような効果が生ずるのかは後に論ずる。

b) 閉鎖経済における財政政策と金融政策の調整

総需要の操作によって景気を安定させるために，財政政策と金融政策は補

完的に相互調整する必要がある。目標レベルの調整について，失業とインフレが別々に発生する場合，両者は同一の目標を設定することになる。しかし，金融政策にはとくに人気のないブーム抑制策を実行し，価格水準を安定させる課題が与えられている。

手段のレベルでは，両政策手段の合目的組合せの同時決定が理想的だとされる。その場合，それらの手段の効果に相違があることを考慮すべきである。すなわち，金融政策には中央銀行に独立的権限があるので立案と実行にタイムラグが伴わないが，その需要効果は銀行を経由して波及するので間接的であるという特徴がある。これに対し，財政政策は認知から手段の投入までの間に時間的遅れが生じてしまうが，公共発注が担当機関から直接企業に向けられるので，その効果は直接的である。

両経済政策担当機関が相互に協調することは，明白なブーム期またはリセッション期であれば難しい問題ではない。たとえば，増税による景気過熱対策は同時に**金融引き締め政策**を実施すれば一層強めることができる。逆に，不況期に流動性を増加させる金融政策は，歳出拡大のための資本市場における公債発行を容易にする。ドイツの「経済安定・成長促進法」(1967年)と「ドイツ連邦銀行法」(1957年)の規定は世界中でもっとも包括的な景気政策立法のひとつだと認められている。ただし，その先例はアメリカ合衆国雇用法 (1946年) であった。

II. 外国経済を考慮した財政政策の役割

a) 開放経済における支出と収入の効果

財政政策の役割を外国経済との関係で調べる場合，この分析も同じく*IS-LM*図解のなかで可能である。外国との財貨取引は経常収支で把握され，国境を越えた資金取引は資本収支で捉えられるが，それらの収支差は外国為替市場における需要または供給として表われる。外国為替市場での需要と供給はいかなる実質所得と利子水準の組合せにおいて均衡するのであろうか。国家間の資本の移動は利子によって誘発され，そして**経常収支差額**（輸出－輸

入）は国民所得，物価水準および為替相場に依存すると仮定すれば[18]，大きい国民所得には高い利子水準が必要となる。なぜなら，（物価水準Pと為替相場eはとりあえず一定とすると）相対的に高い輸入需要が経常収支を赤字に，それゆえ外貨需要を過大にし，そしてこの需要超過を純資本輸入による外貨供給で均衡させるために，利子率が上昇する必要があるからである。これから類推すれば，低い国民所得が経常収支黒字をうみ，その結果低い利子水準が相殺的に純資本輸出を引き起こし，それが外国為替市場の均衡をもたらすはずである。したがって，外国為替市場の均衡は低い国民所得と低い利子率および高所得と高利子の各組合せを結んだZZ曲線で描くことができる（図7.5をみよ）。

経済全体を考察するために，財市場，貨幣市場および外国為替市場が偶然かもしれないが，同時に均衡している状況から出発する。均衡点Gに対応するY_0は依然として不完全雇用下の国民所得だと仮定する。ここで国家需要を拡大すると，実質所得が利子率r_0のもとで乗数倍だけ増加するが，そのことは貯蓄・投資曲線のISからIS'への右シフトによって表現できる。しかし新しい均衡点G'においては，国内の利子率が外貨収支均衡の水準よりも高く，そ

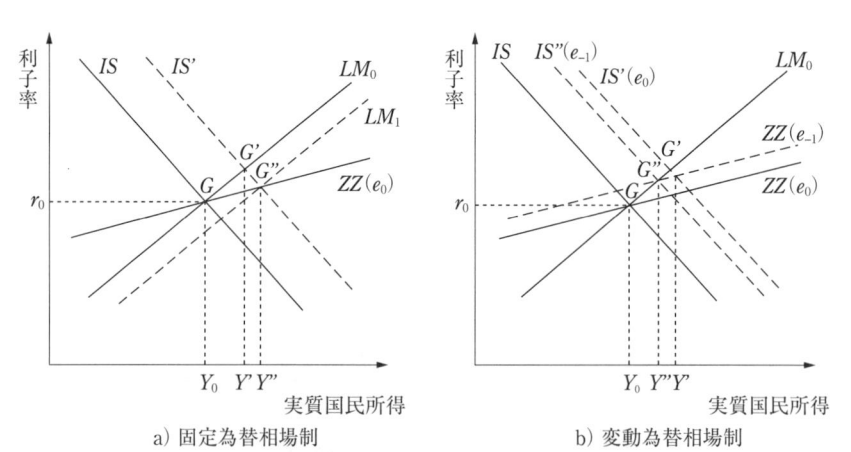

a) 固定為替相場制　　　　　　　　　b) 変動為替相場制

図7.5　国家需要増大のケースにおける財貨市場，
　　　　貨幣市場および外国為替市場の同時均衡

の結果純資本輸入が生ずるので,外国為替市場の黒字という対外経済不均衡が支配的である。

この状況から進行する調整プロセスは外国為替制度しだいで異なる。固定相場の場合(図7.5a),中央銀行は平価切上げ傾向にある為替相場を防衛するために外貨を自国通貨で買うので,貨幣量の増大を強いられる。この関連をグラフで描くと,LM曲線が右に(LM_0からLM_1に)移動することになる。それゆえ,3つの曲線が交差する点G''は国民経済全体の均衡を意味する。

これに対し変動相場制の場合(同図b),G'における外貨供給過剰がe_0からe_1への平価切上げを引き起こす。これが輸出を減少させ,輸入を増加させる効果をおよぼすので,ZZ曲線は左にシフトする(Y'における外貨収支黒字の削減)。さらに,為替相場に誘発された経常収支差額の変化が総需要を減少させ,それ相応の乗数効果を与えるので,そのグラフはIS'の左側への移動として描写できる。したがって,財市場,貨幣市場および外貨市場の均衡曲線は,新しい国内経済と対外経済の均衡を存在させる点G''において交わることになる。

以上の国家支出増大に関する効果分析から,つぎの結論が導かれる。すなわち,拡張的財政政策の所得効果は固定相場制では閉鎖的国民経済のケースよりも大きいが($Y''>Y'$),しかし変動相場制では閉鎖経済よりも小さくなる($Y''<Y'$)。このことは外国経済との関連で財政政策を金融政策で調整する必要性を示唆している。

b) 開放経済下での財政政策と金融政策の調整

金融政策の効果についても,財政政策のケースを符号を逆にして示すことが可能である。この場合,金融政策は変動相場制においてより強い効力を発揮するという結論になる[19]。このような両政策の効果の相違は,政策目標との関連でどの任務を財政政策に,どの任務を金融政策に与えるのかという「ポリシー・ミックス」の問題へと発展する[20]。

財政政策と金融政策の役割分担に関して,2つの経済状況を区別すること

ができる。一方で，国内経済と対外経済の目標が矛盾せず，調和することがありうる。これは国内のブーム状況（完全雇用下のインフレーション）が外貨市場の赤字と，または国内のリセッション状況（物価安定下の失業）が外貨市場の黒字と同時に発生するケースである。この景気状態を克服する目標のために，財政政策と金融政策は同じ方向にその政策手段を投入することになる。すなわち，それに役立つのはインフレを緩和すると同時に外貨市場赤字を削減する収縮政策であり，また不完全雇用を解決すると同時に外貨黒字を削減する拡張政策である。

他方，国内経済と対外経済の目標が相互に矛盾することもありうる（目標ディレンマ）。この場合，国内の好況が外貨余剰を伴ったり（ドイツの「経済奇跡の期間」），国内の不況が外貨不足を併発させたりする（「イギリス病」）。これに対する経済政策は目標衝突を起こす。というのは，インフレを収縮的に抑制すると同時に外国為替市場の黒字を拡張的に解消し，また不完全雇用を拡張的に克服すると同時に外貨赤字を収縮的に解決しなければならないからである。

このディレンマ状況に対して，外国為替相場制度に応じて財政政策と金融政策に任務を配分する解決策がある[21]。図7.6の分析のフレームワークでは，国内経済は不況であり（$Y_0 < Y_{vb}$），Y_0において外貨収支の赤字が発生し（IS・LM曲線の交点Aでの国内利子率が低すぎて，外貨赤字を埋めるのに十分な資本輸入を実現できない），そして利子に誘発される資本の移動性は相対的に小さい（ZZ曲線がLM曲線よりも急勾配）という前提が出発点におかれている。

固定相場制（図7.6a）では，安定目標がSにおいてのみ実現するであろう。しかし現在，国内経済と対外経済はまだ均衡していない。初期状態Aから出発すると，対外経済目標（ZZ曲線上の点）は，中央銀行が外貨の売却により強いられる収縮的金融政策のほうが収縮的財政政策よりもうまく実現できるだろう。左側へシフトするLM曲線（図示なし）とIS曲線のZZ曲線上の交点を比較すると，G_Aが国民経済的にはF_Aよりも望ましいことがわかる。これに対し，国内経済目標（Y_{vb}の垂線上の点）は拡張的財政政策のほうが拡

E. 財政政策と金融政策の関係　251

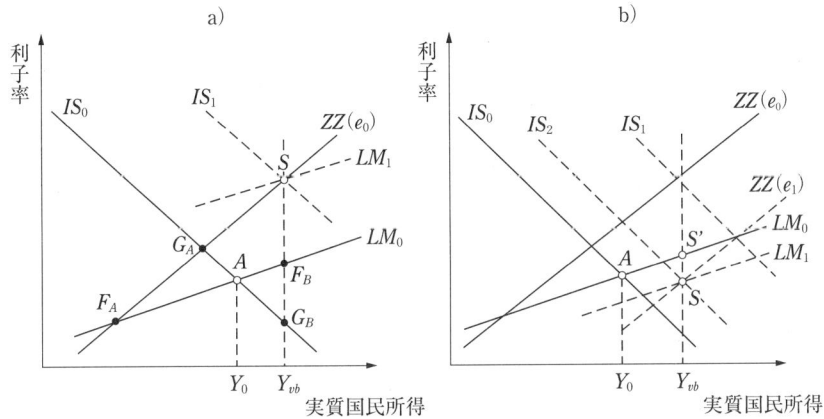

図 7.6　固定為替相場制と変動為替相場制における不調和な目標乖離ケースの財政政策と金融政策の任務

張的金融政策よりもよりよく達成できる。右側へシフトするIS曲線（図示なし）とLM曲線のY_{vb}垂線上の交点を比較すると，F_BがG_Bよりも望ましいことがわかる。かくして，拡張的なフィスカル・ポリシー（$IS_0 \to IS_1$）と収縮的なマネタリー・ポリシー（$LM_0 \to LM_1$）の組合せが，2つの安定目標も達成している国民経済の均衡点Sを可能とするのである。

　変動相場制（図7.6b）では状況が異なる。このケースでは，為替相場メカニズムが平価切下げによって外貨収支赤字を解消するように作用する。しかし同時に，そこから生ずる張張的乗数効果（IS_0からIS_1）が国民経済をインフレーションへの恐れによって脅かすことになる。自動的調整プロセスが国民経済を望ましい状況S'に導くのは偶然にすぎない。経済全体の均衡Sの安定性を保証するために，収縮的財政政策（IS_1からIS_2）と拡張的金融政策（LM_0からLM_1）の効果をうみだすポリシー・ミックスが必要となる。変動相場制の場合，金融政策に国内経済の均衡のための役割が，財政政策に対外経済の均衡のための役割が基準として割り当てられるのである。

III. スタグフレーション状態における財政政策の役割

a) 安定化政策の作用関係の変化

本章のこれまでの考察はすべて，国内の安定政策目標からの乖離がつねにひとつの目標と関係することを前提にしていた。失業または物価上昇のどちらかだけが存在するという状況のもとで，財政政策の展開とその効果的手段の投入が単純化されてきたのである。物価上昇と失業をいわゆるフィリップス曲線図（図7.7）のなかに書き写すと，本章で議論してきた景気状況はこの座標のなかの点によって描かれるが，経験的にみると，その状況は長い間主に原点にもっとも近い曲線上，あるいはその近くか斜線部のなかにある点により表現することができた[22]。

しかし，アメリカ，イギリス，イタリアのような国々においてスタグフレーション（スタグネーションとインフレーションの合成語）と呼ばれる事態が早くから観察されていた。ドイツでも1975年にはじめて，当時としては高

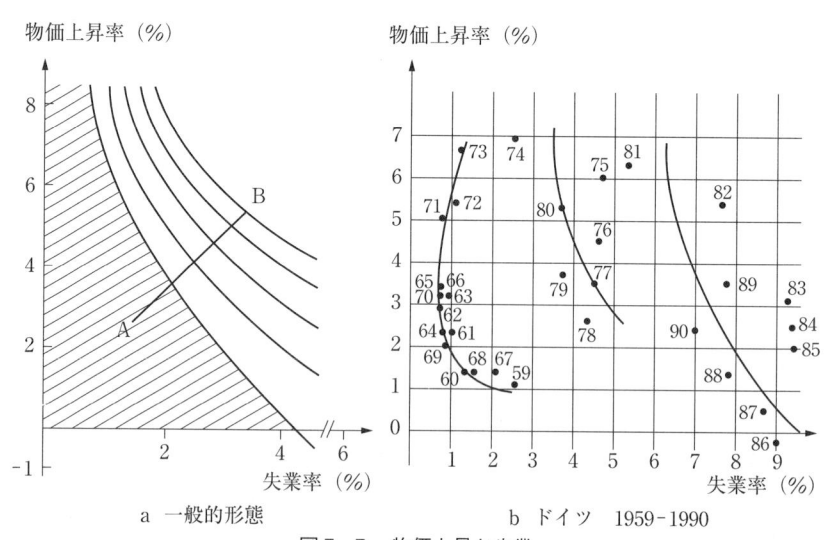

図7.7　物価上昇と失業

a　一般的形態　　　　　b　ドイツ　1959-1990

い4.7%の失業率が戦後において相対的に高いと6%の物価上昇率と同時に結合して発生した。1981年と1982年および1991年と1992年に再現したこの結合は同図aの斜線部よりも右上に位置する。たとえば一連の年においてAからBへの動向があったとき，それはもはや短期的に観測された曲線上の動きとみなすことはできない。場合によっては，図7．7bに描かれた事象は曲線の右方シフトと解釈してよい。なぜなら，好況期にも解決されない構造的失業の比率が増大したからであり，インフレーションが需要吸引（ディマンド・プル）から生じただけでなく，財貨市場と要素市場における供給圧力（コスト・プッシュ）からも起きたからである。

　実現する点が外側に転位する主要な原因は，賃金については労働組合の強い交渉力，価格については大企業の巨大な市場支配力にある。彼らは価格を市場成果として受け入れる必要がなく，むしろ自分たちの費用を考慮して最大限の利益をめざすことを許されている。このようなスタグフレーションに対する景気政策の決定は複雑となる。一方で失業を除去するために拡張的戦略が求められ，他方で価格上昇率を引き下げるために収縮的戦略が要請されるので，一方の目標は他方の目標を犠牲にしなければ実現することができない。そこから，失業のみまたは賃金・物価動向のみに効果をもつ手段を見いだす必要性がでてきたのである。

　望ましくない賃金上昇と物価上昇だけに対処する独立的手段として，賃金管理と価格管理が投入されてきた。しかし，それらは著しい副作用を起こしている。ある部門の賃金管理がうまく機能すると，そのグループは相対的所得損失を経験することになる。その結果，賃金・物価ガイドラインを採用しても，物価の誘導機能がうまく作用しないので，市場経済システムが効力を発揮できなくなってしまったのである。現存の部分的な失業に分離的に対抗する措置も，かえって雇用効果よりも大きい価格効果を引き起こすかもしれない。

　従来の需要操作的財政・金融政策がスタグフレーション対策として有効でないことが明らかになったので，2つの新しい手段が開発された。ひとつは第8章Bで論ずる特定の産業部門および地域のための手段であり，もうひと

つは効果の異なる手段の組合せである。この第2の方向は包括的措置ではなく，異なる産業部門や地域に対する差別的介入を要請するので，そのかぎりにおいて再び財政政策と金融政策に関係する。

b) スタグフレーション克服のための財政政策と金融政策の調整

スタグフレーション状況での全体的需要操作は，景気変動が需要不足ないし供給過剰によると診断されるときにのみ適切である。たとえば1975/1976年の大幅な景気後退がたしかに需要制約的なものであったので，そのかぎりにおいて包括的拡張措置は雇用政策のうえから正当化された。しかしこの状況のなかで，ケインジアン的発想による拡張的財政政策を，貨幣量の動向の中期的安定をめざすマネタリストの収縮的金融政策に結びつけることが提案された。金融引き締め政策は価格引き上げや賃金要求を貨幣面から抑制するだけでなく，減税から生ずるインフレ圧力にも対抗的に作用する。他方，拡張的財政政策は賃金交渉への適度な影響によって雇用促進的に働くことになる。

雇用と物価の安定が同時に危機的なスタグフレーションにおける2つの政策領域の分業について，表7.7にその仮想例が示されている。ここで，財政政策は主として雇用目標に向けられ，金融政策は主として貨幣価値の安定を目標にするとされる。こうした結合的政策は，それぞれの目標に対して効果的な手段を投入するポリシー・ミックスの一形態とみることができる[23]。ある手段は他の目標にも影響するのがふつうなので，マイナスの副作用が追求すべき主目標への効果を上回らないよう注意すべきである。仮想的ケース

表7.7　金融政策と財政政策の主要効果と副作用

手段投入＼目標	物価上昇率の低下	失業率の低下
金融政策	＋3（主要効果）	－2（副作用）
財政政策	－2（副作用）	＋3（主要効果）
総効果	＋1	＋1

では，最後の行の総効果が2つの目標に対するプラスの同方向的変化を示している。この前提のもとでは，拡張的財政政策と収縮的金融政策という両手段の反対方向的投入によって，スタグフレーション状況における2つの目標の同時的改善が可能となるであろう。

F. 財政政策の有効性に対する懐疑

I. 裁量的財政政策の投入における効果ラグ

　財政政策の景気政策上の有効性を知るために，さらに経済的・技術的前提条件と政治的・制度的枠組みを考慮しなければならない。景気政策は短い循環期間内に作用すべきであるから，長期にわたる分配政策や成長政策とちがって，措置の正しいタイミングの選択は決定的に重要な問題である。政策投入に時間の遅れ（タイム・ラグ）が発生すれば，その有効性が損われてしまう。この意味で，政策介入の必要性の認知から景気上の障害物の除去にいたるまでにどれくらいの時間を要するのかが関心事となる。この必要時間は複数の段階に分けられる。

　まず，景気状況の正しい診断と予測をうまく行うことが重要である。景気診断に時間を費しすぎると，投入の時機を誤ることもありうる。しかし近年，景気分析の技術が著しく向上したので，この認知ラグは大幅に縮められ，重大な問題になっていない。

　つぎの段階は，景気分析に基づいて投入手段を決定する作業である。この段階において，決定ラグは，行政府が政策手段の種類，数量，期間および時機を決定するのに必要な時間から生ずるだけでなく，政府案に法律で権限を付与する立法プロセスからもうまれる。とくに，議会における審議と議決は財政政策案に同意するために長い時間を要するのがふつうである。

　立法過程における時間の遅れは，議会の審議手続きを加速できない場合，一定の範囲内で立法府の同意なしに処置できる権限を行政府に与えておくこ

とによって短縮できる。当然，この権限を行使してよいとする景気状況を事前に定義しておく必要がある。行政府に自由に決定できる一定の行動範囲を認めるこのような方式は，しばしば定式的伸縮性（フォーミュラ・フレキシビリティー）と名づけられる。

　財政政策の決定が行われ，法制化されると，その決定措置は行政によって実行されることになる。公共部門のなかで発生しうる行政ラグは，すでに官僚主義の緩慢な物件費の変更手順を事例にして説明された。さらに，幹線道路や発電所の建設などの大型プロジェクトはしばしば時間のかかる許認可手続きを必要とする。これと反対に税率の変更の場合，税法を少し改正するだけで，しかも改正規定が税務当局によるわずかの調整を伴うだけなので，この種のラグはより小さい。

　4番目の時間の遅れが作動ラグである。これは，契約のような措置の執行の時点から景気目標上の望ましい効果の発現までの間に，民間部門において一定の時間が経過することを意味する。公共発注の場合，契約の成立によって直ちに労働力が追加的に雇用されたり，追加的賃金が支払われれば，作動ラグは相対的に短いものとなる。この遅れを判断するために，個々の財政政策手段の効果がどのように作用するのかに関する証言が動員されている。

　以上のように財政政策の投入には認知ラグ，決定ラグ，行政ラグおよび作動ラグという4段階の時間の遅れが伴うが，これらをブームとリセッションの克服に対する重要性について調べると，「フィスカル・ポリシー」措置の実行可能性における非対称性が明らかになる。景気回復のための拡張戦略はすべての関係者に一定の利益をおよぼすので，インフレ期の収縮戦略よりも容易に実行できる。しかし好況期において，政治的意思決定プロセスに参加するさまざまな団体（企業，労働組合，公共団体など）は好景気状態の持続から利益を期待し，総需要縮小策からの損失を懸念する。このような2つの景気情勢における政治心理的な実行非対称性はしばしば経験的に観察されるが，抑制措置の不人気ないし選挙票の喪失への不安によって説明できるものである。景気循環に対抗する措置が政治的に困難であるという理由から，関係者の利害に影響されずに景気安定化に専念できる独立的中央銀行の必要性

が導かれる。とくに，ブーム期における中央銀行の手段は不況克服の場合よりも効果的だとみなされている[24]。

II. 財政政策の「無関係性」に関するマネタリスト命題

景気動向の適切な説明モデルとそこから導出される景気政策の効果に関するマネタリストとフィスカリストの論争は，景気動向が多くの国において本章で仮定した経過を辿った時代にはじまった。その結果はこれまで論じてきた形態の財政政策を判断するのに重要である。この論争は失業期にも進行したアメリカ合衆国の持続的インフレーションとの関連でも行われたので[25]，前節で論じたスタグフレーション対策の観点からも無視できないものである。

マネタリストは本章の基礎にあるフィスカリスト的接近法に対して財政政策の効果ラグを批判した。マネタリスト派のM. フリードマンは経験的研究に基づいて，自由裁量的金融政策が平均的にはより長いラグ，そして個別的には正確に決定できない効果の遅れをもつことを確認できると信じている。このラグは直後の景気段階において突然現われ，むしろ誤った方向に作用しかねないとされた。彼はまた財政措置についてもこの種の予測できない遅れの存在を想定する[26]。したがって，短期的需要変動に適用される裁量的措置は，それが金融政策であれ財政政策であれ，この見解によると不適切だとして退けられるのである。

マネタリストの貢献として，財政政策に対するこのような批判の外に，経済政策を中期的経済成長に合わせて調整する提案がある。その考え方によると，金融政策のみが積極的役割を果たすことになる。経済循環と国家活動の作用関係の理論をベースにして，金融政策が貨幣量を国民生産物のトレンド的発展に合わせて増加させることにより，景気変動に左右されない安定的な経済発展を保証するという結論が導かれるのである。彼らの場合，こうした金融政策が実行できるかどうか，それがいかなる前提のもとで可能なのかといった問題は，貨幣数量操作が計画どおりに進めば意図した経済政策目標を

現実に達成できるのかというもっと重要な問題と同様，あまり議論されていない。マネタリストが財政政策を彼らの政策構想に組み入れる場合，財政の景気政策上の役割はもっぱら受動的であることだけが重要であるにすぎないのである。

この見解に従うと，国民経済において無計画的に貨幣数量の変更を誘発しないことが，公共予算の緊要な景気政策目標でなければならない。国家支出が租税または資本市場債務で賄われ，そして発券銀行がたとえば国債購入という形で間接的に資金調達に参加しなければ，貨幣数量効果は発生しない。貨幣量効果があるとされるのは，景気循環局面において貨幣創造または貨幣廃棄となるような発券銀行との取引が行われるケースである。したがって，マネタリストの観点からみると，公共予算が最悪の場合で攪乱要因として，最善の場合で景気政策に無関係として寄与するだけなので，財政政策の役割は分配政策と資源配分政策のみに限定されることになる。

III. 需要指向的財政政策と供給指向的財政政策の関係

最後に，財政政策の効果を判定するのに大きな意味をもつもうひとつの関係に注意を払わねばならない。本章における財政手段の投入に関する議論は，その影響が国民経済の総需要つまり所得の使用に限定されることだけでなく，安定化政策の目標乖離の原因が需要サイドにあるという観念からも出発している。そのかぎりにおいて，需要指向的財政政策を論ずることは二重の視点から正当化された。

しかしながら，財政政策は安定化目標からの乖離が供給制約的でもありうること，そしてその場合需要操作が解決策にならないことを知るべきである。さらに，供給サイドにおいて拡張的効果を開発する可能性をみいだし，それを応用する試みがあってもよい。財政政策はそれによってより高い給付意欲と投資意欲に対し短期的刺激を与えることができる。その刺激が機能するのは総需要が十分に存在するときであるから，結局は需要指向的財政政策が不必要になることはない。その場合，少なくても需要制約的な構成要素が

経済政策事象に影響を与え，そして本章で論じた手段の応用が勧告に値すると思われるような状況がうまれてくるであろう。

第7章 注
1) 国民経済の動向を勧告する専門家委員会は景気動向を唯一の量，すなわち潜在的生産能力の稼働程度の変動を手がかりに把握する（参照，Jahresgutachten 1982/83, Bundestagsdrucksache 9/2118, Tz. 181)。そこはまた同時に個別目標も議論する (ebenda, Kurzfassung sowie Erstes Kapitel, Teil B)。
2) 連邦政府の1993年次経済報告（Hrsg. Bundesministerium für Wirtschaft, Bonn 1993, Anlage "Jahresprojektion 1993", S. 121) では全稼得者の約9％という比率が短期的に達成可能な目標とみなされた。
3) これは若干の修正項目を除けば貿易収支とサービス収支の差に一致する。たとえば1993年の場合，連邦政府は国民総生産の約0.5%の対外寄与を維持しようと努めた (Jahreswirtschaftsbericht 1993, a. a. O., S. 116)。
4) Statistishes Bundesamt, Der Staat in den Volkswirtschaftlichen Gesamtrechnungen 1950-1988, Fachserie 18, Reihe S 13, Stuttgart 1989, S. 8.
5) 国内総生産に関する限定，つまり内国人が外国から受け取った稼得・資産所得と外国へ支払った所得の差はここでは無視する。
6) これには家計の法人企業への移転（例：保険プレミアム），国家への移転（例：罰金や行政手数料）および外国への移転（例：外国人労働者の母国への送金）がある。
7) この仮定は，国民所得とこの租税の税収との間の関係を想定しないので，当初の議論を容易にする。
8) Haavelmo, T., Multiplier Effects of a Balanced Budget, in : Econometrica, Bd. 13, 1945, S. 311ff.
9) このような処理についてはつぎを参照せよ。Peacock, A. T., und Shaw, G. K., The Economic Theory of Fiscal Policy, 2. Aufl., London 1976, S. 32ff.
10) つぎを参照。Dernburg, T.F., und McDougall, D. M., Lehrbuch der Makro-ökonomischen Theorie, 3. Aufl., Stuttgart 1981, S.84ff.
11) 詳しくはつぎを参照せよ。Albers, W., Automatische Stabilisierungswirkung, in: Recktenwald. H.C., Hrsg., Finanzpolitik, Köln-Berlin 1969, S. 280ff.
12) 自動伸縮性の問題についてはつぎをみよ。Hesse, H., Theoretische Grundlagen der "Fiscal Policy", München 1983, S. 202ff.
13) Neumark, F., Fiskalpolitik und Wachstumsschwankungen, 2. Aufl., Wiesbaden 1969, S. 38.
14) いわゆる財政収支差額は，たとえば各年度の連邦の予算案と財政報告のなかの財政収支一覧にみられる。さらに修正された財政収支差額は国民経済計算にも示され，とくに1979年以降専門家委員会によって利用されている。
15) つぎを参照。Sachverständigenrat zur Begutachtung der gesamtwirtschaftlichen

Entwicklung, Jahresgutachten 1991/92, Bundestagsdrucksache 12/1618, S. 139.
16) Van Suntum, U., Konjunkturneutraler Haushalt und strukturelles Defizit, in : Das Wirtschaftsstudium, 17. Jg., 1998, S. 590.
17) 詳しい導出については通常のマクロ経済学の教科書を参照せよ。さらに詳細な案内は Rettig, R., und Voggenreiter, D., Makroökonomische Theorie, 5. Aufl., Düsseldorf 1985, S. 81ff. にみられる。以下の簡単な記述は国家支出増大の効果を初歩的に示す目的をもつが、それはLandmann, O., Keynes in der heutigen Wirtschaftstheorie, in: Bombach, G., u. a., Hrsg., Der Keynesianismus, Bd. Ⅰ, Berlin-Heidelberg-New York 1976, S. 149ff. を手本にしている。
18) 金融の外国経済理論の概念では、いわゆる一国経済考察が基礎にある。それは、国外から国内に作用する経済的変化およびその影響が分析上無視されていることを意味する。それゆえ、財貨輸入については、それが国内の国民所得、物価水準および為替相場に依存すると仮定され、他方、財貨輸出については国内の価格水準と為替相場だけに依存すると仮定される。外国の国民所得はその大きさが国内の財貨輸出への需要を決定するのだが、一定だと仮定されるのである（つぎを参照、Classen, E. M., Grundlagen der makroökonomischen Theorie, München 1980, Kap. ⅩⅡ)。
19) この考えは利子依存的な資本移動性のさまざまな形態を考慮するとまた違ったものになりうる。
20) Mundell, R.A., The Appropriate Use of Monetary and Fiscal Policy under Fixed Exchange Rates, in : Mundell, R.A., International Economics, New York 1968, S.233ff. 概観についてはつぎを参照、Rose, K., Möglichkeiten und Grenzen des Policymix, in : Wirtschaftswissenschaftliches Studium, 2. Jg., 1973, S. 164ff.
21) 以下の記述についてはつぎを参照せよ。Classen, E. M., Grundlagen der makroökonomischen Theorie, a.a. O., Kap. ⅩⅡ.
22) 描写の仕方や論拠の大要は Phillips, A.W., The Relation Between Unemployment and the Rate of Change of Money Wage Rates in the United Kingdom, 1861-1957, in : Economica, Bd. 25, 1958, S. 283ff. に基づいている。
23) 参照。Dernburg, T. F., und McDougall, D.M., Lehrbuch der Makroökonomischen Theorie, a. a. O., S. 285ff.
24) たとえばつぎを見よ。Pfleiderer, O., Das Verhältnis von Geld- und Finanzpolitik und dessen institutionelle Regelung, in : Haller, H., und Albers, W., Hrsg., Probleme der Staatsverschuldung, Schriften des Vereins für Socialpolitik, NF Bd.61, Berlin 1972, S. 15f.
25) Johnson, H. G., The Keynesian Revolution and the Monetarist Counter-Revolution, in: American Economic Review, Bd. 61, 1971, S. 7f.
26) 参照。Friedman, M., Geldangebot, Preis- und Produktionsänderungen in : Dürr, E., Hrsg., Geld- und Bankpolitik, Köln-Berlin 1969, S. 115ff., insbes. S. 129.

第8章
経済成長と経済構造に与える財政政策の効果

A. 経済成長に与える財政政策の効果

I. 経済成長の意味

　ここ数十年間というもの、世界の生産はその絶対額においても、また1人当たりの額においても数倍に膨れあがった。しかしながら個々の国に注目すると、その値にはかなりのバラつきがみられる（表8.1参照）。世界の経済成長の大部分は、比較的少ない人口を有する国々によって達成されている。逆に大きな人口を抱える多くの国では、経済成長がほとんど記録されていない。この傾向は1人当たりの成長率でみる場合、さらに顕著である。
　経済成長が望まれるのは、それが国民の生活水準を高めると考えられるからである。もちろん、経済成長は自動的にすべての人に等しく豊かさの増加をもたらすわけではないが、経済成長に伴い再分配の可能性も大きくなるので、やはりすべての人により豊かになる機会を提供するものであることには変わりない。
　生産の総量が国民の欲求を充足する可能性を意味しているとするならば、国民の厚生水準の変化は、**国民総生産**の成長率によって測ることができる。しかしながら豊かさを計測するためにはこれだけでは不十分である。なぜなら国民総生産は豊かさの量は示すが、質については何も語らないからである。豊かさを測るためには、健康、労働生活の質、消費の内容、住居の質など、さまざまな指標をあわせてみることが必要とされる。
　また国民総生産は、実際に生産された量を示すものであるので、その国が

表8.1　各国の経済成長状況

	1人当たり国民総生産		人口	
	USドル 1992	実質成長率 1985—1992	100万人 1992	成長率 1985—1992
スイス	36,230	1.1	6.9	0.9
ルクセンブルク	35,260	3.1	0.4	0.8
日本	28,220	4.0	124.3	0.4
スウェーデン	26,780	0.4	8.7	0.6
アメリカ	23,120	1.1	255.4	0.9
ドイツ	23,030	2.2	80.6	0.6
フィンランド	22,980	0.7	5.1	0.4
バングラディッシュ	220	1.7	112.8	2.2
マダガスカル	230	−1.7	12.4	2.2
ウガンダ	170	1.8	17.5	3.1
エチオピア	110	−2.0	54.8	3.4
タンザニア	110	−1.4	26.0	3.0
モザンビーク	60	−1.3	16.6	2.7

出所：International Bank for Reconstruction and Development/The World Bank, The World Bank Atlas 1994, Washington, D.C. 1993, S. 8f. und 18f.

生産能力を完全に利用した場合に比べると，小さな数値になっているはずである。豊かさをより正確に測定するためには，この利用されていない生産能力をも考慮する必要がある。ゆえに豊かさの指標としては，「潜在的生産力」という概念の方が適切であると考えられる。潜在的生産力は，所与の技術レベルのもとで，生産要素（労働力や物的資本）を完全に利用し，すべての資源を使い尽くした場合に実現される生産量と定義される。

　景気政策と経済成長政策の関係は，この潜在的生産力という概念によって明らかにすることができる。たとえば，ある国で潜在的な生産能力が十分に活用されていない場合，景気政策として需要サイドから未使用の資源が活用されるような促進措置を行うことで，国民総生産を短期的に引き上げることができる。しかしながらこうした国民総生産の増加，すなわち経済成長を持続的なものにしたいのであれば，技術進歩を促進するなど，供給サイドからの長期的な経済成長政策を行うことが必要であろう。本章のA節では，財政

政策が長期的な経済成長に与える効果，つまり生産能力に与える効果に焦点を当てる。

また，経済が発展していく過程には必ず産業構造変化が伴うため，経済成長政策を論じるときには**産業構造政策**をも併せて考えることが肝要である。ゆえにB節では，財政政策が産業構造におよぼす効果について論じることとする。

Ⅱ．財政政策手段による経済成長政策の評価基準

財政政策の実行は，時として予期しない形で経済成長に影響を与える。ゆえに適切な財政政策を行うためには，それが経済成長に与える影響を分析することが必要である。そのような分析からは，経済成長の各過程がどのような要因によって影響されるのかを明らかにすることができる。そしてそれは工業国が発展した理由を示唆するものでもある。

ケインズ的成長理論や新古典派的成長理論に端を発する**経済成長要因の研究**[1]によれば，生産の要素は「**資本**」と「**労働**」である。そしてこれらの生産要素の投入量を増やすことは，生産の増加とそしてその結果として経済成長をもたらすことにつながる。しかしながら資本や労働には限りがあるため，これらは無限に増加させることはできない。資本や労働をすべて利用した上でなお経済成長をもたらすためには，「技術進歩」によって生産性を高めることが必要である[2]。

しかしながら経験的な検証によると，経済成長は労働と資本，そして技術進歩だけでは説明することができない。このため，その他のさまざまな要素を体系的に取り入れる試みが，これまでに数多くなされてきた。そうした理論は，経済成長を循環説で説明しようとするものと，進化過程として捉えるものとに大別される。これらは細かい点ではさまざまに異なるが，経済成長の決定因子を技術進歩とそれに伴う産業構造の持続的な変化に見ているという点で共通している[3]。そしてこの考えによれば，長期的な経済成長は技術成長と同一であり，所与の技術力の下での経済成長については，技術の普及

とその利用が重要な役割を果たす。

　また生産性は，政治的，法律的，社会文化的な要素にも影響される。生産性の向上においてはリスク負担のできる企業の数が重要な役割を演じるが，彼らの振る舞いは，文化的状況や社会的価値感に強く依存している。これにはたとえば，特許や市場競争に関する法律，租税制度の技術進歩促進性，政治の安定性や予測可能性などを挙げることができよう。また，経営組織が生産性の向上を図るために柔軟に再編成されることができるかどうか，技術進歩の基礎として専門家教育の水準が十分であるかどうかといった点も，経済成長を決定する一因となりうるであろう。

　このように経済成長理論は多様な展開を見せているが，これらは今なお，労働，資本，技術進歩という3つの要因を中心とした理論に取って代わるには至っていない。またどのように理論が展開されようとも，これらの要因が経済成長において重要な役割を担っていることに変わりはなく，これらを分析の糸口としてはならない理由は何もない。つぎの節では財政政策の分析を行うが，この3つの要因に従って検討を進める。

　これらの3つの要素を財政政策との関連で捉えるとき，これらには**政策手段**と**戦略的要素**の2つの側面をみることができる。政策手段が，公共部門が自ら経済主体となって直接この要素を使用することを意味するのに対し，戦略的要素とは，これらの要素が民間部門を通じて間接的に利用されることを意味している。

(1) 資本：生産要素としての資本は，公共投資においては政策手段とみなすことができ，民間投資においては戦略的要素とみなすことができる。
(2) 労働：生産要素としての労働は，雇用という形で公共部門から直接的な影響を受ける事もあるが，それ以外の場合には戦略の要素とみなされる。
(3) 技術進歩：技術進歩は，公共部門の手によって技術進歩が進められる場合には，政策手段であるが，財政政策的措置が民間部門による技術進歩を目的としている場合には，戦略的要素である。

Ⅲ. 資本，労働，技術進歩に対する財政政策

a) 資本に対する財政政策

経済成長の大きさが資本の量に依存するならば，投資は経済成長の重要な決定要因である。ここでいう投資には，民間投資と公共投資が含まれる。このうち民間投資が経済成長にとって重要であるのは明白であるが，公共投資の役割については説明が必要であろう。公共投資，とりわけ社会資本を供給するための公共投資は，民間部門における生産活動の重要な前提となっている。したがって公共投資は，公共投資自身が成長に貢献すると同時に，民間投資を促進する事によっても経済成長を促進する効果を持っていると考えられる。

1. 民間投資におよぼす効果

民間投資行動に直接的な指示の形で介入することを除けば，政府などの公共部門は，投資に対する障害を除去することや，投資への刺激を与えることによって，民間投資行動に望ましい変化をもたらすことができる。これにはまず第1に，資金調達可能性に影響を与えることが考えられる。なぜなら，民間投資家の物的投資に関する決定は，資金調達の限界によって左右されるからである。資金調達の能力は，基本的に企業の自己資金調達可能性（増資や利益留保）によって規定されるが，それ以上の投資を望む場合には，さらに外部（金融市場や公的資金）からの資金調達の可能性に依存することになる。ゆえに資金調達可能性は金融政策や財政政策の影響を受ける。また第2に，公共部門は投資意欲を通じても投資に影響を与えることができる。資金調達力は投資の可能性を高めるが，企業が実際に投資を行うかどうかは投資意欲に依存している。

2. 民間投資の資金調達力におよぼす効果

企業が留保によって調達（内部調達）することのできる資金の量は，特定の租税政策によって影響されうる。これには，より多くの資金が企業に残されるよう所得税や法人税の限界税率，とくに最高税率を引き下げることなど

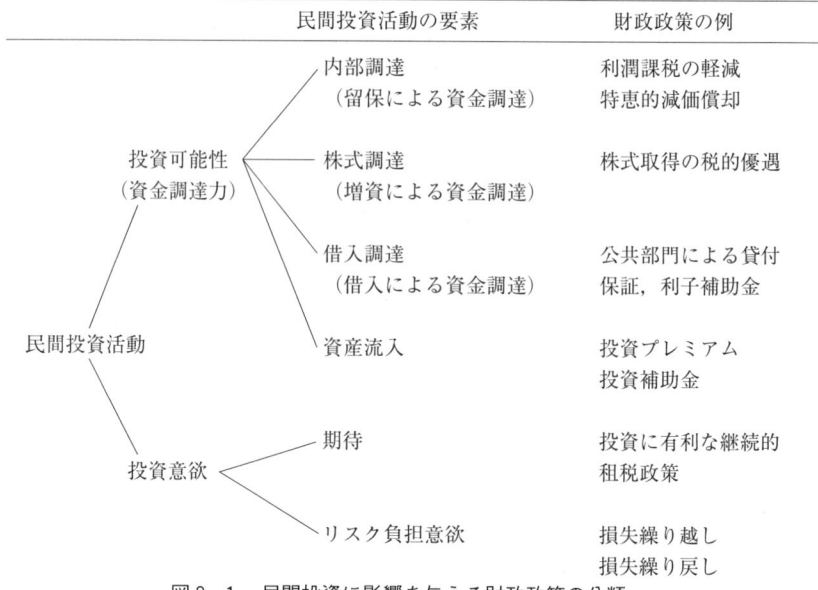

266   第8章　経済成長と経済構造に与える財政政策の効果

```
                              民間投資活動の要素              財政政策の例

                         ┌─ 内部調達                    利潤課税の軽減
                         │   （留保による資金調達）          特恵的減価償却
                         │
              投資可能性  ├─ 株式調達                    株式取得の税的優遇
              (資金調達力) │   （増資による資金調達）
                         │
                         ├─ 借入調達                    公共部門による貸付
                         │   （借入による資金調達）          保証，利子補助金
                         │
民間投資活動              └─ 資産流入                    投資プレミアム
                                                       投資補助金

                         ┌─ 期待                       投資に有利な継続的
              投資意欲    │                             租税政策
                         │
                         └─ リスク負担意欲                損失繰り越し
                                                       損失繰り戻し
```

図8.1　民間投資に影響を与える財政政策の分類

　が考えられる。留保利潤に課せられる税率を低くすることは，資金調達可能性を全般に高める効果を持つが，とくに留保による資金調達を有利にする。ただし，所得税や法人税の最高税率の引き下げが，必然的に投資の増加を引き起こすわけではないことには留意する必要がある。利潤への課税が軽くなることは，企業にとって単により多くの資金が利用可能になったという事を意味するのであって，それは必ずしも投資の増加に直結するわけではない。また，この方法は，企業が十分に利益を上げているときにのみ可能であることにも留意しなくてはならない。

　利潤課税との関連では，**特恵的減価償却**もまたこうした措置のひとつに数えられる。課税上認められる減価償却を引き上げることは，投資後の早い期間に，企業により多くの資金的な余裕を与えることを意味する。その額は限界税率の高さによって決まるが，企業はこれを投資の計画段階で計算に入れることができる。ただし，後の期間に認められる減価償却の額は，早い期間

に増加した額に応じて減少するので、最終的に残される効果は、早い期間に認められた追加的な減価償却費を貯蓄に回した場合の利子に相当する部分だけである。景気政策の観点からは、特恵的減価償却は景気後退期に行われるべきであるが、この場合、租税の軽減効果は小さなものとなる。なぜなら景気後退期には企業の利益が小さいと考えられるからである。これとは逆に、好景気においては減価償却は非常に高い租税節約効果をもたらす。また特恵的減価償却は、利潤課税の税率引き下げとは異なり、実際に実行された投資と直接的に結びついている。これは投資促進という目的の下では望ましい効果をもたらす。しかしながら十分な利益を上げている企業でなければこの措置を利用することができない点は税率引き下げのケースと同様である。

増資による資金調達（株式調達）についても、財政政策はこれに影響を与えることができる。増資による資金調達は自己資本形成を意味するが、これに対する租税的な障害を取り除くこともそうした財政政策のひとつである。これは、企業の資金調達可能性を高めると共に、同時に経済成長の重要な条件のひとつであるリスク負担能力の向上をも促進する。この種の財政政策の例としては、株式取得の租税的優遇や公企業の民営化などがあげられる。

金融市場や資本市場からの借り入れによる資金調達（借入調達）においては、財政政策と金融政策との調整が重要な意味を持っている。金融政策の変更は民間経済における資金調達力に、銀行資金流動性や貨幣量を通じて影響を与えるが、資本供給に影響を与えようとする財政政策は、そのような金融政策的措置によって大幅に相殺されてしまうことが考えられる。

公共部門による信用補助は、借入調達の可能性を直接的に引上げる。これには利子補助金、債務保証、そして公的融資などが該当する。振興の対象となる企業が民間から資金を借り入れることのできる可能性が小さければ小さいほど、こうした措置の効果は大きいものとなろう。

公共部門が供与する投資プレミアムは企業への資産流入を意味しており、これは経済成長を高める。この方法は、他の措置が単に利潤の増加や借り入れの返済を助けるものであるのに対し、追加的な投資を直接刺激する。この追加的な投資を促進するという長所は、たとえば、新たな投資のうち、過去

2年ないし3年間の投資額の平均を上回った分だけにプレミアムを認めることで，より確実にすることができると考えられる。

3．民間の投資意欲におよぼす効果

投資家の投資意欲は，将来の経済発展に対する期待や見通しによって左右される。基本的な情報，たとえば売上や費用に関する予想，そしてそれに課せられる税を考慮することで導き出される利潤の予想は，かなり大きな不確実性を伴う。実際に投資が行われるか否かは，投資家にこうした不確実性に伴うリスクを負担する意欲があるかどうかにかかっている。

投資意欲が利潤に関する予想に左右されるならば，利潤課税を通じてこれに影響を与えることが可能である。たとえば利潤課税が継続的に引き下げられるならば，企業は税引後の利益が増加することを見込むことができる。これは特恵的減価償却についても同様である。このように資金調達力を引き上げることを目的とした措置のいくつかは，同時に利潤の予想にも影響を与えることができるのである。

極端なケースとしては，法人税を廃止し，代わりにキャッシュ・フロー税を導入するということも考えられる。課税ベースである利益を収益と費用の差として計算する所得税や法人税と異なり，キャッシュ・フロー税は課税期間内における資金の支払いと受け取りの差を課税ベースとする。この税は即時償却と同じ効果をもっている。なぜなら投資に対する支払は，支払の時点において課税ベースから控除されるからである。

貯蓄行動もまた，投資可能性や投資意欲に影響を与える。貯蓄率の上昇は銀行の資金量を増やし，そしておそらくは民間投資への貸し出しをも増加させるであろう。そうであるならば投資は長期的には貯蓄振興によって促進することができる。これには貯蓄促進のための個別的な租税政策（たとえば所得税における貯蓄の優遇）が考えられるが，税負担が消費に重く，貯蓄に軽く課せられるよう，租税制度を再構成するという方法を取ることもできる。たとえば，支出税による所得税の代替がこれにあたる[4]。

また民間投資意欲は，長期的な経済成長への期待によっても刺激される。民間需要や公共需要の動向，競争関連法案の行方，政治力バランスの変化な

どに関する予想は，長期的な投資が採算に合うか否かを判断する材料となる。たとえば，公的規制の緩和が民間投資に対し促進的に影響するということをその一例としてあげることができよう。

リスクの高い投資は，とくに成長促進的であるとみることができるが，そのような投資はリスクをなるべく小さなものとすることで促進することができよう。そのためには課税上における欠損の相殺可能性を引き上げることが有効であるが，これにはたとえば損失の繰り戻しや繰り越しを挙げることができる。

4. 公共投資と社会資本

公共投資には，金融投資（融資や出資），金融補助（投資補助金や利子補助金），そして物的投資が含まれる[5]。こうした投資は後の年度に収益を上げるべきものであるが，それは必ずしも貨幣という形でなければならないというものではない。経済成長の観点からすると，公共投資で重要であるのは，新たな生産力を創り出すことと，それを利用することである。これに対して投資によって生ずる所得効果は，景気政策的には重要であるが，経済成長の観点からはあまり意味を持たない。また個人の家計によって直接利用される公共投資（公園や劇場など）は，たとえば教育施設などのように，それが後の民間の生産部門に寄与するものでなければ，経済成長にとってはあまり意味がない。つまり公共投資が経済成長の政策上で意味をもつのは，それが乗数効果によって所得効果以上に民間の投資活動に影響を与える場合だけである。

公共部門による物的投資は，「社会資本」と呼ばれる領域においてもっともよく行われている。社会資本のための支出は，一義的には公共財を供給するためのものであるが，それが将来において収益をうみだすという点においてむしろ投資と呼ぶべきものである[6]。つまり社会資本投資は民間投資の前提条件を整える働きをもっているのであり，経済成長に対し促進的に作用すると考えられるのである。社会資本は多くの場合，それが公共財の特徴を持つために，民間部門ではなく，公共部門によって供給される。そうした社会資本には次の領域が挙げられる[7]：交通，エネルギー，教育，研究，衛生，

治水および水利用，文化，保養，スポーツ，公共行政。

社会資本は有形なものと無形なものに分けることができる。施設や設備といった形の物的投資（学校，病院，交通網など）は有形な社会資本であり，教育水準や衛生水準，そして技術的知識水準などは無形の社会資本といえる。この2つ形の社会資本は共に，公共部門（道路整備や研究水準の向上など）と民間企業（機械の購入や技術的なノウ・ハウの発展など）の双方によって整備される。個人の家計は，もっぱら無形社会資本からの便益を享受している（教育や衛生水準の向上など）。

5．社会資本が生産能力におよぼす効果

公共部門によって供給される社会資本は，学校教育や道路利用といったサービス給付の形で民間の個人や企業に便益を提供するが，そうしたサービス給付を行うためには人件費などの経常的な費用が必要とされる（たとえば教員や警察官の給与）。つまり公共部門による社会資本の供給は，物的投資と経常的な費用の両方を通じて行われるのである。

このような形で民間経済に影響をおよぼす社会資本供給は，国民経済計算の観点から，経済成長に対しどのように位置づけられるべきであろうか。経済成長が生産能力の増加によって測定できるものであるとするならば，公共部門による社会資本の供給は公共部門の生産能力の増加であるから，経済成長は社会資本供給と民間の生産能力の増加とを合計したものであるということになる。しかしながら経済成長の計測にはさらに，個々の社会資本がもたらす供給能力の向上も考慮に入れる必要がある。たとえば新たに建設された道路や病院の利用価値などがこれにあたる。

公共部門が社会資本の供給を増やすことによって生じる効果は，個人の家計を通じて生じるものと民間の企業を通じて生じるものに分けることができる（図8.2）。個人の家計による社会資本の利用は国民総生産を増加させ，その結果，経済成長を増加させる。これに対し企業は，社会資本を先行投資として利用するが，このことは投資活動に影響をおよぼす。また個人の家計によって利用される社会資本サービスも，それが職能向上教育のように投資的な側面をもっているならば，企業の活動に影響を与えうる。こうしたサー

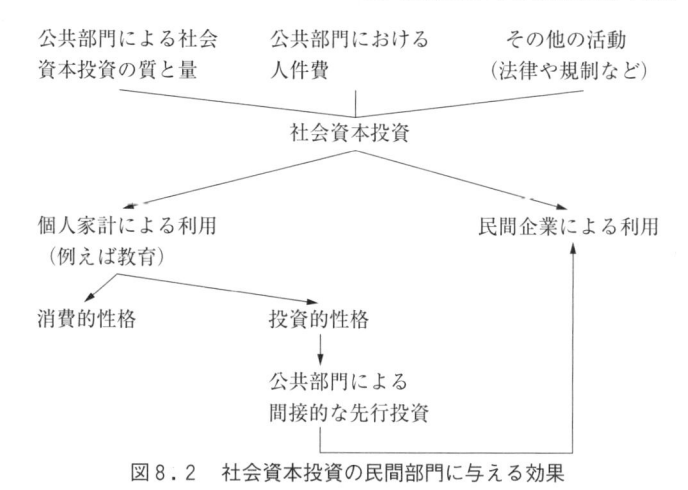

A. 経済成長に与える財政政策の効果　271

```
公共部門による社会      公共部門における        その他の活動
資本投資の質と量        人件費              （法律や規制など）
            ＼          ↓          ／
                社会資本投資
            ／                    ＼
  個人家計による利用                    民間企業による利用
   （例えば教育）                          ↑
    ／      ＼                          │
消費的性格    投資的性格                    │
              ↓                          │
          公共部門による                    │
          間接的な先行投資 ──────────────┘
```

図8.2　社会資本投資の民間部門に与える効果

ビスはそれゆえに**間接的先行投資**と呼ばれる。

6．社会資本の民間投資活動に与える効果

公共部門が社会資本を通じて民間投資活動に影響を与える方法は，以下の2つに分けることができる。

(1) 物的な社会資本投資の量と構成を調整することによって，供給される公共サービスの内容に影響を与える。
(2) 公共サービスの利用に影響を与える。

公共投資をどの社会資本の領域で行うのかを選択する場合，社会資本が不足している領域，つまりボトルネックが生じている領域が選ばれるべきであろう。なぜならそうしたボトルネックの解消は，民間部門の生産能力の向上につながるからである。たとえば新しい原料が発見されても，交通の社会資本が十分でないために発掘ができないというような場合がこれにあたる。

しかしながら，ボトルネックの解消を指向するという方法は，公共投資がその時々でもっとも目立つ需要に集中してしまうという欠点をもっている。もし投資決定の視野が空間的にも時間的にも拡大されるなら，公共投資の投入には異なった優先順位が生ずるであろう。たとえば一般道路や高速道路の建設が短期的な需要に応じて行われるならば，新しい道路の建設は，現在の

密集地域に集中するであろう。しかしながら，これはその密集地域の魅力を高め，企業や住民をさらに呼び込んでしまうため，ボトルネックの解消にはつながらない。他方，地方分権的で長期的な展望に基づいた政策のもとでは，公共投資による限界的な経済成長がもっとも大きくなるよう，道路は開発地域につくられることになるであろう。

　社会資本が，個人の家計と民間企業のどちらにどれだけ割り当てられるかという問題は重要なポイントである。個人の家計のために多くの社会資本が供給され，その分企業のための社会資本供給が減少するならば，民間投資にはマイナスの効果が生じる。逆に，民間企業のための社会資本である公共先行投資が多ければ，これは民間の生産活動を安上がりのものとし，公共投資の効果とその結果生じる経済成長を大きくするであろう。この唯一の例外は，先にもふれた間接的先行投資である。

　新たな社会資本への投資と同様，既存の社会資本の維持も，経済成長を考えるうえでおろそかにできない問題である。これにはまず，社会資本を維持するための費用は累進的に増大するため，将来的にはより多くの公共部門の支出が必要となる，という国庫上の問題があげられる。また，経営資源の効率的な投入や新たな民間投資へのマイナスの効果も重大な問題である。そうしたマイナス効果は，社会資本の供給が断続的になったり，一度実現された社会資本の質が長期的に保証されないような場合に生じる。

　公共部門は，社会資本の個々の領域におけるサービスの利用を調整し，それによって新たな経済成長効果を導くことができる。たとえば，職業教育が経済成長に対し効果的であると考えられる場合，公共部門は教育施設を用意することに加え，教育者や教育内容の向上を図ることで経済成長を促進することができる。またこうした教育サービスの利用を義務づけることや，補助金政策を通じてその利用を促すことも有効であろう。

7．投資水準と世代間の負担配分

　これまでに見てきたような投資水準の決定に関する議論を行う場合，世代間の負担配分を考慮することが不可欠である。投資水準の引き上げは，現在の消費の一部を犠牲にすることを意味する。逆に言えば，消費の増加は現在

の投資可能性を，そしてそれにより将来の消費可能性を減少させるのである。投資，とくに国による投資は，完成までに長い期間を要することが多いが，これは現在の世代に課税し，将来の世代を利することを意味している。

しかしながら，将来の世代のために現在の消費をあきらめることを，現在の世代に求めることは容易ではない。公共投資を引き上げるためには，税収を引き上げることが必要であるが，将来世代のための投資を理由に行われる増税は，強い抵抗にあうであろう。このような場合に残された方法は，増税に代えて公債の発行により資金調達を行うことである。

公債による資金調達については，ひとつの命題が議論されている。それは，長期の投資の財源を公債に求めることによって，今日供給される社会資本投資の負担を将来の世代に繰り延べることができるということである。この命題を巡る議論にはいくつかあるが，それらにはそれぞれ「負担」の捉え方に違いがある[8]。これらの説は，完全雇用と予算額一定を前提としている。

(1) この命題によれば，公債は後の世代によって償還されるため，投資を公債によって賄えば，投資からの利益を享受する世代と投資費用の負担をする世代が等しいということになる。しかしながら，将来へは負債だけでなくそれによって獲得された資産も受け継がれるため，将来における償還は，その世代のなかにおける，債権者と債務者の間の資産移転でしかない。そのかぎりにおいて世代間の負担の繰り延べは生じているとはいえない。またこの公債償還時期による考え方は，資源使用の観点から見ても誤りであると考えられる。投資の資金が租税によって調達されるかそれとも公債によって調達されるかに関わらず，資源は投資が行われる時点で徴用される。したがって，負担を「民間部門からの資源の徴用」であるとみなすならば，負担の将来への繰り延べは生じていないことになる。

(2) J.M.ブキャナンは負担の概念を「個人の効用損失」と解釈することによって，上記の説と反対の結論に達している。公債の購入が自発的に行われるならば，現在の時点に厚生損失は生じない。負担は，公債を償還するために租税が引き上げられたときにはじめて生じるのである。この

(3) 第3の議論では，公債によって資金調達が行われた場合と，租税によって資金調達が行われた場合の民間投資の大きさの違いが問題になる。現在の民間消費が大きく抑制され，それによって民間投資が増加した場合，後の世代に残される資本ストックは非常に大きい。たとえば，売上税や消費税のように消費に対して抑制的に作用する税が課せられ，それにより現在の消費が低く抑えられ，代わりに高い民間資本ストックが形成され，それが後の世代に引き継がれるような場合がこれにあたる。この場合「負担」は，消費の断念という形で現在の世代に課せられることになる。これに対し，公債による資金調達の方が租税によるよりも消費に与える影響が小さいとするならば，公債による資金調達が選択された場合，比較的大きな現在消費がなされ，次世代に引き継がれる民間資本ストックは比較的小さなものとなる。この場合，負担の繰り延べが生じたと見なされる。この考え方においては，負担の繰り延べが生じるかどうかの判定は，2つの資金調達方法が消費と投資に与える影響をどれくらいに見積もるかに依存している。しかしながら個々の租税や負債が消費や投資にどのような影響を与えるかは必ずしも明らかではない。

場合，負担は租税の強制的性格の形で発生することになる。

b) 労働に対する財政政策
1. 経済成長を目的とした労働政策論の概要

経済成長は資本要素ばかりでなく労働要素によっても影響されるため，労働政策は投資政策と同様に重要である。経済成長の観点からすると，失業率が高い状態も，逆に労働要素が不足し，それがさらなる成長のネックとなっている状況も，ともに望ましくない。

失業は景気政策に関連するもの（景気的失業）と経済成長政策に関連するもの（構造的失業）とに分けられる。失業の原因が，単に一時的な需要不足にあるとすれば，その失業は景気政策上の問題である。他方，多くの求人があるにもかかわらず失業者が存在する場合，それは失業者に求人のある地域へ移動する意志がないか，失業者に技能が不足していることが原因であると

考えられる。この場合，失業は経済成長的政策上の問題となる。つまり失業の問題は景気政策と経済成長政策の双方に関係するものなのであり[9]，失業率を低下させる政策は，同時に国民総生産の引き上げにも貢献すると考えられる。

失業に対しては，経済成長の観点から以下の手段が考えられる（図8.3参照）。

(1) まず求人の量に着目することが考えられる。労働需要は，一般的な景気政策や経済成長政策により引き上げることができる。
(2) つぎに求職者の技能や移動性に影響を与えることが考えられる。
(3) 最後に，すでに存在する職をより多くの人に分配することが考えられる。すでに職を得ている人々の生涯労働時間を短くすれば，状況によっては多くの失業者が職を得ることができるであろう。またこの方法にはさらに，職業の仲介を改善することがあげられる。たとえば職業安定所の職員の教育を向上させることや，新たな情報システムを導入することなどがこれにあたる。

こうした完全雇用のための手段に関する議論は，失業の市場ごとの分析や，人口統計学的・社会経済学的な指標に基づく分析によって補われる必要がある[10]。そうした分析は，雇用者の雇用行動や職業安定所の仲介行動，失業に対する社会的保護の質と量，そしてその社会的保護が労働供給に与える影響，不法労働の量と構造などに関する情報を増やし，多様な失業の原因を分析することに貢献する。しかしながら，こうした手段だけでは失業に対抗することは難しい。求人を増やすためには，前節で論じたような，民間投資を促進することも重要である。

2．労働市場政策に関連した財政政策

労働市場政策と財政政策の関係は非常に多岐にわたる（図8.3参照）。年間労働時間の短縮や教育期間の延長，労働仲介機関の改善，退職年齢の引き下げなどは，直接的には財政政策的措置に数えられない[11]。しかしこれは，こうした措置が公共の財政に影響を与えないということを意味しているわけではない。

276　第8章　経済成長と経済構造に与える財政政策の効果

生産要素である労働への干渉の可能性

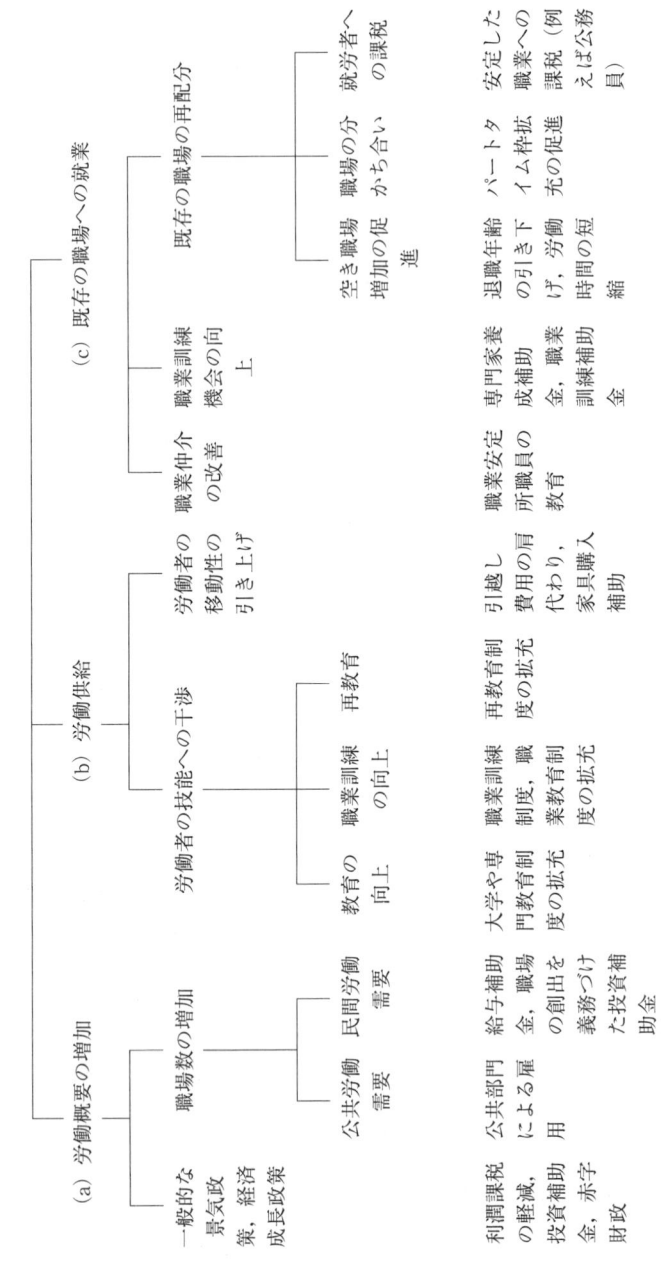

(a) 労働需要の増加
- 職場数の増加
  - 公共労働需要
    - 一般的な景気政策、経済成長政策
    - 公共部門による雇用
    - 給与補助金、職場の創出を義務づけた投資補助金
    - 利潤課税の軽減、投資補助金、赤字財政
  - 民間労働需要

(b) 労働供給
- 労働者の技能への干渉
  - 教育の向上
    - 大学や専門教育制度の拡充
    - 職業訓練制度、職業教育制度の拡充
  - 職業訓練の向上
  - 再教育
    - 再教育制度の拡充
- 労働者の移動可能性の引き上げ
  - 引越し費用の肩代わり、家具購入補助

(c) 既存の職場への就業
- 既存の職場の再配分
  - 職業仲介の改善
    - 職業安定所職員の教育
  - 職業訓練機会の向上
    - 専門家養成補助金、職業訓練補助金
- 空き職場増加の促進
  - 退職年齢の引き下げ、労働時間の短縮
- 職場の分かち合い
  - パートタイム枠拡充の促進
- 就労者への課税
  - 安定した職業への課税（例えば公務員）

図8.3　労働政策の分類

たとえば，退職年齢（＝年金受給開始年齢）を引き下げた場合の効果を考えてみよう。年金生活者の増加は，年金会計における収入の減少と支出の増加を意味している。また年金所得は原則的に非課税であるため，租税収入も減少する。健康保険についても，年金生活者は保険料が安いため，収入が減ると考えられる。そしてそれは同時に，高い保険支出の原因にもなる。さらに失業保険についても，保険料会計の収入が減少する。退職年齢引き下げの効果はしかし，こうした「費用」をもたらすばかりではない。それは失業保険支出の低下をもたらすと考えられる。また，早い退職によって空いた職は失業者によって埋められるので，失業率が低下する。そしてその失業率の低下は景気と経済成長にプラスの効果を与え，それゆえに公共の財政にもプラスの効果をもたらす。このような効果は，たとえば教育期間の延長といった，他の労働市場政策についても同様に生じるであろう。

労働需要には，民間部門と公共部門の両方を通じて影響をおよぼすことができる。まず公共部門についてであるが，これは特定の地域に集中して生じている失業に対して，役所や大学の所在地，そして駐屯地などの選択を通じて，プラスの効果を与えることができる。しかしながらこれは，求人の内容と求職者の技能が一致しないことが多いため，少なくとも短期的には，その効果はあまり大きなものとはならない。また公共的な職場は，各産業分野に個別的に提供することができるが，これは経済成長の観点からみて目的に適ったものであるかどうかは疑わしい。なぜなら，国民経済の効率性の面からすれば消滅した方が望ましいと思われるような産業分野に，公企業が新たに職場を提供してしまうようなことがありうるからである。

つぎに民間部門の労働需要であるが，これを増やすための手段には，一般的な景気政策や経済成長政策に加え，国の活動を通じて企業の労働需要に影響を与える方法が考えられる。これには職場を増やす義務を伴う投資補助金や，給与支払いやその他の雇用費用に対する補助金などをあげることができる。

労働者の技能や移動性の改善もまた，労働力に影響を与える。まず労働者の技能は教育制度によって改善されると考えられる。しかしこれを雇用の現

状にあったものに調整することは非常に困難である。それは第1に長期的な分析や計画が必要であるからであり，そして第2に教育制度は複雑で，さまざまな権限の下に属しているからである。しかしまた，国は労働者がより多くの教育を受けることを促進することもできる。その方法は，教育を受ける者がいる家計の税を軽減することから，よりよい社会資本を提供することまで多種多様である。

つぎに労働力の地域間の移動性についてであるが，これを高める方法には，引っ越しやそれに伴う家具購入に対する補助をあげることができる。こうした方法が本当に効果をもたらすかどうかには疑問が残るところであるが，もしそれらが移動性を高めるのなら，失業に地域間で格差があるような場合には，非常に効果的な方法となるであろう。

労働時間を短縮し，それによって現存の職場を働く意思のあるすべての人に配分するという方法は，多くの専門家によってもっとも重要であると評価されている。しかしながらこれにはいくつかの問題がある。それは第1に，パートタイム労働や出産休暇の拡大，就業前教育期間や教育休暇の延長，そして退職年齢の引き下げなどがもたらす費用と利益は，市民のさまざまな層と政策当局にもたらされるが，そうした労働政策を決定する権限は，経営者や労働組合，そして政策当局にしかないということである。第2に，労働時間を短縮するという政策は，経済成長の増加により失業率を低下させることで，経済成長の問題と失業の問題を同時に解決するという可能性の断念を意味していることである。

c) 技術進歩に対する財政政策

生産力は，物的資本や労働供給の増加によってだけでなく，生産性の向上によっても高められる。こうした投資や資本，そして労働の生産性の向上は，技術進歩と呼ばれる。

1．技術進歩における公共部門の役割

技術進歩の多くは，長期的でかつリスクの大きい投資計画からうまれる。しかしながらそのような投資計画は，民間企業によってはほとんど行われる

ことがない。こうした投資は非常に大きな固定費用を要するので，それを促進するためには，公共部門がリスクの一部を民間企業に代わって負担することが有効であろうと考えられる。

また，外部経済の内部化も促進手段のひとつとして考えられる[12]。企業による研究開発が一般的に有用な科学技術を生むような産業領域では，正の外部効果は非常に大きなものとなる。たとえば半導体産業では，新しい特許技術を開発しても，競争が激しいため十分な利益を上げることが出来ない。そのためこの産業では，国が特許技術開発の利益を保証することが，技術進歩の刺激に大きな効力を持つと考えられる。また環境破壊を伴うような産業では，環境破壊によるマイナスの外部効果を内部化することで，資源を節約したり環境を改善したりするための技術開発を促進することができる。

しかしながら，市場における国の役割は，干渉することではなく市場の機能を保護することにあると考えられる。そうした観点からは，国の役割は，企業が市場で創造的な行動をするよう，競争を促進し，維持することに制限されるべきである[13]。ゆえに国は，技術進歩の方向性やテンポを直接コントロールしようとしてはならない。

2．発明，改新，模倣に対する財政政策の効果

技術進歩は，発明，改新，模倣の各過程に分けることができる[14]。技術進歩はまず，何者かが発明をし，特許を取得することから始まる。この技術は次に別な者によって，たとえば製品にバリエーションをつけるために，改新・改良される。そしてそれが利益を生むようであれば，さらに別な者によって，特許権の売買などを通じて模倣されるに至るのである。これら3つのどの過程を通じても，経済成長の促進は可能である（表8．2参照）。

発明については，公共部門は，大学や他の研究機関に基礎研究の資金を提供することで，これを自ら進めることができる。これは直接的には市場に影響を与えないので一見さほど重要でないようにみえる。しかしながら基礎研究の分野における発明はさまざまな産業分野で利用されることができるため，その重要性は甚大であるといえよう。

また，特許権の保護による間接的な促進も有効である。特許権の保護は，

表8.2 技術進歩の財政政策的促進措置

	発明	改新	模倣
機関やプロジェクトの直接的な促進	・公的機関の基礎研究に対する資金援助（大学や研究所など） ・民間の研究や開発に対する資金援助 ・公共部門から民間部門への発注(軍事技術など)	・公共部門自身による製品や技術の革新（例えば交通や通信の分野） ・研究都市の開発	・最新技術の採用（ケーブル網の整備など）
特定のプロジェクトに関連しない間接的助成	・発明や合理化に有利な環境（特許権保護など） ・リスクの大きい投資への補助金や税制優遇	・危険資本の流動化 ・他人資本に対する自己資本の差別的取り扱いの除去 ・公共部門による貸し付け ・利子補助金	・新技術やそれを使った製品の広報の促進 ・公共部門自身による新技術の広報（見本市や展示会など）

　第1に発明を刺激し，第2に，一時的に独占状態を作ることで，研究開発のリスクに十分な報酬を与える。そして最後に，特許内容の強制的な開示により，その技術の改新やさらに新たな発明へ道を開く。発明の間接的な促進にはさらに，補助金や課税上の優遇措置をあげることができる。たとえば個人や企業の研究開発に補助金を与えたり，従業員による発明を課税上優遇したり，合理化を進める企業に報奨金を支給することなどがこれにあたる。

　景気政策的には，とくにリスクの大きい投資を促進することが効果的であると思われる。リスクを負担する意欲を促進するためには，課税上の**欠損の繰り越しと繰り戻しを手段**として用いることができる。欠損の繰り越しや繰り戻しは，ある年度に生じた欠損を別な年度の利益と相殺することをいうが，これが大幅に認められるようになれば，リスクの大きい投資が促進されると考えられる。また，租税制度の構造も**リスク負担意欲**に影響を与えることができる[15]。利潤の大小に無関係に課せられる税が租税制度全体のなかで重要な位置を占める場合，リスク負担意欲は抑制されてしまうと考えられる。なぜならばそうした税は，欠損が生じている場合においても支払わなければならないからである。そのような租税制度のもとでは，収益率は小さい

がリスクも小さい投資が増えると考えられる。リスク負担意欲を促進するためには、租税制度のリスク調整能力を大きくすることが必要である。

改新の過程についても、発明の過程におけるのとほぼ同様なことがいえる。公共部門は自ら新しい技術を導入することで、この過程において先導的な役割を担うことができる。またリスク負担を軽減することは、この過程においても十分効果的であろうと考えられる。

模倣の過程については、たとえば研究都市を開発することにより、技術を集中することなどがあげられる。とくに模倣の過程のみを促進するためには、租税上の促進措置や補助金による促進措置に、研究成果の開示という条件を付帯することが考えられる。その他にも、国の機関や国の依頼を受けた機関が新しい技術知識を広めることも、この過程の促進に効果をもつであろう。

3. 財政政策の制限

こうした公共部門による技術進歩の促進はしかし、不確実性を伴うことを忘れてはならない。発明や改新が何によって影響されるかは不完全にしか明らかではないため、促進措置として導入された補助金政策が実は効果のないものであり、結果として公共部門を膨張させただけで終わってしまうということも十分にありえるのである。たとえば企業間競争や文化、社会現象、企業に対する大衆の姿勢などは財政的促進措置よりも重要な要素であるかもしれないし、これらは財政的促進措置の効果を決定する要因でもありえる。それゆえ、財政政策は、個々の企業や個々の市場の投資リスクの負担ではなく、もっと概括的なリスクの負担に、その役割をとどめるべきであるという意見も少なくない。そのためには具体的な措置よりも、長期的な政策コンセプトが必要とされる。これには国民負担率や予算、公債発行などに関する中長期的な構想があげられる[16]。

Ⅳ. 財政政策の役割：2つの戦略

この章の第Ⅱ節では、生産要素と技術進歩をキーワードとした経済成長プ

ロセスの説明を示したが，もしこれらの説明が，現実の経済成長の事例によって実証的に証明されえるものでなければ，第Ⅲ節に示したような，経済成長を促進する手段に関する議論もまた，信頼に足るものということはできない。ゆえに量的な面を問題とするならば，現在のところ経済成長政策は学問的に完全に裏打ちされているとはいえない。経済理論から導かれるのは，ある政策が他の政策に比べて強く作用するとか，あるいは同程度にしか作用しないといったような，大まかな傾向性を示す程度のものである。

　市場に技術進歩が起こる可能性があると考えられる一方で，市場の潜在的な生産要素に関しては十分な情報がないというような状況の下では，技術進歩をキーワードとした政策戦略が望ましいと考えられる。

　「競争」は，そうした戦略の手段として適している。国は競争政策を通じて，財政政策に大きな影響を与えることなく，経済成長に直接的に影響を与えることができる。

　そうした戦略にはまた，「歪みの除去」をあげることができる。経済に歪みがあると，経済主体はそれに適応するために力を使用してしまうため，国民経済からは革新のための力が減少してしまう。そのために国はつねに，生産要素投入を歪めていないか，そして革新を妨げていないか，自らの政策を点検している必要がある。たとえば租税政策には，企業課税に関して以下のことが要求される。

―リスクの大きい投資が堅実な投資に比べ，また実物投資が金融投資に比べ差別的に扱われてはならない。なぜなら，そうした投資の方がより成長促進的だからである。
―同様に，増資による資金調達は，借り入れによる資金調達に比べ不利に扱われてはならない。
―企業形態の選択は企業自身の問題であり，租税がこれに干渉的に作用してはならない。
―投資と消費の間の選択に，租税が影響を及ぼしてはならない。

　適切でない租税構造は，企業の意思決定を歪め，そして国民経済に余計なコストを負担させる原因となる。逆に租税構造が適切であるなら，たとえ税

率が高くても,それが国民経済やその成長に与える負担は比較的小さなものですむ。租税や社会保険料の引き下げは,そのうえでさらに経済成長に利益をもたらすものである。とくに企業課税の引き下げは,すべての生産要素に同等の負担軽減をもたらすためとくに望ましい。生産要素の負担軽減は,企業による投資を増加させ,それゆえに労働供給や革新への意欲を増加させると考えられる。これに対し,企業投資の直接的な税の優遇は,資本集約的な産業のみを促進することであり,資源配分や競争に対する中立性を損なうことにつながる。

このような戦略と対照をなすのが,潜在的生産要素をキーワードとした戦略である。特定の生産要素をターゲットとした戦略は,経済のボトルネックとなっている要素に対し効果的である。所与の状況のもとで投資の増加が必要とされる場合においては,企業課税に対して一般的な減税を行うよりも,投資を直接的に促進し,それによって生産要素である資本を増加させることが望まれる。

B. 財政政策の産業構造に与える効果

I. 産業構造変化と経済成長

産業構造の変化と経済成長はきわめて密接な関係にある。経済成長は産業構造が変化することを前提としているが,同時に産業構造を変化させる原因ともなる。

産業構造政策がいかに経済の構造的成長に影響を与えるかを知るためには,まず産業構造変化の原因を明らかにする必要がある。国民経済の産業構造変化の原因は,第1に需要サイドにある。1人当たり国民所得の増加と需要の変化は消費構造に変化をもたらし,そしてそれによって生産活動に影響を与える。これに対し供給サイドでは,技術進歩の効果が原因としてあげられる。技術進歩は新しい生産や生産方法,新しい組織形態,より良質な消費

を国民にもたらす。さらにまた，国の活動も産業構造変化に影響をおよぼす要因のひとつと考えられる。競争を制限するような干渉や市場の機能を損なうような介入は，望ましい構造の発展を妨げるであろう。

産業を3つの部門に分けて考える方法に従えば，産業構造は第1次産業（農林水産業など）中心から，第2次産業（製造業など）中心へ，そしてさらに第3次産業（商業，サービス業など）中心へと変遷する。しかし第3次産業の肥大化は，工業などにおける生産量の増加を押し留めるという点で，経済成長にマイナスの効果をもたらす。このため，部門構成に影響を与える産業構造政策がしばしば求められる。

産業構造政策によって経済成長を促進するためには，中期的に成長が見込まれる産業分野を促進すればよい。そのためのもっとも重要な手段のひとつに，補助金をあげることができる。補助金は分配政策であると同時に産業政策でもある。補助金政策はさまざまな問題を含むため，次節では補助金の特徴と効果，そしてその利用を制限する方法について説明する。

II. 産業構造政策としての補助金の目的と効果

a) 補助金政策の手段としての支給条件指定

産業構造政策において，補助金はかなり古くから重要な位置を占めている。補助金は，何の反対給付を義務づけることなく企業に提供されるが，その支給にあたってはさまざまな条件が指定される。

そうした補助金支給の条件は，単に受領対象を指定するものと，それ以上のものを要求するものに分類することができる。「受領対象指定」にはたとえば，所得が一定額以下の個人であるとか，農地が一定面積以下の農園にのみ補助金が認められるといったようなケースがあげられる。

政策目的を達成するためには，多くの場合より一層の条件を指定することが必要とされるが，そのなかでももっともよく用いられるのが「**資金調達指定**」である。たとえば国は補助金受領者に対して，増資や借り入れによって追加的な資金を調達するよう義務づけることができる。こうした条件は，追

加的な資金を調達する能力のある者,借り入れた場合にはその利子支払いや返済をする能力のある者だけが補助金を受けることができるということを意味しており,その意味で資金調達指定は受領対象の指定でもあるということができよう。

　受領者対象指定と資金調達指定は補助金受領の際の条件指定であるが,産業構造政策の観点からもっとも関心がもたれるのは,補助金受領後の局面である。これには「行為指定」と「使途指定」をあげることができる。行為指定とは,たとえば農業において一定面積を耕作してはならないという条件を付すといったように,補助金受領者に特定の行為を義務づけることであり,産業構造政策目標は時としてこれで達成されることができる。しかしより多くの場合は,補助金の使途を細かく指定する使途指定が用いられる。使途指定ではたとえば,特定の機械を購入することや,特定の肥料を使用する費用に補助金を充てることが義務づけられる。この方法によれば,他の条件指定によるよりも,より正確に産業構造政策目標を実現することができる。

b) 補助金の継続性とその制限

　補助金受領者のグループによる政治的圧力によって,補助金プログラムは,ほとんどの場合,真に必要とされるよりも長い期間継続される傾向にある。ゆえに補助金プログラムの制限と解体は,産業構造政策の重要な任務のひとつである。

　補助金の不適切な継続を避けるためには,条件指定が強化される必要がある。また補助金プログラムの規模をコントロールするためには,**割り当て原則に代えて総額規制原則を用いること**が必要である。割り当て原則では,条件を満たしさえすればすべての企業に一定額または一定比率の補助金が支払われるが,総額規制原則では,あらかじめ決められた総額の補助金が,希望する企業の数に応じて配分されるため,補助金の総量が無制限に膨らんでしまうことを避けることができる。また,補助金プログラムを時限立法とすることによって,あらかじめ決められた期日に終結させることも効果的であるし[17],一定期間ごとにその存続を検討するよう取り決めておくことも有用で

ある。そしてこうした補助金の制限や解体は，可能な限り中立の機関にゆだねられるべきである。

Ⅲ．産業構造政策における補助金の役割

　産業構造政策による部門構成への干渉には，現在の構造を維持することを目的とするケースと，将来有望と思われる部門を振興することを目的とするケースがあるが，補助金の選択は，どちらを目的とするかによって異なる。

　所得の分配や財の供給が望ましい状況にあるため，企業の構成が現状のまま維持されることが求められるような場合，補助金は特定の条件に偏らないものが適している。この場合，補助金の役割は企業に資金力を与えることだけである。存続するすべての企業に無条件で与えられるものや，農地面積が一定以下であることだけを条件に与えられるものなど，受領対象指定のみが付された補助金がこれにあたる。

　衰退しつつある産業部門においては，資金調達指定と使途指定が有効である。前述のように，資金調達指定は，窮乏している企業の中から，生き残ることができる企業のみを救済することに役立つ。使途指定は，たとえば新しい機械の購入や販売方法の改善などを促進することができる。ただし，新しい技術の導入は個々の企業に生産性の向上をもたらすため，こうした使途指定を伴う補助金を行う場合には，全体の供給量を減少させるための補助金が同時に行われなければならない。

　将来有望と思われる産業部門を振興するためには，もっぱら金融調達指定と使途指定が用いられる。そのような産業部門では，多額の開発費用が必要とされたりリスクが高かったりするため，民間投資はなかなか進まない。この問題は，研究開発に使途を指定して補助金を与えるか，または国が利益を保証した上で，研究開発事業を民間企業に委託することで解決することができよう。

IV. 地域的産業構造変化に対する財政政策の役割

　ある地域では生産要素を十分に使いこなすことができないが，別な地域ではそれができるということになれば，その地域にある生産要素は別な地域に流出していってしまうことになる。この**過疎化**は，その地域の産業が残された少人数の住民の生活を支えるに足る最低限の規模になるまで，止まることはないであろう。こうした過疎地域に残される産業は，たいていの場合，大規模農業や原材料製造業，観光業などである。こうしたケースでは，財政政策は，住民が過疎化に伴う状況変化に適応することを補助することにのみ利用される。たとえば，転職を助けるための職業訓練であるとか，引っ越し費用の肩代わり，残された住民の生活保護などがこれにあたる。このような政策は「**消極的地域開発**」と呼ぶべきもので，どうしても再開発が見込めないような地域にのみ適用される。

　これに対し，経済成長の観点から積極的に地域的な産業構造に干渉する場合には，どの地域を促進するかが問題となる。開発が進んでいる地域を促進することは，経済成長にプラスの効果をもたらす。しかしながらこれは同時に，遊休する労働力や土地の増加をも導いてしまうと考えられる。このため実際の地域政策では，分配政策的な理由から，主として開発途上地域の促進が行われる。このような政策は「**積極的地域開発**」と呼ばれる。

　積極的地域開発の役割は，第一に，公共部門による社会資本設備投資や民間投資を，特定の地域に導くことである。地域の経済成長のみを目的とするならば，社会資本設備投資は，経済効果を持つもの，すなわち工業化に直接的に役立つものについて行われるべきである。そのような投資は，雇用の増加や所得の増加，そしてさらなる社会資本需要をうみだすであろう。

　積極的地域開発のもうひとつの役割は，工業とサービス産業の誘致である。その方法は，部門構成に対する産業構造政策と同様，補助金や租税特別措置で企業を刺激することである。促進対象の地域内に新たな職場を創出することを補助金や租税特別措置の条件とすれば，地域内の労働人口が増え，

その結果需要が増加するので,さらなる発展が望まれるであろう。

V. 財政政策と産業構造調整

産業構造を調整するための処方箋を,経済政策によって書くことは難しい。そしてまた,そのなかで財政政策がどのような役割を果たすべきかは必ずしも明らかではない。ある地域から他の地域への移行,ある産業部門から他の部門への移行を目的として,特定の地域や特定の部門のみを優先的・差別的に取り扱う措置は,分配政策上疑問である。とくに産業部門の構成に変化を導くための政策は,投資を政治的に操作することにつながるが,これは投資の決定権を市場メカニズムから公共部門に移すことを意味している。こうした理由から,産業構造の調整は包括的な政策によって行われるべきであって,各部門ごと,各地域ごとに個別的に実行されるべきではない。

第8章 注
1) 経済成長に関する基本的な研究の概要については以下の文献を参照。Oppenländer, K. H., Wachstumstheorie und Wachstumspolitik, München 1988, S. 51ff, Gabisch, G., Konjunktur und Wachstum, in: Bender, D., Hrsg., Vahlens Kompendium der Wirtschaftstheorie und Wirtschaftspolitik, 5. Aufl., München 1992, S. 323ff, Teichmann, U., Grundlagen der Wachstumspolitik, München 1987, S. 69 ff.
2) Ott, A. E., Klassifikationen des technischen Fortschritts, in: Das Wirtschaftsstudium, 21. Jg., 1992, S. 964ff およびWalter, H., Wachstums-und Entwicklungstheorie, Stuttgart-New York 1993, S. 99 ff.
3) これらの新しい理論については以下の文献を参照のこと。Walter, H., Ansätze und offene Probleme der Wachstumstheorie, in: Wirtschaftswissenschaftliches Studium, 19. Jg., 1990, S. 287 ff.
4) Sievert, O., Änderungen der Steuerstruktur in Richtung auf mehr Ausgabenbesteuerung, in: Zimmermann, H., Hrsg., Die Zukunft der Staatsfinanzierung, Stuttgart 1988, S. 85 ff.
5) Wissenschaftlicher Beirat beim Bundesministerium der Finanzen, Gutachten zum Begriff der öfentlichen Investitionen, Schriftenreihe des Bundesministeriums der Finanzen, Heft 29, Bonn 1980, S. 29 ff.
6) Stohler, J., Zur rationalen Planung der Infrastruktur, in: Konjunkturpolitik, Heft 11/1965, Berlin 1965, S. 294.

7) Frey, R. L., Infrastruktur, 2. Aufl., Tübingen-Zürich 1972, S. 1.
8) これらの議論の概要についてはつぎの文献を参照のこと。Gadenberger, O., Intertemporale Verteilungswirkungen der Staatsverschuldung, in : Haller, H., und Albers, W., Hrsg., Probleme der Staatsverschuldung, Schriften des Vereins für Socialpolitik, NF Bd. 61, Berlin 1972, S. 189 ff.
9) たとえば高齢化などにより，生産要素としての労働が将来再びボトルネックとなるような場合には，別な方法論を考える必要がある。詳しくは以下の文献を参照のこと。Zimmermann, H., und Henke, K.-D., Finanzwissenschaft, Eine Einführung in die Lehre von der öffentlichen Finanzwirtschaft, 1. Aufl., München 1975, S. 309-313.
10) Sachverständigenrat zur Begutachtung der gesamtwirtschaftlichen Entwicklung, Jahresgutachten 1980/81, Bundestagsdrucksache 9/17, S. 61 ff.
11) 財政政策以外の労働市場に対する措置としてはこの他に，給与政策，所得政策，競争政策などがあげられる。
12) Oppenländer K. H., Wachstumstheorie und Wachstumspolitik, München 1988, S. 274ff およびWalter, H., Sektorale Strukturpolitik als Gestaltungspolitik? Begründungen zur Technologie-und Forschungspolitik, in : ifo-Studien, Heft 1-4, 1985, S. 78 ff.
13) Herdzina, K., Wettbewerbspolitik, Stuttgart 1984, S. 107 ff.
14) Schumpeter, J., Konjunkturzyklen, 1. Bd., Gottingen 1961, S. 91ff およびWalter, H., Wachstums-und Entwicklungstheorie, Stuttgart-New York 1983, S. 123 ff.（金融経済研究所訳『景気循環論I』有斐閣，1985，121ページ以下）.
15) Timm, H., Finanzwirtschaftliche Allokationspolitik, in : Handbuch der Finanzwissenschaft, 3. Bd., 3. Aufl., Tübingen 1981, S. 196 ff.
16) Rohwer, B., Möglichkeiten und Grenzen der Wachstumspolitik, in : Kredit und Kapital, Heft 4, 1989, S. 234 ff.
17) Rürup, B., und Färber, G., Programmbudgets der? "Zweiten Generation", in : Das Wirtschaftsstudium, 10. Jg., 1981, S. 42 ff.

第9章
環境と財政

A. 環境政策の対象・目標・形成原理

I. 公共財としての清浄な環境

　経済活動は，しばしば**環境汚染**をもたらす。それは生産および消費の過程を通じ，大気汚染，水汚染，騒音，そして景観の侵害などの形で現れる。多くの環境問題は，特定のタイプの地域，とりわけ人口密集地域に集中して生じるが，地球規模で影響を与えるような問題も少なくない。なかでもとくに深刻なのは，汚染物質の排出による大気汚染である。これには地球上の平均温度を引き上げてしまう危険性（「温室効果」）がある。

　経済学的な観点からいうと，環境保護が進まないもっとも大きな理由は，**環境財**が自由財と同じように取り扱われていることにある。つまり，清浄な大気，水，土壌といった環境財が稀少になってきているにもかかわらず，こうした財については市場が成立しないのである。通常の財は市場を通じて，その稀少性に応じた価格がつけられるが，このことはそうした財が市場によって管理されていることを意味している。市場が成立しない環境財の場合，誰がどのようにして管理を行うべきであろうか。この問題を明らかにするためには，公共財の理論によって環境財の特徴を見てみる必要がある。

　基本的には，清浄な環境は国民によって望まれている。つまり環境財に対する選好が明らかに存在しているのである。たとえば，雪崩を防止したり，オゾン層の破壊を軽減するためには山林の維持が有効であるが，この場合に山林の維持に反対する人は少ないであろう。ところが環境財は市場で自発的

に供給されることがない。これはなぜであろうか。典型的な環境財の場合，この問題は公共財の2つの特質から説明される。その1つは消費の非競合性である。公共財が供給される場合，1人の国民の消費はほかの国民の消費を減らさない。ここから導かれる結論は，価格＝限界費用というルールが第1の消費者にだけ当てはまり，第2の消費者には限界費用＝ゼロが妥当するということである。消費の非競合性があるケースでは，価格メカニズムは供給しようという意欲を民間にもたらさない。もう1つの特質は，排除原則が適用できないということである。個人が自ら環境を改善しようとすれば，公共財の理論で言うところのフリーライダー現象が生ずることになる。環境財は，こうした公共財の性格を有するために，市場で自発的に生産されることがほとんどない。それゆえ，環境保護の組織化，すなわち環境財の管理には公共部門が介入しなければならないのである。

環境保護の組織化を考えるうえでは，環境財の地域的な範囲も重要である。経済理論のなかで，地域的な公共財と国民全体の公共財が区別されるのと同様に，環境財もまた地域的なものとグローバルなものに区別される。たとえば，住宅地における騒音は地域的に損害を与える環境財であり，逆に地球大気の温暖化は地球規模で損害を発生させる環境財である。

II. 環境政策の目標と政策形成原理

国家が環境政策の推進を目的として民間経済活動に介入する場合，まず環境政策の目標を明確に設定する必要がある。つまり，国家がどの程度環境の負荷を許し，どの範囲まで大気や水を浄化する措置，あるいは騒音を抑える措置などを講じるべきかという問題を明らかにしなければならないのである。

環境目標を設定するにあたって，まずエミッションとイミッションを区別することが重要である。エミッションは，汚染源から排出される汚染物質（たとえば工場から排出される有害物質）そのものを指す。こうした汚染物質の排出は結果として水や空気を汚すが，その物質によって汚された水や空

気をイミッションと呼ぶ。環境政策は人間や自然をイミッションの悪影響から守ることを目的としているが，守るべき対象である人間や自然は保護財と呼ばれている。

　こうした認識に基づき，汚染が影響をおよぼすプロセスを解明することによって，環境政策の原則や目標，そして手段を厳密に規定することが可能になる。

―環境政策の最終目標は保護財の維持である。とくに人間の生命と健康の維持である。そのなかにはまた，動物や植物の生命や水質などが侵されないということも含まれる。

―そうした保護財の維持は，環境政策の目標として合意されたイミッション基準の範囲内で行われる。大気の浄化，水質政策，騒音対策といった個別の領域において，こうした基準が具体的に提示される。たとえば，大気汚染の許容限界値を定めたり，地表の水がどの程度の水質を保つべきかを決めることがその例である。

―さらにこうしたイミッション基準に基づいて排出者に対してどの程度のエミッションの排出が許されるかの目標が決められる。すなわち個別の汚染源（工場や個人の家計）の段階で，汚染物質の排出がどのくらいの量まで許されるのかが具体的に決定されるのである。たとえば農業においては，肥料や殺虫剤についてヘクタール当たりの最大許容量が決められる。

―たいていの国では，環境政策はエミッションに働きかけることで行う。たとえば，それぞれの汚染源に汚染除去装置や浄化装置を設定することを義務づけたり，あるいはそれぞれの汚染源が排出することのできる限界値を定めたりする。しかしまた，イミッションに対して規定を設ける環境政策もある。たとえばドイツ連邦共和国においては，大気が一定のイミッション基準以上に汚れた場合，スモッグ警告が発せられ，その地域内では自動車が走行禁止になる。また，環境政策手段は，健康の保護を規定するなど，直接的に保護財に働きかけるものが多い。たとえば，騒音による健康への被害を減少させるために設置される騒音防止壁がこれにあたる。

―実践的な政策論議においては，環境政策は予防原則，原因者原則そして協

調原則の何れかに基づくべきことが要請される。しかし体系的に考察しようとする場合には，以下の3つの考察基準（干渉度，費用負担度，協調度）による区別の方がより重要である[1]。

干渉度：予防原則に基づく政策と危険回避のための政策では，政府の干渉度に明らかな差がある。その発生が不確定であったり，あまり深刻と思われないような環境破壊に対しては干渉度が比較的低く，「予防的な」措置がとられる。他方，保護財が直接的で明白な危険に直面している場合には，「禁止」のような強力な干渉が適当である。

費用負担度：費用の負担度に従って，原因者原則と受益者負担と共同負担原則とが区別される。原因者原則は，環境汚染の国民経済的費用，少なくとも汚染回避費用を汚染の原因者に負わせるべきであるというものである。原因者原則には，外部費用が内部化されるという点で資源配分目標を実現するが，同時に費用配分が行われることを通して所得分配の要素も含んでいる。原因者原則に対立するものは受益者原則であるが，これは，競合し合う稀少な環境財を市場における民間財とみなし，環境保護にかかる費用はそれを望む人々が支払うべきであるというものである。この原則によれば，汚染原因者がたとえば農家であるとわかっていても，汚染物質によって汚された飲料水の浄化費用は水の消費者が負担すべきであるということになる。つまり，原因者原則も受益者原則も，環境保護のための費用を生産者と消費者の経済計算のなかに含むべきであるとするものであり，これらの原則による限り公共当局は基本的に費用の負担をしない。これに対し共同負担原則に基づく政策は，公共当局が自ら汚染を除去するか，または汚染者に除去を要請するか，あるいは民間人の回避努力を促進するために補助金を出すというものである。いずれの場合にも政策措置は公共資金から賄われる。

協調度：環境政策は協調原則に基づくものと公権力の行使とに分類される。協調原則とは，環境政策がまず第1に求めるべきは，たとえば経済部門との話し合いによって協力を得るというような，協調的な解決法である。

B. 環境政策の非財政政策的手段

環境政策の政策手段に関する財政学的な考察では費用負担が中心となっており，このため上述の原則の中ではとくに原因者原則と共同負担原則の対比が重要である。原因者原則による主な政策として環境税をあげることができ，共同負担原則は一般財源として予算による資金調達を目指す（図9．1）。

環境政策はこの他にも，非財政政策的な手段によって行うことも可能である。とくに重要な手段として，許認可・禁止措置を挙げることができる。これは環境政策においては通常，直接規制と呼ばれている。これまでに採られてきている環境政策の多くはこの直接規制によるものである。直接規制は，特定のタイプの汚染源に対して，法的に排出の削減を命ずる。また直接規制には，汚染源である企業に対して，特定の生産方法や経営方法を指示することも含まれる。これにはたとえば，排出削減を行う際に，削減のための費用が削減による便益と等しくなるような方法を義務づけることなどが挙げられる。直接規制は，定められた水準を超える汚染物質の排出を禁止するという形をとることが多いが，これは同時に，水準を超えない範囲での排出に暗黙のうちに許可を与えることでもある。

直接規制は，経済学の観点から批判を受けている。それは，直接規制では，削減を最小の費用で行うことのできる排出者が抽出されるかどうか疑わしい，というものである。排出の削減は，最も効率的に削減を行うことのできる排出者が行うべきである。というのは，そうすることによって全体としても汚染削減が最小の国民経済費用で実現できるからである。またもう1つの批判は，直接規制には，排出を削減することへの継続的なインセンティブがないということである。というのも直接規制の場合には，定められた削減目標を一度達成してしまえば，排出者には排出をさらに削減しなければならない理由がなくなるからである。それどころか，排出者が技術のさらなる発

展を妨害することも考えられる。もし妨害しなかったならば、もっと厳しい削減目標が適用される恐れがあるからである。直接規制には、このように環境技術の発展を妨げる傾向がある。

また、直接規制は目標達成の可能性が高いということに議論の余地はないが、高権的な目標達成が不必要に高い費用をもたらすこともまた事実である。しかもこうした費用はたいてい、浄化のレベルが上がるにつれて上昇していくから、この問題の重要性は環境政策が進展するにつれて増してくるであろう。

直接規制にこうした問題点があるため、その他の政策手段も発展してきている。その大半は経済的なインセンティブ手段という概念にまとめられるべきものである[2]。それらは民間経済に経済的誘因を与えることによって、より効率的な方法で、つまりより低い費用で環境政策上の目標を達成する。経済的な費用を低く維持することができればできるほど、環境政策目標の実現は進むと考えられる。

このような経済手段としてまず第1にあげられるのは、環境財所有権の配分に基づく政策手段である。たとえば、環境汚染によって被害を受けた者が、交渉によって汚染者に汚染を中止するための代価を支払うということが考えられる。これはつまり、環境財を「購入する」ことに他ならない。また清浄な水や空気を法律によって保証させたいという場合には、訴訟によってその財を闘いとることができる。さらにまた、原因者責任を厳しくすることもこうしたタイプの政策手段の1つである。経済的なインセンティブ効果の本質は、企業が責任をとらなければならないという恐れ、あるいは賠償責任保険のプレミアムが上がるという恐れによって、企業が知りうる最善の汚染回避・除去措置を講ずるようになるというところにある。

排出許可証の制度は特別なタイプの政策手段である。これは、環境政策上許容できる排出総量を事前に法的に定めておき、それを排出許可証という形で排出者に配分する方法である。たとえば、新しい施設の所有者が従来の施設の所有者から排出許可証を購入するといったことが考えられる。こうした排出許可証の移転によって、環境資源にも他の資源と同じように、稀少性を

反映した価格付けが行われるであろう。また，環境税のような他の政策手段では，どれだけの効果が生ずるのかは後になって明確になるのに対し，排出許可証の場合，許可をする排出総量を事前に定めるため，あらかじめ環境政策目標が明確であるという長所もある。排出許可証の配分にはいくつかのやり方がある。1つには，排出許可証を仲介なしに直接供与するという方法であり，もう1つは，あらかじめ直接規制によって暗黙のうちに認めている排出権を，企業間で売買させて排出権市場を創設し，そのための排出権取引銀行をも創立するという方法である。どちらの場合にも，これにかかる公共予算は非常に小さい。また排出許可証（ライセンス）を公的な競りにかけることも考えられる。許可証の競りが行われる場合には，公共当局はかなりの収入を得るであろう。しかしこの場合，その収入そのものは政策手段として利用すべきものではない。政策手段はあくまで許可証の移転であり，収入はもっぱらそれに付随して生ずるものにすぎない。

　非財政的政策手段としてはさらに，**協調的解決策**を挙げることができる。これは前述の協調原則に沿ったものである。政府による政策が講じられない場合，世論や議会の圧力などから，企業が環境保護的な生産や環境に優しい生産に賛同し，自己責任の態度を表明するということが考えられる。これは協調原則に基づいていると同時に原因者原則にも適合する。このような協調政策に対する企業のインセンティブは，企業が自ら決めた環境保護の目標を最低の費用で実現する方法を，企業が自由に決定できるという点にある。こうした協調的解決策は，グローバルな地球環境問題の克服に大きな力を発揮する。世界政府による許認可・禁止措置や環境税などは存在しないから，世界的な環境政策には，協定や議定書などを通じて，各国政府が協調的な解決策をとることが必要となるのである。

　また最後に，国民や企業の環境意識を強化する**啓蒙（環境倫理）**措置も，非財政的な政策手段の1つに挙げることができる。

　これらの政策手段はたいていの場合，行政費用を通じてのみ予算と関係する。汚染許可証の競りの場合には，許可証の売却額を通じて予算と関係する。これに対し以下で考察される財政政策手段は，予算と直接強く関連する

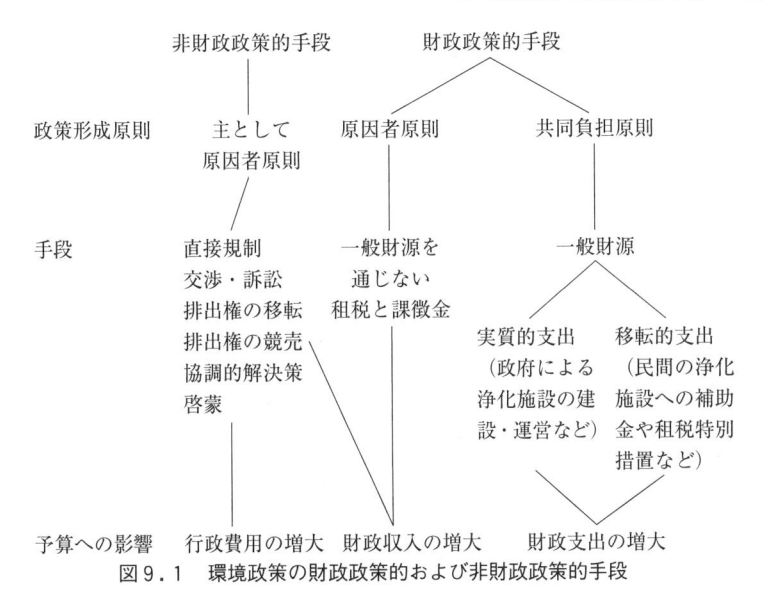

図9.1 環境政策の財政政策的および非財政政策的手段

政策形成原則	非財政政策的手段	財政政策的手段	
	主として原因者原則	原因者原則	共同負担原則

手段：
- 直接規制、交渉・訴訟、排出権の移転、排出権の競売、協調的解決策、啓蒙
- 一般財源を通じない租税と課徴金
- 一般財源
  - 実質的支出（政府による浄化施設の建設・運営など）
  - 移転的支出（民間の浄化施設への補助金や租税特別措置など）

予算への影響：行政費用の増大　財政収入の増大　財政支出の増大

ものであり，それらは①原因者原則に基づく経済的インセンティブ手段のうち財政収入をもたらすもの，②共同原則に従って行われる政策手段で，環境汚染を事後的に除去・緩和するために行われる公共支出政策である。(図9.1を参照)。

C. 環境政策の財政政策的手段

I. 原因者原則の適用

a) 課税による財政インセンティブ

経済的インセンティブ手段の中で環境税が最も広く論じられている。ここではまずはじめに，他の政策手段との組み合わせのない純粋な環境税について説明しよう。

原因者原則による環境政策手段として最も重要なのは課税である。税は，

環境汚染をもたらした原因者に汚染の費用を負担させるために，また生産面や消費面で環境汚染を減少させるために課すことができる。環境経済学で主流になっているのは，汚染物質そのものへの課税，つまり汚染物質税（エミッション課税）である。しかしながら環境税の議論では，この他にも，料金や課徴金のような他の課税形態も論じられているし，他の政策手段との組み合わせも議論されている。

すでに1920年にA.C.ピグーは，外部効果に税を課すことを提案している[3]。これは「ピグー税」と呼ばれるが，その基本的な効果は図9.2によって説明することができる。図では生産に環境汚染を伴う財が想定されており，完全競争であることと，平均的な価格弾力性のもとで数量・価格が決定されることが仮定されている。供給曲線A_1は生産の私的限界費用を示している。この曲線に環境汚染がもたらす社会的な負担を加算したものがGK_{soz}曲線であるが，これは生産の**社会的限界費用**を意味する。ここで，環境汚染がもたらす社会的な負担とはこの財の生産の外部費用であり，第三者によって私的に負担されている費用のことである。需要曲線Nは，追加的な1単位の財に対する消費者の支払い意欲を示している。国家の干渉がなければ私的費用だけが

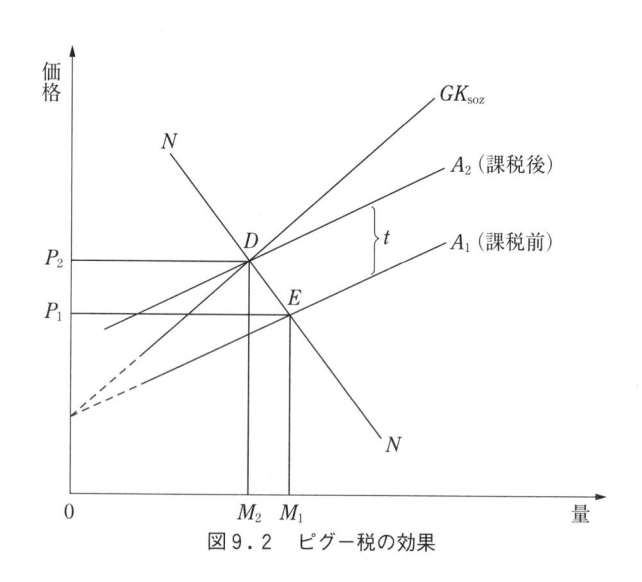

図9.2 ピグー税の効果

計算されるので，価格はP_1，生産量はM_1になるであろう。しかしながら外部費用も考慮に入れると，国民経済的に望ましい生産量はM_2であり，価格はP_2である.。なぜなら，D点において社会的限界費用が限界的な支払い意欲に一致するからである。この点は，政府がtの従量税を徴収することで実現することができる。それは供給曲線をA_2にシフトさせ，価格P_2と生産量M^2という望ましい均衡点をもたらす。

これを国民経済的な観点から見てみると，汚染物質の排出量の減少は，追加的な1単位の汚染物質を除去するための費用が（除去の限界費用），汚染の減少がもたらす価値（汚染減少の限界便益）と一致するところまですすむことになる。しかしながら，汚染の測定や評価が困難であるために，こうした限界費用や限界便益の計算は困難であり，それゆえ排出税の税率を正確に算定することもまた難しい。とくに個別的に汚染物質が排出された結果として生じる汚染の測定は困難を極める。実際のところ，汚染の質や規模は，すでに発生してしまったイミッション水準から計算する以外に知る術がないのである。

こうした困難があるために，たいていの場合，いわゆる**標準価格基準**が選ばれる[4]。標準価格基準を採用することは，外部費用や国民経済費用の議論を放棄し，政治的に決定される排出量の削減目標を前提することを意味している。排出税の税率は，こうした削減基準が実現されるよう，試行錯誤の末に定められる。しかしながら標準価格基準によったとしても，排出削減の国民経済費用を最小にするという環境税の長所がなくなるわけではない。また，排出を完全に中止することが意図されているわけではないので，この方法によっても税収は生ずる。すなわち，よい排出税はゼロ税収をもたらす傾向があるものではないということである。

排出税は生産と消費の過程のさまざまな段階で課すことができる。具体的には，環境汚染的な投入物への課税，環境汚染的な生産行為への課税，排出行為への直接的な課税，排出集約的な消費への課税，などが考えられる。

排出税をどう形成するかは租税技術の問題である。税を形成するためには，課税標準，納税義務者，税率を決定する必要がある。排出税の課税標準

には，排出される汚染物質の質や量が利用される。たとえば従量税方式で課税する場合には，各課税単位（粉塵の場合たとえば1000グラム）当たりいくらという形で税率（税額）を定める。

　排出税の効果は，とくに資源配分目標から評価される。排出税を新たに導入したり，すでにある排出税の税率を引き上げたりした場合，これに対する反応は，企業ごとにそれぞれ異なる。なぜなら，1単位の汚染物質（たとえば1キログラムの粉塵とか1リッターの排水）を除去する費用が企業間で異なっているからである。税の導入や増税があった場合，排出者である企業は汚染を回避するための費用（たとえば排ガスの浄化装置を設置するための費用など）について情報を収集する。そして1単位の排出を削減するためにかかる費用（限界的な**汚染回避費用**）が税率よりも低ければ，その企業は排出を削減し，それが高ければ排出削減をせずに税を支払う。排出者は，限界的な汚染回避費用が税率よりも低い限り排出を削減し続け，両者が等しくなった時点で削減をやめる。つまり排出者は汚染回避費用が税率よりも低い場合にのみ排出を削減するのであり，これは経済全体で見ると，汚染回避が最小の費用で行われることを意味している。

　各企業において，汚染回避がかなりのレベルまで達成され，汚染物質の排出が非常に少ないという状態に至ったとしても，なお汚染回避へのインセンティブを持ち続けることが望ましい。直接規制による排出規制と比べ，排出税にはこの点で明らかに資源配分上の利点がある。直接規制は，どの企業にも汚染物質の排出が一定基準を越えることを許さない。しかしこの制度のもとでは，排出量が基準を越えていない企業は排出削減への誘因を持たないし，排出を削減する技術を持たない企業は，需要の高い財を生産していても，汚染物質の排出量が基準を上回る限り市場から閉め出されてしまう。

　もちろん，こうした長所がある一方，環境税には短所もある。たとえば，環境の改善が実現するのは，課税に対する適応という長いプロセスを経た後であるという点が挙げられる。しかも税率は，政治的な理由から，はじめは低く設定されるので，環境改善目標も控えめになり，環境政策として十分な効果をあげることが難しくなってしまう。また，毒性の強い物質の排出は決

して認められるべきではなく，そのようなケースでは禁止措置がとられるべきであって，環境税は不向きである。さらに，望ましい効果をあげるための税率を正確に算定することが困難であるということも，短所の1つに数えられる。

排出税が価格に転嫁される可能性が問題にされることがあるが，これは環境税に対する反論にはならない。まず，代替競争が支配的な市場では価格に税を転嫁することは難しいし，転嫁が可能な場合でも，汚染回避へのインセンティブはなくならない。一方で，販売価格が引き上げられると，消費者はその財の購入をやめ，税が課せられていない他の生産物を購入することがあるため，企業を汚染削減技術導入へ向かわせる力が働くのである。他方，消費の代替がない場合にも，1単位当たりの費用が税率よりも低い汚染回避技術の投入は，その企業の利潤を高めるから，企業内部には常に技術的適応の圧力が加わるのである。したがって，価格に対する**環境税の転嫁**は環境政策としての効果を妨げるものではないといえる。

現在，環境政策で最もよく使われている手段は直接規制であるが，環境税には直接規制を代替することではなく，直接規制を補完してその効果を高めるという役割が求められている。環境税の補完的効果には以下の2つがある。

―第1に，環境税による補完は企業に促進効果をもたらす。企業が直接規制で規定された基準を守らなかった場合に，基準を超えて排出した汚染物質に税を課すことによって，汚染物質の排出を伴う生産の費用を引き上げる。これは「実行の欠如」を減少させる効果を持つと考えられる。

―第2に，環境税は持続的なインセンティブ効果を実現する。直接規制によって定められた基準を下回る排出，すなわち直接規制では排出することが認められた汚染（残余汚染）も，環境税では課税の対象となる。その場合，排出者は直接規制によって定められた以上に，排出量を削減しようと努力するであろう。

しかし，こうしたいわゆる「残余汚染税」という形で環境税を設定すれば，課税の機能が変化する。環境税がインセンティブ税として最小の国民経

済的な費用で環境政策目標の実現を意図することができるのは，（直接規制のない）純粋な課税解という形をとる場合である。環境税が直接規制と結びつけば，「純粋」課税のインセンティブ機能，従って国民経済的な配分機能の一部が失われることになる。それは，もっとも望ましい費用で企業や私的家計が環境汚染を回避し，除去する課税の選択的なインセンティブ効果がもはや（完全には）機能しなくなるからである。

　これまで環境税は実際の環境政策においては，特定の狭い分野においてしか投入されてこなかった。しかし近年のドイツの環境政策論議では，環境税の資金調達機能はかなり中心的な地位を占めるようになってきた。そうした議論で取り上げられているのは，課税標準が幅広く，税率の高い，そしてそれゆえに大きな税収をもたらすような環境税である。つまり，環境税には単にインセンティブ効果を発揮することだけでなく，環境政策のための資金を調達することも期待されているのである。

　しかし，環境税による環境政策の資金調達には2つの望ましくない効果が伴う。一つには，他の税の減税が同時に行われないかぎり，予算規模が大きくなってしまう。もう一つは，課税の徴収が民間部門に購買力吸収効果をもたらしてしまうことである。環境税が課せられると企業や家計から資金が奪われ，彼らの所得が低下する。こうした所得効果は環境税の徴収の本来の目的ではない。環境税の本来の目標は，企業や個人の家計に租税回避行動を起こさせること，すなわち代替効果にあるのである。したがって，民間部門に，環境税からの税収を還元することを考える必要がある。

　大きな税収をもたらす大規模な環境税の導入には，以上の理由から限界があるが，この他にもいくつかの問題点を指摘することができる[5]。まず第1に，国家に税収をもたらすことは租税制度の優先的な課題であるが，これは環境税によっては適切に追求することができない。なぜならば，環境税は排出者の回避反応をねらいとしているため，時間が経過するにつれて税収の低下が生じるからである。

　第2に，租税制度は経済政策や社会政策上の目標の追求も行っているが，これらの目標が環境政策上の目標と衝突する可能性があげられる。租税制度

が環境政策を強く指向する場合，これらの目標は後退せざるをえない。たとえば企業において，技術上の問題から，定められた基準までの汚染回避が達成できない場合，その企業は汚染物質の排出を伴う生産を停止しなければならない。これは失業が生じることを意味している。つまりこのケースでは環境政策が雇用政策と衝突しているのである。しかし，環境税を負担する企業の適応過程が大抵の場合，追加的な環境投資をもたらし，それが拡張的な環境産業において新しい職場を創設する。差し引きすれば，マイナスの雇用効果は少なくとも部分的に相殺できる。

購買力吸収効果については所得分配政策との衝突が指摘できる。環境税の帰着は，所得分配政策的には，企業に課せられる転嫁可能な他の従量税と基本的に異ならない。また所得分配政策との衝突は，環境税が価格を引き上げ，貨幣価値を低下させる場合にも生じる。

財政学の観点からは，環境税が租税，料金，分担金，特別課徴金などのいずれに分類されるのかという問題も重要である。しかし，これは環境経済学の観点においてはさほど大きな意味をもたない。というのは，環境経済学で問題とされるのは，もっぱら環境汚染活動の費用を引き上げることだからである。それゆえにここでは，以下の2つの特性を指摘するだけにとどめておく。

(1) 環境政策の資金調達を目的とした租税が料金と呼ばれるべきであるかどうかは，その税と公共サービスの間に直接的な関係がどれだけ存在するかによる。

(2) 環境政策において環境税を議論する場合，税収の使途を特定の目的に限定したものを想定していることが多い。しかしこうした使途指定は，財政学的にはたいていの場合否定的に評価される。なぜなら，それがノンアフェクタシオン原則（租税収入の使途指定禁止）という租税原則と衝突しており，**予算計画の統一性**という予算原則にも反しているからである。特定の資金を調達することを目的としている場合には，租税を課すよりも特別課徴金を徴収する方が望ましい。特別課徴金の場合，①納税者および政府支出による受益者グループが同質的であること，②政府支

出はグループを受益するように行われることが求められる。

b) 補助金による財政インセンティブ

環境政策的に望ましい方向に経済主体の行動を変更させるために補助金を利用することができる。補助金は経済的なインセンティブ機能を生じさせるために支払われるのであり，原因者の行動変化を誘発する経済的なインセンティブ手段のひとつに数えられる。誘因効果をうむためには，補助金は汚染物質の排出を削減する量に応じて支給されなければならない。この点で補助金は排出税と類似性をもつが，その作用の方向は逆である。補助金は排出者が排出削減を行うかぎりは利潤を高めるのである[6]。

補助金に十分なインセンティブ効果をもたせるには，補助金の支給を満額（補助率を100％）にし，追加的な資金調達の義務といった付帯条件を設けないことが必要である。このような場合にのみ，排出者はどのような形で汚染回避を行うかを，自ら自由に選択することができる。これは最小の費用で汚染回避を行うための重要な前提条件である。しかしながら，100％の補助率というのは，実際のところ単独の政策手段としてはきわめて例外的である。

補助金と租税はそれぞれ，環境保護的な行動を引き起こす持続的なインセンティブ効果を有している。そしてこの2つの政策手段は，税率や補助率の決定が困難であるという同じ問題に直面し，また目標をどれだけ達成することができるかを事前に確定できないという同じ欠陥をもっている。また環境税の場合と同様，補助金の場合にも直接規制手段との結合が考えられる。

インセンティブ補助金と課税の違いは，生産構造に対する長期的な影響に見られる。この点では課税のほうがよりすぐれている。その理由は，課税は生産の限界費用を高めるため，効率の悪い生産を行う企業を市場から閉め出すに違いないからである。これに対し，補助金は限界費用を低め，利潤を高めるので，投資を促進し，企業の市場参入を許してしまう。換言すれば，租税は環境汚染を伴う生産を長期的に縮小させるが，補助金は拡大させ，環境汚染部門を産業構造上有利にしていく傾向をもっているので望ましくない。インセンティブ補助金と課税との間のもう1つの重要な違いは，補助金は共

同負担原則により一般財源から支払われるという点にある。つまり租税は追加的な公共収入をもたらすのに対し，補助金は追加的な収入を必要とするのである。

II. 共同負担原則の適用

原因者原則が適用できないケースや，原因者原則が利用されるべきではない場合には，共同負担原則が有効である。共同負担原則の特色は環境破壊が一般国民の費用で除去されるということである。共同負担原則の場合，公共予算を通じて支出（あるいは収入断念）が行われ，その費用は他の公共支出と同様，一般財源から賄われる。これに対し，原因者原則による財政政策手段は収入をもたらすが，これは企業や個人の家計が租税回避行動，すなわち汚染回避行動をとるため，時間の経過とともに減少していく。実際に行われている政策は共同負担原則に基づくものが多いが，原因者原則を広範に適用することの方が本来は望ましい。というのは，環境政策において一般財源の役割が小さくなるのはプラスであると判断されるからである。

共同原則による資金調達が適切であると判断されるケースには，以下のものがある。

まず第1に，第三者が引き起こした環境汚染を除去したり回避することに公共当局が介入するケースがあげられる。たとえば公共当局が防音壁を設置したり，あるいは民間で設置することに対して補助金を支給したり，租税優遇するという場合がこれに相当する。このケースでは，原因者は騒音を出している者であるが，対策を講じるための費用は一般財源から調達される。とくに，租税優遇措置はドイツにおいて長期にわたって行われている政策である。

第2に，環境の分野における研究や開発への一般財源からの援助も共同負担原則に基づいた措置である。援助を受ける研究や開発が公共財の性格をもつかぎり，それは正当化される。大学や公的な研究所に対する援助や，私企業への研究開発の発注などがその事例である。

第3に，環境財が民間経済活動のプラスの外部効果として発生するケースがある。たとえば，農業活動によって風景が守られることなどがそれである。この場合，望ましい風景を維持するため，該当する農場や牧場に対して経営補助金が支給される。こうした措置はピグー補助金と呼ばれ，汚染を回避させることを目的としたピグー税と対をなしている。こうした補助金の支給は，公共当局が環境の分野における「社会財」の「生産」を手配したことと同じ効果をもっている。

　最後に，その他の財政政策的な手段について簡単に言及する。環境保護は，公共団体の物資購入を通じても促進することができる。公共団体は，それぞれの業務に必要とされる物資を購入する際，環境に優しい財や，環境に優しい方法で生産された財をより多く購入することで，それらの財の生産を促進することができる。この場合，公共団体は模範を示していることになるので，他の部門に対してシグナルを送るという効果も期待される。この措置は公共予算に直接的な形では現れず，個々の部局の個別な支出項目のなかに入り込む。環境に優しい財を購入するための費用が通常の財を購入するための費用を上回っていれば，その差額は共同負担原則によって賄われていることになる。

第9章　注
1) Bundesminister für Umwelt, Naturschutz und Reaktorsicherheit, Umweltpolitik, Ziele und Lösung, Bonn, 1990, S. 15ff.
2) 経済的インセンティヴ手段は，市場経済手段とも，あるいは市場制御的手段とも呼ばれたが，この概念が何を指し示すかについては，学者によってさまざまな見解が存在する。
3) Pigou, A. C., The Economics of Welfare, London, 1920, 4 th ed., (Neudruck) Londen, 1950, S. 223f.
4) 基準と概念はつぎの論文に端を発する。Baumol, W.J., und Oates, W.E., The Use of Standards and Prices for Protection of the Environment, in : Swedish Journal of Economics, Bd. 73, 1971, S. 42ff.
5) 環境税導入の財政学的考察については次を参照。Hansjürgens, B., Umweltabgaben im Steuersystem, Zu den Möglichkeiten einer Einfühgung von Umweltabgaben in das Steuer-und Abgabensystem der Bundesrepublik Deutschland, Baden-Baden, 1992.

6) 補助金のインセンティブ効果についてはつぎを参照。Cansiner, D., Öffentliche Finanzen im Dienst der Umweltpolitik, Neuere theoretische Ansätze, in : Schmidt, K., Hrsg., Öffentliche Finanzen und Umweltpolitik I, Schriften des Vereins für Socialpolitik, NF, Bd.176/I, Berlin, 1988, S. 11ff.

人名索引

〔ア〕
アロウ, K. J. 47

〔ウ〕
ウェーバー, M. 50

〔キ〕
ギレスピー, W. I. 192

〔ク〕
クリザニアック, M. 181

〔ケ〕
ケインズ, J. M. 6, 210
ケネー, F. 106

〔コ〕
コーエン・スチュアード, A. J. 90
ゴードン, R. J. 181
コルム, G. 9

〔サ〕
サミュエルソン, P. A. 38

〔シ〕
シャンツ, G. v. 84
シュミット, K. 55
シュンペーター, J. 45

〔ス〕
スミス, A. 26

〔タ〕
ダウンズ, A. 45

〔テ〕
ティム, H. 27

〔ハ〕
ハーケ, W. 193
ハーバーガー, A. C. 175
ハイニッヒ, K. 42
ハラー, H. 79

〔ヒ〕
ピーコック, A. T. 27
ピグー, A. C. 9, 298
ヒックス, J. R. 245

〔フ〕
ブキャナン, J. M. 273
フリードマン, M. 257
ブレヒト, A. 29

〔マ〕
マスグレイヴ, R. A. 2, 32, 181
マズロー, A. H. 28

〔ラ〕
ラッサール, F. 26

〔ワ〕
ワイズマン, J 27
ワグナー, A. 6, 17, 26

事項索引

PPBS 64
ZBBS 64
GDP独自財源 154
IS-LM図解 245
N分N乗方式 85
VAT独自財源 154

〔ア〕

アウトプット評価 212
赤字財政 236

〔イ〕

イギリス病 250
遺産取得税 204
遺産税 204
遺産相続税 104
一致原則 85
一般均衡 173
一般分析 173
イデオロギー・ラグ 27
移転支出乗数 224
移転支出の帰着 185
移転支出プログラム 186
移転的支出 10
移転的支払い 89
イミッション 291
インセンティヴ手段 295
インプット評価 212
インフラストラクチャー 206
インフレーション 201, 220
インフレーション・ギャップ 222

〔ウ〕

売上課税 101

〔エ〕

営利収入 80

エミッション 291

〔オ〕

汚染回避費用 300

〔カ〕

外部経済の内部化 279
外部効果 33
価格転嫁 169
拡張的金融政策 237
拡張的財政政策 254
可処分所得 83, 218
課税権の配分 136
課税最低限 234
課税対象 93
課税単位 94
課税知覚 160
寡占 33
過疎化 287
加速度効果 235
家族負担調整 85
価値財 36, 191
価値的介入 36
活動領域別分類, 公共支出の 9
株式調達 267
貨幣需要 246
貨幣的移転 191
カメラリズム 6
借入調達 267
管轄主義 57
環境汚染 289
環境財 289
官業収入 12
環境税 298
環境税の転嫁 301
環境破壊 279
干渉度 293

間接的先行投資　271
間接民主主義　43
完全雇用　211
管理機能, 予算の　57
官僚行動モデル　50

〔キ〕

議会機能, 予算の　56
技術進歩　263, 278
犠牲原則　86
犠牲説　86
帰属遺産税　104
機能的所得分配　159
規模の経済　133
逆進性　173
逆進税　90
逆進税率　90, 95
キャッシュ・フロー税　268
吸収効果, 公債の　119
強制公課　12
行政手数料　81
行政府予算　54
行政誘導機能, 予算の　56
行政ラグ　256
競争　282
協調原則, 環境政策の　292
協調的解決策　296
協調度　293
共同化　141
共同税方式　138
共同負担原則, 環境政策の　305
許認可　294
禁止措置　294
金融政策　296
金融引き締め政策　247

〔ク〕

空間的適応　162
クラウディング・アウト　119, 237

〔ケ〕

軽課, 消費税の　203
景気安定化機能, 財政の　210
景気インパルス　242

景気政策　6
景気中立予算　241
景気調整準備金　239
景気調整済み公債収入比率　242
景気的失業　274
経済安定化基準　134
経済安定政策　5
経済奇跡の期間, ドイツの　250
経済政策機能, 予算の　56
経済成長　261
経済成長政策　6, 262
経済成長要因　263
経常移転支出　218
経常支出　216
経常収支差額　247
経常収入　216
継続的国家支出　123
啓蒙措置　296
契約強制　117
計量経済学的研究　180
欠損の繰り越し　280
欠損の繰り戻し　280
決定ラグ　255
原因者原則, 環境政策の　292, 297
限界基準　197
限界効用　91
限界税率　95
減価償却　234
権限の委譲　129
原産地国原則　148
源泉理論　84
限定性の予算原則　57
現物所得　84

〔コ〕

行為指定, 補助金の　285
公開性の予算原則　59
公課原則　78
公共サービス　131
公共サービスの帰着　185
公共財　4
公共支出　8
公共収入　11
公共投資　232, 265

公共投資比率 238
公債 12, 273
公債錯覚 119
公債残高比率 122
公債政策 240
公債引き受け 236
厚生コスト 171
構造的赤字 244
構造的失業 274
後転,租税負担の 163
行動の差別的費用効果 70
購買力吸収効果 303
合法的租税回避 160
効用 83
効用喪失感 86
効用損失 273
国際的財政調整 147
国際的租税回避 149, 162
国民経済的機会費用率 67
国民支出 215
国民純生産 215
国民所得 215
国民総生産 215, 261
国民負担率 242
個人総合支出税 100
コスト・プッシュ 253
国家活動膨張の法則 17
国家需要乗数 223
国家消費 213, 215
国家比率 16, 242
国家目的の同等性 63
国境調整 148
国庫的機能,公共収入の 11
国庫的競争中立性 148
国庫的等価原理 151
国庫目標 5
個別消費税 102, 108
個別帰着分析 166

〔サ〕

財貨税 165
財産課税 84
財産収支差額 241
最小納税費の租税原則 104

財政学 1
財政管理機能,予算の 56
財政経済比率 242
財政硬直化 65
財政錯覚 30, 46
財政収支一覧 241
財政需要 143
財政需要膨張の法則 17
財政障害 230
財政政策 246
財政政策の手段 8
財政政策の目標別分類 2
財政調整 129
財政分担金 139
債務動機 118
裁量的財政政策 231, 237
裁量的変更措置 229
裁量予算 51
作動ラグ 256
産業構造政策 263
産業構造変化 283
産業部門別所得分配 159
サンセット立法 65

〔シ〕

自家消費 84
時間的限定性,予算の 57
時間的適応 162
資金調達可能性 265
資金調達錯覚 119
資金調達指定,補助金の 284
資金調達補助 233
資金調達力 143
資源配分基準 130
資源配分上の政策 4
事後課税措置 85
自己資金調達可能性 265
自己資本収益率 181
自己責任制度 132
資産課税 102
資産取引税 104
資産評価 103
支出勘定 215
支出項目別分類,公共支出の 9

312 事項索引

支出集約的任務　237
支出税　267
支出節約的国家事業　238
市場的等価　79
市場の失敗　32
システム誘発型ラグ　28
事前課税措置　85
事前決定の予算原則　59
自然的ラグ　28
失業　274
執行権，課税の　136
実質所得　158
質的限定性，予算の　57
実物移転　191
私的財的要素　190
自動安定化効果　229
自動制御的性質，所得税の　107
自動的景気安定化　230
使途指定，補助金の　285
ジニ係数　196
自発的費用負担　43
支払い能力原則　82
資本　263
資本還元，租税負担の　164
資本収益率　180
仕向地国原則　148
社会資本　265, 269
社会政策機能，予算の　56
社会的限界費用　298
社会的時間選好率　67
社会保険　109
社会保険の帰着　184
社会保険負担　184
社会保険料　12
社会保障給付の帰着　186
社会保障負担　110
奢侈品税　203
重課，消費税の　203
従価税　95
集合財　150
集合財的要素　190
収縮的金融政策　250, 254
収縮的財政政策　250
収縮的租税政策　239

充足費用　79
集団的費用等価　115
収入権，課税の　136
従量税　95
主観的評価　190
需要指向的景気政策　220
需要指向的財政政策　258
需要充足財政　210
需要縮小的効果　239
需要誘導　78
需要抑制　76
受領対象指定，補助金の　284
純売上税　101
準国庫　7, 20
純資産増加説　84
純投資　216
消極的地域開発　287
消極的適応　164
乗数効果　223
使用手数料　81
消費課税　100
消費抑制　108
所管別支出　9
所管別分類，公共支出の　9
所得分配上の政策　5
所得課税　84, 98
所得控除　199
所得再分配　158
所得再分配効果　200
所得再分配政策　134
所得支出課税　99
所得課税の帰着　182
所得税率　89
所得創出効果　224
所得弾力性，需要の　28
所得定義　158
所得の再分配　5
所得比例型社会保障負担　112
所得分配基準　134
新規債務比率　122
人件費　215
人的所得分配　159
人頭税　82
信用調達比率　122

事項索引   313

信用補助   267

〔ス〕

垂直的公正   83
垂直的財政調整   129
垂直的平等の租税原則   105
水平的公正   83
水平的財政調整   129
水平的州間財政調整   145
水平的平等の租税原則   105
スタグフレーション   252

〔セ〕

税額控除   200
政策意思形成   43
政策手段   264
生産勘定   213
生産性の向上   278
生存保障   110
成長抑制作用   90
税率   94
税率類型論   93
税率累進   96
税率論   93
世代間の負担配分   272
積極的地域開発   287
接触点, 課税の   97
ゼロ・ベース予算制度   64
ゼロ予算状態   197
潜在的生産力   262
前段階税額控除方式   102
前転, 租税負担の   163
戦略的行動, 有権者の   42
戦略的要素   264

〔ソ〕

総売上税   101
総額規制原則, 補助金の   285
増価税   103
相殺効果   236
相続税   204
即時償却   268
租税   12
租税オアシス   149, 162

租税回避   160
租税客体   93
租税原則   104
租税債権者   94
租税債務者   94
租税収入弾力性   230
租税衝撃   160
租税乗数   224
租税消転   164
租税調和   156
租税抵抗の回避   76
租税負担率   21
損失の繰り越し   269
損失の繰り戻し   269

〔タ〕

タイム・ラグ   255
タックス・ヘイブン   162
単一税   106
担税者   94
担税力   198
単年度性, 予算の   61

〔チ〕

地域開発   287
地域間移転支払い   145
地域的外部効果   134
地方分権的な財政制度   128
中央集権的な財政制度   128
中央予算集中の法則, ポーピッツの   135
中期財政計画   61
中心税   106
超過負担   171
直接規制   294
直接的の公債引き受け   236
直接民主主義   42
賃金継続支払い   115

〔テ〕

定額税   94
定額税率法   94
定式的伸縮性   231, 256
ディマンド・プル   253
定率税率法   94

適応行動　160
手数料　12, 81
デフレーション　220
デフレーション・ギャップ　221
転移効果　28
転嫁　94, 160
点数投票のシステム　48

〔ト〕
等価原則　75
等価税　82
投資意欲　107, 268
投資関数　235
同時的需要均衡　245
投資プレミアム　267
投資ボーナス　235
投資補給金　235
投票極大化の理論　45
投票のパラドックス　47
特殊税　82
独占　33
得票極大化の理論　45
独立的中央銀行　256
特許技術　279
特許権の保護　279
特恵的減価償却　256, 266

〔ナ〕
内部調達　263

〔ニ〕
二国間協定　149
二重課税　98, 147
二重課税回避　163
認知ラグ　255
任務領域別分類　218

〔ネ〕
年度内均衡予算　210

〔ノ〕
農業課徴金　154
納税義務者　94
ノン・アフェクタシオンの予算原則　63, 303

〔ハ〕
ハーベルモ定理　225
排出許可証　295
排出税　299
排除原則，消費の　34, 291
派生的所得分配　159
パッケージ投票　54

〔ヒ〕
非移転的支出　9
非移転的支出の帰着　189
非貨幣的公共サービス供給　190
非競合財　290
非競合的消費　34
ピグー税　298
非国庫的機能，公共収入の　11
非財政政策手段　295
費用・効果分析　70
標準価格基準　299
費用的等価　79
費用等価，地方の　80
票取引戦略　49
費用負担度　293
費用負担配分ルール　150
費用・便益分析　65
ビルトイン・スタビライザー　230
比例基準　197
比例税率　90, 95
比例配分方式　138

〔フ〕
フィスカリスト　257
フィスカル・ドラッグ　230
フィスカル・ポリシー　210
フィリップス曲線　252
ブーム状況　250
フォーミュラー・フレキシビリティー　256
付加価値　101
付加価値税独自財源　155
付加税方式　138
不完全性，予算技術の　60
福祉国家　26
扶助原則，社会保障の　114

負担の転嫁　163
負担配分，世代間の　272
負担累進　96
物価水準の安定化　211
物件費　215
物的適応　162
負の所得税　207
部分均衡分析　166
普遍性原則　102
扶養国家　117
プランニング・プログラミング・バジェッティング・システム　64
フリー・ライダー　82,150
分担金　12,81
分配勘定　213
分離課税　204
分離方式　137

〔ヘ〕

平均化効果　89
平均税率　95
変形支出　20

〔ホ〕

報償原則　75
報償的公課　75
報償的資金調達　75
法人税の帰着　175
保険強制　115
保険原則，社会保障の　114
保障原則，社会保障の　114
補助金　284
補助金，環境政策としての　304
補助金方式　139
ボトルネック，社会資本の　271
ポリシー・ミックス　249

〔マ〕

マーストリヒト条約　151
マネタリスト　257
魔法の三角形　211

〔ミ〕

未実現資本利得　204

民間投資　265

〔メ〕

明確性の予算原則　60
名目貨幣所得　158
免税　200

〔モ〕

目的拘束的割当金　146
目的指向型補助金　140
目標貢献度　70

〔ヤ〕

夜警国家　26

〔ヨ〕

要素税　165
要素報酬　216
予見的財政計画　62
予算課程　58
予算帰着の一般分析　197
予算帰着の部分分析　197
予算計画の統一性　303
予算原則　59
予算構想　239
予算コンセプト　240
予算剰余　239
予算増分主義　54
予算の帰着研究　191
予算余剰　51
欲求充足可能性　83
予防原則，環境政策の　292

〔リ〕

利益説　75
利益団体　55
利潤課税帰着　179
利潤課税の転嫁　179
リスク比例型保険料　110
リスク負担意欲　280
リスク負担能力　267
リセッション状況　250
立法権，課税の　136
量的限定性，予算の　57

316　事項索引

臨時的支出需要　123

〔ル〕

累進課税効果　179
累進税率　90, 95

〔レ〕

連帯調整　114
連動効果　233
連邦制度　128

〔ロ〕

労働　263

労働意欲　107
労働需要　277
ローレンツ曲線　195
ログローリング　49

〔ワ〕

割り当て原則，補助金の　285
割引率　67

訳者あとがき

　本書はHorst ZimmermannおよびKlaus-Dirk HenkeによるFinanzwissenschaft-Eine Einführung in die Lehre von der öffentlichen Finanzwirtschaft, Verlag Franz Vahlen, Münchenの第7版（1994年）の抄訳である。初めにおこなった全訳から，いかにしてその趣意を損なわずに，分かり易くできるかという観点から，全般にわたり意訳し，日本文にすると回りくどい表現になる部分を省略したり，原文中の小文字部分で付随的な内容のものを削除した。また原文中にある重要用語の解説，章ごとの設問や参考文献については，紙数の関係ですべて割愛した。このような形で原文を変形したものの，原著の主張の内容や個性を忠実に保とうとする努力は大いに払ったつもりである。

　原著者の1人，H. ツィンマーマンは，ドイツ財政学研究における中核的存在として，各面で積極的に活躍している研究者である。1969年以降マールブルク大学の正教授として財政学の教鞭をとっているが，1960-65年の間にG. シュメルダース教授の助手を勤め，その間に鋭い分析力を身につけたもののようである。また，1965年のペンシルバニア大学を皮切りに，延べ7年にわたるアメリカでの研究生活も貴重な体験として彼の学的素養に磨きをかけた。最近では，連邦大蔵省の学術諮問委員会（1986年—現在）の座長をつとめており，環境税を財政学の観点から専門的にまとめた勧告書"Umweltsteuer aus finanzwissenschaftlicher Sicht" (Gutachten des Wissenschaftlichen Beirats beim Bundesministerium der Finanzen, Heft 63, 1997) は，環境税に関する専門家の初の公式な見解として内外に大きな波紋を投げかけている。また，環境問題専門家会議の座長を5年間（1985-90年）つとめ，現在もドイツ地球気象変化学術諮問委員会（1992年—現在）の正式メンバーである。

彼の業績のうち，主なものだけを列挙すれば以下の通りである。

(1)主著

Öffentliche Ausgaben und regionale Wirtschaftsentwicklung, Veröffentlichung der List Gesellschaft, Bd. 61, Basel-Tübingen 1970.

Regionale Präferenzen: Wohnortorientierung und Mobilitätsbereitschaft der Arbeitnehmer als Determinanten der Regionalpolitik, unter Mitarbeit von Klaus Anderseck, Kurt Reding und Amrei Zimmermann, Schriftenreihe der Gesellschaft für Regionale Strukturentwicklung, Bd. 2, Bonn 1973.

Ökonomische Anreizinstrumente in einer auflagenorientierten Umweltpolitik: Notwendigkeit, Möglichkeiten und Grenzen am Beispiel der amerikanischen Luftreinhaltepolitik, "Materialien zur Umweltforschung" des Rates von Sachverständigen für Umweltfragen, Nr. 8, Stuttgart und Mainz 1983.

Hrsg., Die Zunkunft der Staatsfinanzierung, Stuttgart 1988.

Empfehlungen zum Aufbau der neuen Bundesländer : Öffentliche Finanzwirtschaft, Institut für Kommunalwissenschaften, St. Augustin 1991.

Hrsg., Umweltabgaben : Grundsatzfragen und abfallwirtschaftliche Anwendung, Studien zum Umweltstaat, hrsg. von M. Kloepfer, Bonn 1993.

Strengthening Local Government Finance. Principles of Fiscal Decentralization and Nepal Case Study, Schriftenreihe der Deutschen Gesellschaft für Technische Zusammenarbeit, Eschborn 1999.

(2)主論文

Der letzte "klassische" Deckungsgrundsatz, in : Finanzarchiv, NF Bd. 24, 1965, S. 70-83.

Subventionen und Verteilung, in : Dreißig, W., Hrsg., Öffentliche Finanzwirtschaft und Verteilung IV, Schriften des Vereins für

Socialpolitik, NF Bd. 75/IV, Berlin 1976, S. 9-57.

Allgemeine Probleme und Methoden des Finanzausgleichs, in: Neumark, F., u.a., Hrsg., Handbuch der Finanzwissenschaft, 3. Aufl., Bd. IV, Tübingen 1983, S. 3-52.

Some Possible Effects of the Green Paper Proposals for Local Business Taxation, in : Bennett, R. J., und Zimmermann, H., Hrsg., Local Business Taxes in Britain and Germany, The Anglo-German Foundation, London 1986, S. 131-143.

Finanzpolitik zwischen Wachstum und Verteilung-Erfahrungen seit 1948 und Folgerungen für die Zukunft, in : Fischer, W., Hrsg., Währungsreform und Soziale Marktwirtschaft, Schriften des Vereins für Socialpolitik, NF Bd. 190, Berlin 1989, S. 303-318.

Ökonomische Aspekte globaler Umweltprobleme, in : Zeitschrift für angewandte Umweltforschung, Jg. 5, 1992, S. 310-321.

Öko-Steuern : Ansätze und Probleme einer „ökologischen Steuerreform", in : Siebert, H., Hrsg., Elemente einer rationalen Umweltpolitik, Tübingen 1996, S. 239-284.

Die Steuerreform im Spannungsfeld von Wachstum und Verteilung, in : Ifo-Schnelldienst, 1998, Nr. 11-12, S. 10-22.

以上のように，かなり精力的に労作に取り組んでいることが分かるであろう。著書や論文の最近の傾向から，彼の現段階の研究の関心は，環境政策としての財政政策と分権化の方向での地方財政改革にあてられているといえよう。しかし，長期的に見れば，彼の研究の主たる関心軸が『成長と分配』にあるということは，彼がたんに象牙の塔に閉じこもることなく，常にプラグマティックな解決の道を探ろうとする合理的実践哲学からくるものと推察される。

他方，K.-D.ヘンケはケルン大学，ロンドン大学，ミシガン大学に学び，ケルン大学助手（1970-71年），マールブルク大学助手兼講師（1971-76），ハノーファー大学正教授（1976-95年）を勤めたのち，現在ベルリン工科大学

正教授として活躍している。ハノーファー大学正教授時代には，イギリスやオーストリアなどで海外研究を経験している。また，連邦労働・社会省での保健経済学の諮問委員の経験ももっているほか，1996年からは国家学および公共政策のためのヨーロッパ・センター（ベルリン）の所長をつとめている。以上のように，ヘンケもツィンマーマンと同じく（ただし，ツィンマーマンより8歳若いが），ドイツ財政学界の中核として注目を集めている。

彼の主者および主論文は以下の通りである。

(1)主著

Öffentliche Gesundheitsausgaben und Verteilung : Ein Beitrag zur Messung und Beeinflussung des gruppenspezifischen Versorgungsniveaus im Gesundheitsbereich, Göttingen 1977.

Zusammen mit W. Schmahl und H. M. Schellhaaß, Änderung der Beitragsfinanzierung in der Rentenversicherung. Ökonomische Wirkungen des "Maschinenbeitrags", in : Schriften zur öffentlichen Verwaltung und öffentlichen Wirtschaft, in Vorbereitung, Baden-Baden 1984.

Zusammen mit C. Behrens, L. Arab und G. Schlierf : Die Kosten ernährungsbedingter Krankheiten, Schriftenreihe des Bundesministers für Jugend, Familie und Gesundheit Band 179, Stuttgart 1986.

Sachverständigenrat für die Konzerierte Aktion im Gesundheitswesen, Hrsg., Sachstandsbericht 1994, Gesundheitsversorgung und Krankenversicherung 2000 : Eigenverantwortung, Subsidarität und Solidarität bei sich ändernden Rahmenbedingungen, Baden-Baden 1994.

Sachverständigenrat für die Konzerierte Aktion im Gesundheitswesen, Hrsg., Sondergutachten 1995, Gesundheitsversorgung und Krankenversicherung 2000 : Mehr Ergebnisorientierung, mehr Qualität und mehr Wirtschaftlichkeit, Baden-Baden 1995.

(2)主論文

Problem der Staatsverschuldung, in : Zeitschrift für Wirtschafts und

Sozialwissenschaften, Heft 1, 1973, S. 51-64.

Die Gültigkeit des Transferansatzes in der Rezession, in : Finanzarchiv, NF Bd. 36, Heft 3, 1978, S. 440-444.

Dezentralisierung im Gesundheitswesen. Föderalismustheoretische und empirische Ansätze zur Messung der Zentralität, in : Henke, K.-D., Reinhardt, U., Hrsg., Steuerung im Gesundheitsökonomie, Gerlingen 1983, S. 13-56.

Möglichkeiten einer Reform der Gesetzlichen Krankenversicherung in der Bundesrepublik Deutschland, in : Gäfgen, G., Hrsg., Ökonomie des Gesundheitswesens, Schriften des Vereins für Socialpolitik, NF, Band 159, Berlin 1986, S. 611-630

Gesundheitswesen zwischen Wachstumsdynamik und Kostendämpfung: Thesen zur Beitragssatzstabilität, in : Wirtschaftsdienst 1992, Heft 8, S. 415-420.

Kranken-und Pflegeversicherung: Mehr Selbstverantwortung und Wirtschaftlichkeit statt staatlich reguliertem Gesundheitswesen, in : Umbau der Sozialsysteme, Beiträge und Diskussionen des 32. Symposions der Ludwig-Erhard-Stiftung, Krefeld 1994, S. 69-85.

Von der fiskalischen Betrachtung zu mehr Ergebnisorientierung im Gesundheitswesen, in : Kleinhenz, G., Soziale Ausgestaltung der Marktwirtschaft, Berlin 1995, Heft 65, S. 341-355.

私が本書の翻訳を思い立ったのは，初版を手にした頃であるので，20年以上も前のことである。その最も強い動機は，他に見られない本書の構成内容の特性にある。著者自身も初版への序に述べているように，本書は公共部門の最適規模の問題とか財政調整，財源選択論，所得再分配政策やフィスカル・ポリシー，地域開発に果す財政の役割，環境政策といった個別問題ごとに章を立て，現実の財政問題ごとに独立に理解できるようになっているのである。

現在でこそ日本でもそうしたテキストが多くなってきたが，当時の財政学教科書は，歳入論とか歳出論，予算制度論，財政政策論，地方財政論といった旧来からの財政学の各部門を包括的かつ体系的に扱うものがほとんどであった。この分類法であるとどうしても初学者にとって難解なものとなり，現実問題との関連をも見失わせる結果になりがちである。大学生に講義するのに適した教科書を探しあぐねていた当時の私には，本書が非常に新鮮な印象を与えるものと映ったのである。また，ドイツの財政問題の研究者にとっても，ドイツの財政に関する具体的事例の叙述の多い本書の翻訳は魅力あるものとなると考えたのである。

さらに，1980年にケルン大学での客員教授として研究生活を送っている際，本書がドイツの大学生に広く愛読されていることを知って，翻訳への思いはさらに募り，1981年9月にツィムマーマン教授が国際財政学会の報告のために来日した折，忘れ得ぬ思い出となった小雨けむる六義園にて，翻訳の意を伝えることとなったのである。現在でもドイツの大学生や大学院生の本書に対する人気が少しも衰えをみせていないのは驚くべきことである。

本訳書の原書である第7版は，原書第3版（八巻節夫、平井源治訳『財政学入門』八千代出版，1984年）に対して，それぞれの章において統計データや事例が現代の財政事情に合わせて新しくされたばかりでなく，現実経済や現代経済学の新たな展開も十分に取り入れ，内容も一新されている。このことは，新たに独立した章として第9章に環境問題を取り上げた点や，特に第7章のフィスカル・ポリシーの展開が，まさに現代経済学のその後の変貌を忠実にトレースしている点に集中的に現れている。

翻訳作業の役割は，第1章を半谷，第2章を篠原，第3章を里中，第4章を篠原，第5章を半谷と平井，第6章を八巻，第7章を平井，第8章を半谷，第9章を八巻が担当した。また，全体の訳語の調整と索引や目次，序文の訳は平井と半谷が分担した。

いうまでもなく，あり得べき誤訳やミス，不適切な訳語については，一切訳者の責に帰せられるべきである。読者の皆様からの御叱正と御教示をいただければ幸いである。また，本書が財政学研究の礎石として少しでも役に立

てることを念願してやまない。

　原書第3版の翻訳権を快く引き譲っていただいた八千代出版社長大野俊郎氏をはじめ、作業の遅れがちな我々を辛抱強く支援していただいた文眞堂社長前野眞太郎氏に対し、ここにあわせて感謝申し上げる次第である。

　平成12年3月

東洋大学教授
八　巻　節　夫

訳者紹介
(50音順)

里中 恆志　駒沢大学経済学部教授
　　　　　　第3章

篠原 章　　大東文化大学経済学部助教授
　　　　　　第2章・第4章

半谷 俊彦　和光大学経済学部専任講師
　　　　　　第1章・第8章・第5章／A・B・C

平井 源治　明海大学経済学部教授
　　　　　　第7章・第5章／D・E

八巻 節夫　東洋大学経済学部教授
　　　　　　第6章・第9章

現代財政学

2000年4月10日　第1版第1刷発行　　　　　　検印省略

訳　者　　里　中　恆　志
　　　　　篠　原　　　章
　　　　　半　谷　俊　彦
　　　　　平　井　源　治
　　　　　八　巻　節　夫

発 行 者　　前　野　眞太郎
　　　　　東京都新宿区早稲田鶴巻町533

発 行 所　　株式会社　文　眞　堂
　　　　　電話 03(3202)8480(代表)
　　　　　〒162-0041 振替 00120-2-96437番

組版・印刷・シナノ印刷　製本・廣瀬製本所
Ⓒ2000
定価はカバー裏に表示してあります
ISBN4-8309-4346-7-C3033